W0340651

FORTNUM & MASON
EST 1707

Für die
Weston Familie,
ihre Leidenschaft und ihre
sorgsame Vermächtnispflege
seit 1951,
sowie für die gesamte
Fortnums Familie:
der Vergangenheit, der Gegenwart
und der Zukunft

Über den Autor

Tom Parker Bowles, Sohn der Duchess of Cornwall Camilla Parker Bowles, arbeitet als Foodkolumnist und Journalist und hat als Kochbuchautor zahlreiche Bücher über die britische Küche veröffentlicht, darunter *Let's Eat: Recipes from my kitchen notebook*, *Full English: A journey through the British and their food* und *Fortnum & Mason: The Cook Book*.

Außerdem arbeitet Tom Parker Bowles, der sich besonders für die britische Küche engagiert, als Restaurantkritiker für die *The Mail on Sunday* und als Food Editor für den *Esquire*.

F&M

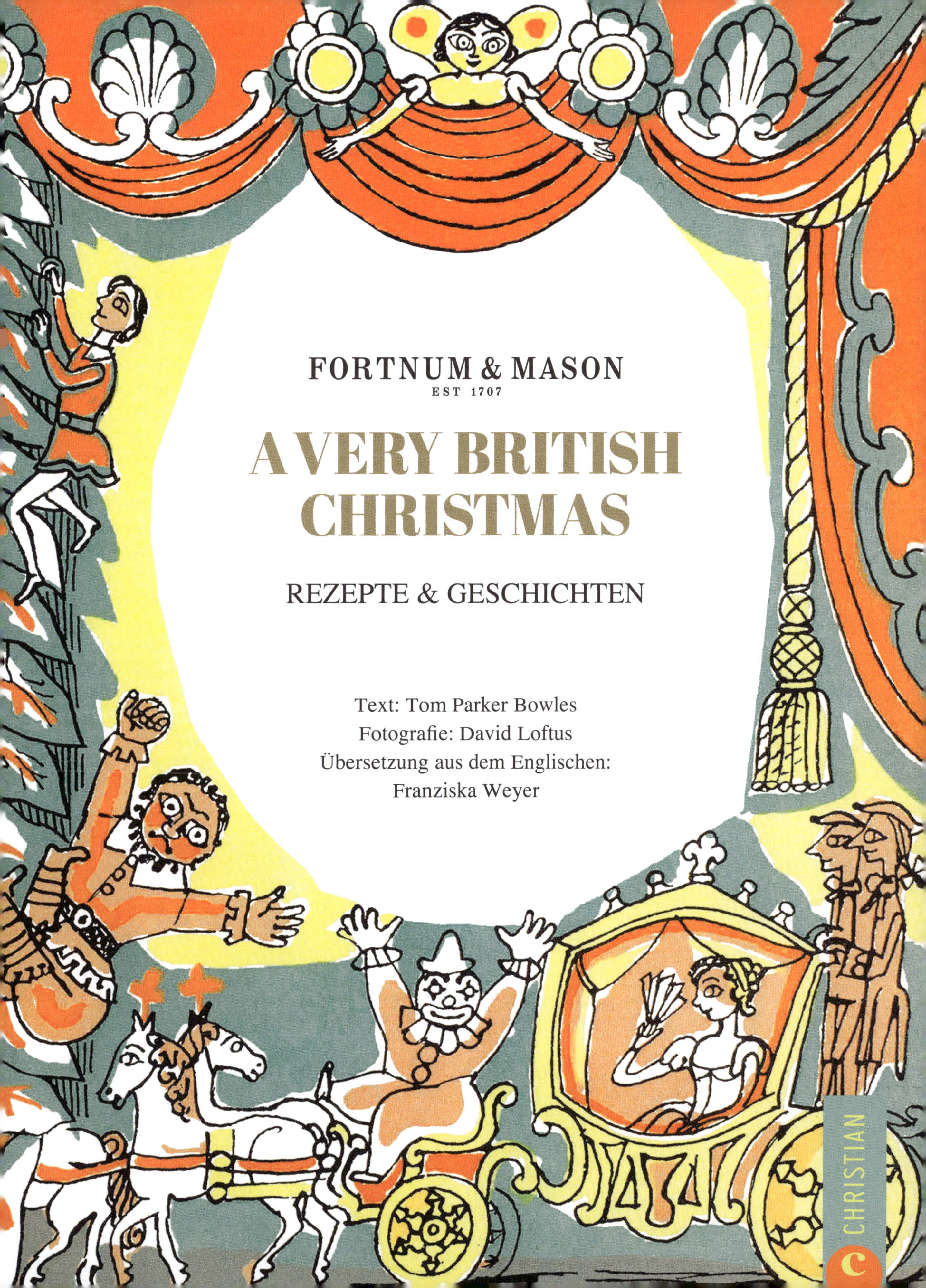

FORTNUM & MASON
EST 1707

A VERY BRITISH CHRISTMAS

REZEPTE & GESCHICHTEN

Text: Tom Parker Bowles
Fotografie: David Loftus
Übersetzung aus dem Englischen:
Franziska Weyer

CHRISTIAN

IMPRESSUM

Verantwortlich: Sonya Mayer
Übersetzung aus dem Englischen: Franziska Weyer
Redaktion der Texte: Larissa Rabe
Korrektur: Martin Thorn
Einbandgestaltung: Leeloo Molnár, unter Verwendung einer Illustration von Edward Bawden (Tapete, Christmas Catalogue, 1955)
Satz: Martin Feuerstein, wigel
Herstellung: Anna Katavic

Text: Tom Parker Bowles
Rezepte: Fortnum & Mason
Fotografie: David Loftus
Illustrationen: siehe Bildnachweis Seite 296–297

Printed in Italy by Printer Trento

★★★★★

Sind Sie mit diesem Titel zufrieden? Dann würden wir uns über Ihre Weiterempfehlung freuen. Erzählen Sie es im Freundeskreis, berichten Sie Ihrem Buchhändler oder bewerten Sie bei Onlinekauf. Und wenn Sie Kritik, Korrekturen, Aktualisierungen haben, freuen wir uns über Ihre Nachricht an:
Christian Verlag, Postfach 40 02 09, D-80702 München
oder per E-Mail an lektorat@verlagshaus.de.

Unser komplettes Programm finden Sie unter: www.christian-verlag.de

Alle Angaben in diesem Werk wurden vom Autor sorgfältig recherchiert und auf den aktuellen Stand gebracht sowie vom Verlag geprüft. Für die Richtigkeit der Angaben kann jedoch keinerlei Haftung übernommen werden. Sollte dieses Werk Links auf Webseiten Dritter enthalten, so machen wir uns die Inhalte nicht zu eigen und übernehmen für die Inhalte keine Haftung.

Die Deutsche Nationalbibliothek verzeichnet diese Publikation in der Deutschen Nationalbibliografie; detaillierte bibliografische Daten sind im Internet über http://dnb.d-nb.de abrufbar.

Copyright © 2019 für die deutschsprachige Ausgabe: Christian Verlag GmbH, München

Die englischsprachige Originalausgabe mit dem Titel *Fortnum & Mason: Christmas and Other Winter Feasts* erschien erstmals 2018 bei HarperCollins Publishers Lld. The right of Fortnum & Mason Plc to be identified as the author of this work has been asserted by them in accordance with the Copyright, Design and Patents Act 1988.

Copyright © Fortnum & Mason Plc 2018
Fotografie Copyright © David Loftus 2018
Design by BLOK, www.blokdesign.co.uk

Alle deutschsprachigen Rechte vorbehalten.

ISBN 978-3-95961-359-0

Danksagung

Dieses Buch ist das Ergebnis der Zusammenarbeit sehr vieler Menschen, die sehr viel Arbeit und Leidenschaft in seine Entstehung gesteckt haben.

Mit Fortnum & Mason zusammenzuarbeiten, bereitet immer große Freude; mein spezieller Dank gebührt jedoch der Archivarin Dr. Andrea Tanner und ihrem enormen Wissen in allen Bereichen des Hauses sowie dem genialen Chefkoch Sydney Aldridge, der mit seinem Team sämtliche Rezepte dieses Buches umgesetzt hat, während er gleichzeitig den riesigen Cateringbetrieb von Fortnum & Mason dirigierte.

DES WEITEREN GEBÜHRT MEIN DANK

Kate Hobhouse, The Weston Family, Ewan Venters, Zia Zareem-Slade, Simon Thompson, Dr. Andrea Tanner, Sydney Aldridge, Prem Appadurai, Julien Lanclume, Scott Villacora, Gerson Oppelt, Glen Bartholomew, Joan Duncan, Jamie Shears, Annika Morris, Jason Kavanagh, Andrea Elia, Patrick Coyle, Jill Smethers, Stephanie Rathakrishnan, Yvonne Isherwood, Hannah Chapman, Francesca Anderson, Ellie Price, Thomas Lacey, David Loftus, Jo Harris, Jane Middleton, Anna Shepherd, Sam Wolfson, Gary Simpson, Julian Humphries, Louise Haines, Sarah Thickett, Michelle Kane, Matt Clacher, Louise Tucker, Lucy Morris, Felicity Blunt, Edina Imrik, Tim Mainstone, Peyton Skipwith und Joe Brumwell.

Edward Bawden

Die meisten Menschen verbinden mit Fortnum & Mason ausschließlich Lebensmittel. Und das ist gut so. Doch bereits um 1920 kam ein weiteres Standbein zu dem bereits sehr eleganten Laden hinzu. Denn damals explodierte in England inmitten der kalten, armseligen, grau monotonen Nachkriegszeit ein fantastischer bunter Farbenrausch in Gestalt der »Fortnums-Kommentare«, jener aufwendig illustrierten und wunderbar geschriebenen kleinen Hefte, die der legendäre Direktor von Fortnum & Mason Colonel Charles Wyld herausbrachte, gemeinsam mit Hugh Stuart Menzies und Marcus Brumwell, deren Werbeagentur für Fortnum & Mason arbeitete.

Im Grunde genommen waren diese per Post versandten »Kommentare« eine Art Katalog, um den Verkauf anzukurbeln. Ihre Texte und Illustrationen waren jedoch so geistreich und witzig, dass ihr kommerzieller Ursprung schnell in Vergessenheit geriet. »Ich hatte kleine Hefte vor Augen«, erklärte Menzies ein paar Jahre später, »die an einige ausgewählte Adressaten verschickt werden sollten. Hefte mit dem Leseanspruch kleiner Bücher, wie man sie in Buchhandlungen ersteht oder in Büchereien ausleiht. Es durfte kein Bezug zu einem Warenkatalog entstehen, sondern sie sollten Humor und Lebensfreude versprühen ...« Ihre nachhaltige Beliebtheit ist eine Reminiszenz an die brillanten Köpfe Wyld, Menzies und Brumwell.

Viele der Illustrationen aus den »Kommentaren« finden sich daher in diesem Buch wieder. Die Hefte enthielten Beiträge von namhaften Künstlern wie Rex Whistler, und 1932 begann Edward Bawden (der nun endlich zu Recht geehrt wird) regelmäßig für Fortnum & Mason zu arbeiten. Menzies verwaltete nicht nur den Werbeetat des Geschäfts, sondern kümmerte sich auch um die firmeneigene Invalidenversorgung, die alle möglichen stärkenden Suppen und Süßspeisen an Kriegsgeschwächte und vornehme Verarmte verkaufte. Aus Robert Harlings Sicht »passten Bawdens Zeichnungen perfekt zu Menzies' fast unbekümmerter und doch erstaunlich überzeugender Feder.«

Die Zusammenarbeit währte bis Ende der 1930er Jahre, bis der Krieg jeglicher Form von Werbung ein jähes Ende setzte. Die Nachkriegszeit in dem gedemütigten und in die Knie gezwungenen England war in vieler Hinsicht besonders hart. Als 1955 die Lebensmittelrationierung aufgehoben wurde, setzte man die Zusammenarbeit mit Fortnum & Mason fort. Colonel Wyld war tot, Hugh Stuart Menzies verstarb wenig später, und Fortnum & Mason war von Garfield Weston, einem kanadischen Multimillionär, aufgekauft worden, für den das Geschäft Hobby und Leidenschaft zugleich war. Als neue Werbeagentur wurde Colman Prentis & Varley verpflichtet, geleitet von einem Freund Bawdens namens Jack Beddington, der wiederum in den 1930er Jahren zusammen mit John Betjeman eine fantastische Shell-Werbekampagne realisiert hatte. Anstatt der geistreichen Prosa Menzies' illustrierte Bawden nun die knappen, klaren Kommentare Ruth Gills mit einem erstaunlichen Ergebnis.

Mary Gowing erklärte dazu: »Man muss sich nur Seite für Seite die makellose und doch lebhafte und abwechslungsreiche Typografie der Fortnum & Mason-Kataloge anschauen, um zu verstehen, welcher Anspruch hier an den Schriftsetzer gestellt wurde. Und auch die Farben, dieses aufregende Nebeneinander von kühlem Pink und leuchtendem Lila, den grünen Blautönen und den

blauen Grüntönen müssen den Drucker ungemein gefordert haben.«

1955 gestaltete Bawden den ersten Weihnachtskatalog für Weston, um dann bis 1959 jedes Jahr weitere beeindruckende Arbeiten abzuliefern. Im 1958 erschienenen Katalog drehen sich die geistreichen und witzigen Illustrationen einzig um das Wort Katze und einen einzigen Hund.

Katzen waren seine Leidenschaft, und so schleichen und stromern, tanzen und grinsen sie zusammen mit Hühnern, Stören, Elefanten, Ameisen und Bienen durch seine bemerkenswerten Werke.

Seine klaren Linien, ungewöhnlichen Farben und skurrilen Ideen begeistern bis heute und werden noch nachfolgende Generationen entzücken.

Inzwischen gilt Bawden als einer der wichtigsten englischen Zeichner, Drucker, Illustrator und Grafikdesigner, vor allem wegen seiner genialen Kombination von Moderne und Tradition. Er war stets überzeugt, dass gutes Design genauso zeitlos ist wie ein Kunstwerk (und doch war er wunderbar bescheiden und nahm nichts und niemanden zu ernst). Seine Arbeiten reichen von den berühmten London-Transport-Postern in den 1930er Jahren bis hin zu Filmplakaten (darunter »The Titfield Thunderbolt« als sein Meisterwerk), Buchillustrationen (mit besonders bemerkenswerten Tuschezeichnungen in Ambrose Heaths Reihe *Good Food*), Buchumschlägen, Linolschnitten, Aquarellen mit Kriegsszenarien (der uniformierte Polizist Ahwad Abdulla) und Tapetenmustern. Er gehört zu den Künstlern, denen man ständig begegnet, ohne sich dessen bewusst zu sein.

Bawdens Zusammenarbeit mit Fortnum & Mason war ungemein fruchtbar und zeitlos modern. Seine Illustrationen springen einem damals wie heute sofort ins Auge. Bei Fortnum & Mason lernte er nicht nur sein Handwerk, er brachte es zur Perfektion. Denn Fortnum & Mason steht für viel mehr als nur für Lebensmittel.

Einführung

Weihnachten bei Fortnum & Mason. Eine Mischung aus dem ultimativen Geist der Weihnachtszeit und der Quintessenz aller Festlichkeit. »Ist Gier in der Weihnachtszeit eine entschuldbare Sünde?«, fragte ein Journalist gequält zu Beginn des 20. Jahrhunderts in einer Lobeshymne über das Kaufhaus, »Sie sollte es sein – bei all den unwiderstehlichen Verführungen, denen wir in dieser wunderbaren Zeit ausgesetzt sind.«

Als Kind verwandelte sich das Kaufhaus für mich in einen glitzernden, nach orientalischen Gewürzen duftenden, zuckerummantelten Märchenpalast mit dem großen Vorteil, dass er ganz real an der Piccadilly Road Nr. 18 stand. Näher konnte man Willy Wonkas Schokoladenfabrik nicht kommen, als in der Weihnachtszeit an den Türstehern im Frack vorbei das Kaufhaus zu betreten. »Zu keiner anderen Zeit glänzt es in den Schaufenstern der Zuckerbäcker so verführerisch«, formulierte es 1876 ein weiterer Journalist. »Fortnum & Mason-Auslagen reichen aus, um die ganze Kinderschar in größtes Entzücken zu versetzen.«

Doch in diesem Buch geht es weder nur um kindliches Entzücken, noch handelt es ausschließlich von Weihnachten.

Obwohl wir natürlich die traditionellen englischen Weihnachtsspeisen wie den Norfolk-Truthahn, den York-Schinken, die mit Stilton-Käse gefüllten Tonkrüge, die klebrigen Datteln, den geräucherten Lachs und die köstlich eingelegten Kirschen und Pflaumen keineswegs außer Acht lassen. Das Feiern der Winterzeit steht schließlich nur stellvertretend für festliche Anlässe aller Art. Wenn die Nächte länger werden und die Temperatur merklich sinkt, rückt die jahrhundertealte Tradition des gemeinsamen Brotbrechens und des Versammelns um einen Tisch wieder in den Vordergrund. Gemeinsames Essen als Mittel der Befriedigung und zur Förderung des Zusammenhalts.

Der englische Dichter John Keats beschrieb das Fest des »Sankt Agnes Abend«, das auf einen 19. Januar fiel, folgendermaßen:

Indessen er aus wohlverstecktem Nest
Kandiertes Obst und andre Leckerbissen,
Gelees, die linder sind als süßer Rahm,
Und seltne Frucht aus südlichen Geländen,
Die fern von Fez mit Handelsschiffen kam,
Und Spezerein von Syriens Felsenwänden
Geschwind zum Tische trug mit fieberheißen Händen.

Vermutlich hatte er dabei Fortnum & Mason im Sinn.

Wir beginnen mit der britischen Tradition des Feuerwerks zum Guy-Fawkes-Fest am 5. November mit Pasteten und karamellisierten Apfelpfannkuchen, bevor wir vor dem Somerset House Schlittschuh fahren und dazu alpenländisch inspiriertes Fondue mit Stilton und Kartoffelgratin genießen.

Den Wildgerichten, obwohl sie in England häufig zu Unrecht unterschätzt werden, widmen wir ein eigenes Kapitel, und zwar von geschmortem Reh auf Pappardelle bis hin zu gebratenem Fasan. Auch der Weihnachtsbäckerei ist ein eigenes Kapitel gewidmet, von Knabbereien am Heiligabend bis zu üppigem Gebäck für die Festtage. Selbst Reste werden bei uns zu Fortnum-Speisen, die genau wie im Kaufhaus eine Mischung aus traditionellen Gerichten und modernen Kreationen sind. So finden sich hier so unterschiedliche Rezepte wie die weihnachtlich gewürzten Würstchen im Schlafrock, eine Jakobsmuschel-Ceviche, eine gebratene Gans, aber auch Gravadlax mit einer Gin-und-Orangen-Marinade.

Doch es dreht sich nicht alles um winterliche Völlereien, denn für viele bedeutet ja der Januar einen Neuanfang mit kalorienarmen Rezepten, was jedoch nicht heißen muss, dass man Genuss und Geschmack mit dem Weihnachtsbaum entsorgen muss. Bei Fortnum & Mason dreht sich im ersten Monat des Jahres alles um Genuss ohne Reue, und so widmet sich dieses Buch sämtlichen Wintergenüssen der britischen und der internationalen Küche. Vor allem aber geht es um das Feiern. Weihnachten und die Feiertage, an denen man drinnen zusammensitzen und dem Genuss frönen sollte. »Baby, it's cold outside«, sang schon Dean Martin, daher lasst uns essen, trinken und vor allem fröhlich sein.

F AND M
FIFTH FLOOR
Overseas Equipment
FOURTH FLOOR
Furnishing
Lamps and Shades
Connoisseurs' Gallery
SECOND FLOOR
Ladies' Shoes
and Stockings
Linen, Lingerie
Children's Clothes
MEZZANINE FLOOR
Restaurant
Confectionery
Cakes
Crackers
LOWER GROUND FLOOR
Gift Department
A really
Wonderful Selection
THIRD FLOOR
Sports and Games
Luggage
Stationery, Men's Shoes
Men's Outfitting
and Tailoring
En Tout Cas Offices
FIRST FLOOR
Ladies' Sportswear
Ready-to-Wear
Tailoring
Hats
Gloves
Perfumery
GROUND FLOOR
Good Things to Eat
Tea and Coffee
Fruit and Flowers
Cigars and Cigarettes
Catering, Fine Wines
Kitchen Utensils
Theatre Tickets
"WHERE DREAMS COME TRUE"

Zutaten bei Fortnum & Mason

BRAUNE BIO-EIER
Wir bevorzugen Eier, deren Eigelb dunkelgelb glänzt und cremig ist.

HONIG
Jeder Honig hat seinen ganz eigenen Geschmack. Bei Fortnum & Mason bieten wir daher nicht nur lokalen Honig an, sondern verschiedenste Honigsorten aus aller Welt.

BUTTER
Bei uns finden Sie eine Auswahl fantastischer Buttersorten, aber nichts geht über die von Hand geschlagene Abernethy-Butter aus Irland.

STILTON
Ein Weihnachtsessen ohne den britischen Blauschimmelkäse, der häufig in hübschen Tongefäßen verkauft wird, ist undenkbar. Echter und herkunftsgeschützter Stilton kommt ausschließlich aus den Grafschaften Leicestershire, Derby und Nottinghamshire.

GERÄUCHERTER LACHS
Räucherlachs sollte immer im Kühlschrank vorrätig sein, zum Beispiel zum Rührei am zweiten Weihnachtsfeiertag oder um ihn während der Feiertage mit etwas Zitronensaft und schwarzem Pfeffer als Sandwichbelag in ein schnelles Abendessen zu verwandeln.

RINDFLEISCH
Das in Himalaya-Salzkammern gereifte Fleisch der nordirischen Glenarm-Rinder wird in England ausschließlich durch Fortnum & Mason vertrieben. Vermutlich ist es das beste Fleisch, das Sie je gegessen haben.

PORTWEIN
Wir empfehlen einen Single Cask Madeira mit Anklängen von Karamell, Walnuss, Rosinen und Kaffee und einer gewissen frischen Säure zum Ausgleich.

KAVIAR
Die gesalzenen Eier des Störs sind für mich höchster Genuss. Als Garnitur auf gebackenen Kartoffeln, selbst gemachten Blinis oder einfach pur mit einem Spritzer Zitronensaft.

KANDIERTER INGWER
Ingwer ist ein wunderbares Gewürz und Heilmittel bei allen möglichen Beschwerden. Besonders köstlich schmeckt er in Zuckersirup eingelegt zum Beispiel zu Eis, süßen Aufläufen oder einfach pur als Nascherei.

CRÈME DOUBLE
Egal, ob dick verteilt über einem Christmas Pudding, im Kaffee oder aufgeschlagen zu vielerlei Süßspeisen – Crème double gehört in jeden Kühlschrank.

TIPPS ZUM KAUF VON WILD
Vertrauen Sie Ihrem Metzger, denn er weiß, wie alt das Federwild ist (Rebhühner oder Moorhühner sollten möglichst jung auf den Teller kommen) oder wie lange das Haarwild abgehangen hat. Wenn es stinkt, hat es zu lange abgehangen.

GUY
....

FAWKES

Feuerwerk und Verschwörungsrituale

Fackelumzüge und Feuerwerk, am Lagerfeuer gegrillte Würstchen und dampfende Becher mit Glühwein. Aufgeregte Kinder mit glänzenden Augen hüpfen genauso umher wie die Feuerwerkslichter am Himmel. Mit Freunden rund um das große Feuer vereint, das Funken in die dunkle Nacht versprüht. Erstaunlich, dass diese fröhliche Nacht nicht den Beginn des Winters markiert, sondern im Gedenken an den katholischen Offizier Guy Fawkes gefeiert wird, der am 5. November 1605 mit seinen Mitverschwörern versucht hat, das englische Parlament in die Luft zu sprengen, um die Verfolgung von Angehörigen der katholischen Kirche durch den anglikanischen König Jakob I. zu stoppen. Die Vereitelung des Attentats (»Gunpowder Plot«) wird seither mit Fackelumzügen, der Verbrennung von Strohpuppen, die Guy Fawkes oder gar den Papst selbst symbolisieren, und Feuerwerk gefeiert.

Später bettelten Kinder mit kleinen Bildchen, die Guy Fawkes darstellten, um ein paar Pennys. Im 19. Jahrhundert erwuchs aus dem Gunpowder Day gar ein offen ausgetragener Klassenkampf mit gewalttätigen Ausschreitungen. »Eine Chance für die Unterschicht, gegen die bestehende Ordnung zu rebellieren und gewalttätig zu werden«, beschrieb es ein Artikel in der Zeitschrift *Punch* 1850. In Lewes »randalierte die Unterschicht«, und »respektable Bürger wurden eingeschüchtert«, während in Guilford rebellierende Banden, die sich als »Guys« bezeichneten, »die lokale Bevölkerung terrorisierten.« In Lewes wird bis heute ein Bildnis von Papst Paul V. verbrannt, in Erinnerung an siebzehn protestantische Bürger, die dort im 16. Jahrhundert auf dem Scheiterhaufen verbrannt wurden. Während dieser sehr derben Festivitäten werden auch gleich ein paar Bösewichte der jüngeren Geschichte in Form von Strohpuppen mit verbrannt.

Alle anderen jedoch ziehen sich warm an, hoffen, dass es nicht regnet, und schauen für ein paar Stunden in den flackernden Feuerschein. In dieser dunklen und kalten Jahreszeit sehnen wir uns alle nach Leib und Seele erwärmenden, herzhaften Gerichten, die bei Fortnum & Mason von Meisterhand produziert werden. Fette Wildfleischwürstchen, schmackhaft gefüllte Ofenkartoffeln, Pasteten und vieles mehr. »Fun Food« nannte sie der berühmte Mount-Everest-Bezwinger Hugh Ruttledge, denn sie heben die Stimmung und sind Balsam für die Seele. Mögen die Ursprünge der »Bonfire Night« auch in einem versuchten Königsmord liegen, inzwischen ist ein großes Fest daraus geworden, das durchaus mit einem Knall beginnen darf.

WÜRZIGER LINSENEINTOPF MIT MARONEN UND WILDBRETWÜRSTEN

Wildbretwürste passen ideal zu diesem Gericht. Sollten sie nicht erhältlich sein, wählen Sie stattdessen hochwertige Rostbratwürste vom Schwein. Wichtig ist, die Würste bei niedriger Temperatur langsam zu braten und dabei gelegentlich zu wenden. Auch wenn es bis zu 20 Minuten dauern kann – es lohnt sich!

In einer großen Pfanne 1 EL Olivenöl erhitzen und die Würste darin von allen Seiten goldbraun anbraten. Anschließend die Würste aus der Pfanne heben und beiseitestellen.

Das restliche Öl in der Pfanne erhitzen und die Zwiebeln anschwitzen, bis sie weich und leicht gebräunt sind. Ingwer und Knoblauch unterrühren, bis sich ihre Aromen entfaltet haben. Die Gewürze und das Tomatenmark unterrühren und 2 Minuten köcheln lassen. Die gehackten Tomaten untermischen und ein paar Minuten weich kochen.

Die Würste zurück in die Pfanne geben und Maronen, Linsen und Fond dazugeben. Alles etwa 20 Minuten schwach köcheln lassen, bis die Linsen weich und die Würste gar sind. Eventuell noch etwas Fond oder Wasser hinzufügen, falls die Mischung zu trocken zu werden droht.

Mit reichlich Salz und Pfeffer würzen und mit frischem Koriander bestreut servieren.

& dazu passt:
1 Glas Crozes
Hermitage Rotwein

FÜR 4 PERSONEN

- 3 EL Olivenöl
- 8 Wildbretwürste
- 1 Zwiebel, gewürfelt
- 25 g frischer Ingwer, gerieben
- 2 große Knoblauchzehen, klein gehackt
- 1 TL gemahlener Kreuzkümmel
- 1 TL gemahlener Koriander
- ½ TL gemahlenes Kurkuma
- 2 TL Paprikapulver
- 2 TL Tomatenmark
- 150 g Eiertomaten, gehäutet und grob gehackt
- 100 g vorgegarte Maronen (am besten vakuumiert), grob gehackt
- 250 g Puy-Linsen
- 650 ml dunkler Hühnerfond
- 2 TL frischer Koriander, klein gehackt, zum Servieren

FORTNUM & MAS
LONDON ENGLA
CHUTNE

WILDPASTETEN

Eine Abwandlung der traditionellen englischen *Cornish Pasties* mit Süßkartoffeln, Wild, Knoblauch, Schinken und Kalbfleisch. Fortnum & Masons Wildpasteten sind ideal für Wildfleisch aller Art. Ummantelt von goldenem Mürbeteig lassen sie sich wunderbar auf der Hand essen.

& dazu passt:
Fortnum's Damson
Brombeer-Apfel Chutney und
1 Glas Barossa Shiraz Rotwein

ERGIBT 6 PASTETEN

FÜR DEN TEIG
- 500 g Weizenmehl
- 1 TL Salz
- 250 g Butter, gewürfelt und gekühlt
- 150 ml Milch

FÜR DEN FOND
- 500 ml Rinder- oder Wildfond
- 100 g Süßkartoffeln, gewürfelt
- 100 g Kohlrübe, gewürfelt
- 100 g Möhren, gewürfelt
- 100 g Zwiebeln, gewürfelt

FÜR DIE FÜLLUNG
- 300 g Wildfleisch (z.B. Reh, Entenbrust, Fasanenbrust)
- 150 g Lardo (italienischer Speck), in dünne Streifen geschnitten
- 250 g Kalbshack
- 3 Knoblauchzehen, klein gehackt
- ½ TL Vier-Gewürze-Pulver
- 6 Zweige Thymian
- 1 Ei, leicht verquirlt, zum Bestreichen
- 150 ml Milch

Zunächst den Teig herstellen. Dafür Mehl und Salz in eine Schüssel sieben und dann die kalte Butter mit den Fingerspitzen unterkneten, bis die Mischung Brotkrümeln gleicht. Nach und nach Milch hinzugießen, bis ein weicher, nicht klebriger Teig entsteht (eventuell wird weniger Milch als angegeben benötigt). Den Teig in Küchenfolie gewickelt mindestens eine Stunde kalt stellen.

Den Fond aufkochen und das gewürfelte Gemüse darin 6–8 Minuten fast weich kochen. Das Gemüse herausheben und beiseitestellen. Den Fond einkochen, bis er eine sirupartige Konsistenz bekommt und dann zum Abkühlen beiseitestellen.

Für die Füllung das Wildfleisch in dünne Streifen, dann quer in kleine Würfel schneiden und in einer Schüssel mit Lardo, Hackfleisch, Knoblauch, Vier-Gewürze-Pulver und Thymianblättern vermischen und mit Salz und Pfeffer würzen. Den reduzierten Fond unterrühren, bis eine klebrige, aber nicht zu feuchte Mischung entsteht.

Den Teig in sechs Teile teilen und diese einzeln kreisrund und etwa 3 mm dick ausrollen. Eventuell mit einem Teller oder einem Schüsselrand Kreise ausstechen. Mit einem Löffel die Füllung großzügig in der Mitte verteilen und den Teigrand mit dem verquirlten Ei bepinseln. Den Teig von zwei Seiten anheben und über der Füllung zwischen Daumen und Mittelfinger fest zusammendrücken. Die Pasteten auf ein mit Backpapier bedecktes Backblech legen und mit etwas Ei bepinseln. Die Pasteten 20 Minuten kühl stellen und erneut mit etwas verquirltem Ei bestreichen, damit sie schön goldgelb werden.

Die Pasteten 15 Minuten im auf 200 °C (Gas Stufe 6) vorgeheizten Backofen backen, danach die Temperatur auf 180 °C (Gas Stufe 4) senken und weitere 20–25 Minuten backen. Warm oder kalt servieren.

GEFÜLLTE OFENKARTOFFELN MIT ZITRONEN-CRÈME-FRAÎCHE UND KAVIAR

Echter Kaviar ist ruinös teuer, aber wenigstens nicht mehr ruinös für die Umwelt: In England kommt nur noch nach dem CITES-Artenschutzabkommen gezüchteter Kaviar in den Handel. Der Handel mit Wild-Kaviar ist illegal. Die Qualität wird jedes Jahr besser, und Fortnum & Mason ist natürlich stets bemüht, nur Spitzenqualität anzubieten. Ich ziehe den Ossietra-Kaviar aufgrund seines nussigen Geschmacks dem Beluga-Kaviar vor, wenngleich für dieses Rezept der ein wenig preisgünstigere Sevruga-Kaviar empfohlen wird. Alternativ kann man natürlich auch Lachs- oder Forellenkaviar verwenden, denn dieser ist recht günstig und doch von ähnlicher Konsistenz und Schönheit.

& dazu passt:
1 Glas Champagner
Brut Reserve

FÜR 4 PERSONEN

- 4 mittelgroße Ofenkartoffeln (je 150 g), z.B. Maris Piper
- 120 ml Crème fraîche
- 2 EL Schnittlauchröllchen
- Schalenabrieb von 1 Zitrone
- 60 g Sevruga-Kaviar

Die Kartoffeln waschen und die Schalen noch feucht mit etwas grobem Meersalz einreiben. Die Kartoffeln mehrfach mit der Gabel einstechen und im 200 °C (Gas Stufe 6) heißen Backofen etwa eine Stunde backen, bis sie sich leicht mit einem Messer einstechen lassen.

In der Zwischenzeit die Crème fraîche mit dem Schnittlauch und der Zitronenschale vermischen. Die gebackenen Kartoffeln mit einem Topflappen festhalten, einen Deckel abschneiden und aushöhlen. Die ausgehöhlten Kartoffeln auf ein Backblech setzen, die Kartoffelmasse mit einer Gabel zerdrücken, unter die Crème-fraîche-Mischung heben und damit die ausgehöhlten Kartoffeln wieder befüllen. Die gefüllten Kartoffeln weitere 5 Minuten bei gleicher Temperatur im Ofen backen.

Die Ofenkartoffeln mit Kaviar garniert heiß servieren.

OFENKARTOFFELN MIT GERÄUCHERTEM LACHS UND EINEM DILL-FRISCHKÄSEDIP

Der Clou dieses Rezepts ist die Mischung aus heißer, flockig-leichter Kartoffel, Streifen von fein geräuchertem Lachs und dem kühlen, sahnigen Dip.
Der Meerrettich liefert dazu etwas Schärfe und der Dill eine geschmackliche Reminiszenz an Skandinavien.

& dazu passt:
1 Glas Champagner
Blanc de Blancs

FÜR 4 PERSONEN

- 4 mittelgroße Ofenkartoffeln (je 150 g), z. B. Maris Piper
- 70 g Rahmfrischkäse
- ½ Bund Dill plus ein paar Dillspitzen zum Garnieren
- 2 TL Sahnemeerrettich
- 140 g Räucherlachs, in Streifen geschnitten

Die Kartoffeln waschen und die Schalen noch feucht mit etwas grobem Meersalz einreiben. Die Kartoffeln mehrfach mit der Gabel einstechen und im 200 °C (Gas Stufe 6) heißen Backofen etwa eine Stunde backen, bis sie sich leicht mit einem Messer einstechen lassen.

In der Zwischenzeit den Frischkäse mit dem Dill und dem Meerrettich vermischen und mit Salz und Pfeffer abschmecken. Die gebackenen Kartoffeln mit einem Topflappen festhalten, einen Deckel abschneiden und aushöhlen. Die ausgehöhlten Kartoffeln auf ein Backblech setzen, die Kartoffelmasse mit einer Gabel zerdrücken, unter die Frischkäsemischung heben und damit die ausgehöhlten Kartoffeln wieder befüllen. Die gefüllten Kartoffeln weitere 5 Minuten bei gleicher Temperatur im Ofen backen.

Die Ofenkartoffeln mit Lachsstreifen garniert und Dillspitzen bestreut heiß servieren. (Foto siehe Seite 24.)

OFENKARTOFFELN MIT KÜRBIS UND KOKOSNUSSCURRY

Hier wird eine einfache gebackene Kartoffel auf die Reise zu neuen tropischen und von exotischen Gewürzen gesäumten Ufern geschickt. Servieren Sie die Kartoffeln mit einem aromatischen Chutney – oder für die Fleischliebhaber unter Ihren Gästen mit dick geschnittenem York-Schinken.

FÜR 4 PERSONEN

- 4 mittelgroße Ofenkartoffeln (je 150 g), z.B. Maris Piper
- 2 EL Kokosnussöl
- 2 Schalotten, klein gehackt
- ein höchstens daumengroßes Stück Ingwer, gewürfelt
- 2 Knoblauchzehen, klein gehackt
- ½ TL gemahlenes Kurkuma
- ¼ TL gemahlener Kreuzkümmel
- ½ TL mildes Currypulver
- 1 Sternanis
- ¼ Kürbis (etwa 200 g), gewürfelt
- 1 Dose (400g) Kokosnussmilch
- Petersilie, klein gehackt zum Garnieren

Die Kartoffeln waschen und die Schalen noch feucht mit etwas grobem Meersalz einreiben. Die Kartoffeln mehrfach mit der Gabel einstechen und im 200 °C (Gas Stufe 6) heißen Backofen etwa eine Stunde backen, bis sie sich leicht mit einem Messer einstechen lassen.

In der Zwischenzeit das Öl in einer großen Pfanne erhitzen und Schalotten, Ingwer und Knoblauch darin weich und glasig anschwitzen, ohne dass sie bräunen. Gewürze und Kürbis hinzugeben und mit je 1 Prise Salz und Pfeffer würzen. Alles 2–3 Minuten köcheln, bis die Gewürze aromatisch duften. Die Kokosnussmilch unterrühren und alles zusammen etwa 15 Minuten köcheln, bis der Kürbis weich ist (Messerprobe machen).

Die gebackenen Kartoffeln mit einem Topflappen festhalten, einen Deckel abschneiden und aushöhlen. Die ausgehöhlten Kartoffeln auf ein Backblech setzen, die Kartoffelmasse mit einer Gabel zerdrücken und unter die Kürbismischung in der Pfanne heben.

Den Sternanis entfernen, die ausgehöhlten Kartoffeln mit der Kürbismischung befüllen und die gefüllten Kartoffeln weitere 10 Minuten bei gleicher Temperatur im Ofen backen, bis die Schalen knusprig sind.
Vor dem Servieren mit etwas klein gehackter Petersilie bestreuen.
(Foto siehe Seite 24.)

BROWNIES MIT DUNKLER SCHOKOLADEN-GANACHE UND HONEYCOMB

Vergessen sind die Papstdebatten. Jetzt gibt es die echten Brownies, garniert mit Honeycomb und Schokoladenganache. Eine explosive Kombination. Guy Fawkes wäre stolz darauf.

& dazu passt: 1 Glas ungarischer Tokajer Wein oder 1 Tasse Fortnum's Assam Tee

FÜR 18 STÜCK
- 250 g dunkle Schokolade (70% Kakaoanteil)
- 100 g Weizenmehl
- 35 g Kakaopulver
- 3 große Eier
- 340 g Zucker
- 190 g Butter

FÜR DIE GARNITUR
- 120 g dunkle Schokolade (55 % Kakaoanteil), klein gehackt
- 85 ml süße Sahne
- 50 g Honeycomb (bzw. Sponge Toffee, mit Speisenatron aufgeschäumter und gehärteter Zuckersirup und/oder Honig)

50 g Schokolade in erbsengroße Stücke hacken und beiseitestellen. Den Rest etwas feiner hacken und ebenfalls beiseitestellen. Mehl und Kakaopulver in eine Schüssel sieben und beiseitestellen.

In einer großen Schüssel Eier und Zucker mit einem Mixer gründlich aufschlagen, bis eine blasse, sehr dickflüssige Mischung entsteht. Die Butter in einer Kasserolle zerlassen, bis sie am Rand erste Blasen wirft, dann den Topf vom Herd nehmen und 200 g klein gehackte Schokolade unterrühren, bis diese geschmolzen ist. Mit einem großen Metalllöffel die Schokoladenmischung unter die Eimischung heben. Nach und nach Mehl und Kakaopulver untermischen und am Ende die restliche klein gehackte Schokolade unterheben.

Den Teig in eine etwa 25 cm × 30 cm große, mit Backpapier ausgelegte Backform geben und gleichmäßig verteilen. Im auf 160 °C (Gas Stufe 3) vorgeheizten Backofen etwa 15–20 Minuten backen, bis der Teig an den Rändern etwas aufgegangen ist, in der Mitte aber noch ein wenig weich ist. (Beim Einstechen mit einem Metallstab, sollte etwas Teig daran haften bleiben, dieser sollte aber nicht flüssig sein). Die Backform aus dem Ofen nehmen und abkühlen lassen.

Für die Glasur die klein gehackte Schokolade in eine Schüssel geben. Die Sahne in einem Topf bis zum Siedepunkt erhitzen, über die Schokolade gießen und ein paar Sekunden ruhen lassen. Große Stücke Honeycomb zerkleinern (Honeycomb in eine Plastiktüte geben und mit einem Nudelholz darüberwalzen). Die Schokoladenganache über den Brownie streichen und mit Honeycomb bestreuen.

Sobald die Ganache abgekühlt ist, den Brownie in 18 Vier- oder Rechtecke schneiden.

KARAMELLISIERTE APFELPFANNKUCHEN

Wir verwenden für dieses Rezept Äpfel der Sorte Bramley, da ihre markante Säure wunderbar mit dem Karamell harmoniert. Die Pfannkuchen können gut im Voraus zubereitet und gefüllt werden. Vor dem Servieren kurz mit Alufolie abgedeckt im Backofen bei mittlerer Temperatur aufwärmen.

& dazu passt:
1 Glas Fortnum's Cognac de Jerez oder 1 Tasse hochwertiger Darjeeling Tee

ERGIBT 8 PFANNKUCHEN, FÜR 4–8 PERSONEN
(je nach Appetit)

FÜR DIE PFANNKUCHEN
- 100 g Weizenmehl
- 20 g Zucker
- 1 Prise Salz
- 2 große Eier
- 250 ml Milch
- 25 g Butter, zerlassen
- etwas Pflanzenöl zum Einfetten der Pfanne

FÜR DIE FÜLLUNG
- 4 Äpfel der Sorte Bramley, geschält, Kerngehäuse entfernt und das Fruchtfleisch in etwa 5 mm dicke Scheiben geschnitten
- 50 g Zucker
- 40 g Butter
- Crème fraîche oder Schlagsahne zum Servieren

Für den Pfannkuchenteig zunächst Mehl, Zucker und Salz in eine große Schüssel geben und in die Mitte eine Mulde drücken. Die Eier darüber aufschlagen, etwas Milch dazugießen und mit einem Schneebesen langsam das Mehl vom Rand unterrühren. Sobald alles zu einem glatten Teig verrührt ist, erst die restliche Milch und dann die zerlassene Butter unterrühren. Den Teig beiseitestellen und die Füllung zubereiten.

Dafür eine große, schwere Schmorpfanne erhitzen, die Apfelscheiben hineingeben und zunächst ohne Zugabe von Fett etwas karamellisieren lassen. Dabei häufig wenden. Den Zucker darüberstreuen und bei mittlerer Temperatur und gelegentlichem Umrühren die Äpfel goldbraun karamellisieren lassen. Die Butter vorsichtig untermischen und ein paar Minuten mit erhitzen.

Zum Ausbacken der Pfannkuchen eine flache Pfanne (Ø 24 cm) auf mittlere Temperatur vorwärmen. Etwas Küchenkrepp in das Öl tauchen und damit die Pfanne einfetten. Jeweils eine Kelle Teig in die Pfanne geben und die Pfanne derart hin und her schwenken, dass sich der Teig gleichmäßig zu einer dünnen Schicht verteilt. Überschüssigen Teig sofort in einen Krug abgießen und mit dem restlichen Teig erneut verwenden. Die Pfanne wieder auf den Herd stellen und den Pfannkuchen nach etwa 30 Sekunden (er sollte an den Rändern goldbraun sein) mit einem Pfannenwender oder einer Palette wenden. Den Pfannkuchen ungefähr weitere 30 Sekunden backen, bis auch die zweite Seite goldbraun ist und dann auf einen vorgewärmten Teller geben. Den restlichen Teig ebenso ausbacken. Er sollte 8 Pfannkuchen ergeben.

Eventuell die karamellisierten Äpfel erneut erwärmen, danach als Füllung auf die Pfannkuchen aufteilen und diese zweimal über die Mitte falten, sodass ein Viertel entsteht. Entweder die Pfannkuchen, sobald sie fertig sind, nach und nach servieren oder zunächst alle Pfannkuchen backen, anschließend füllen und mit Crème fraîche oder Schlagsahne servieren.

Brindisi

WUNDERBARE WILDGERICHTE

Das Jagdessen

Wir sollten über den Fasan reden. Und das Moorhuhn, das Rebhuhn, die Schnepfe. Oh und auch über das Kaninchen, den Feldhasen, das Reh usw. Feder- und Haarwild – die heimlichen Stars der britischen Jahreszeitenküche, die Helden unserer nationalen Speisekammern, um die uns die wahren Genießer aus aller Welt beneiden. Arm an Fett, dafür reich an Geschmack, nachhaltig und auch noch recht günstig. Was könnte es Besseres geben?

Leider vieles, wenn man der Mehrheit der Briten Glauben schenken darf. Zu blutig, jammern sie, und zu schwierig, bevor sie sich wieder ihrer banalen, billigen Hähnchenbrust zuwenden. So viel sicherer und weniger ... na ja, gefährlich. Genau wie Innereien gehören Wildgerichte bei den Briten zu den eher unbeliebten Lebensmitteln, die man lieber Abenteurern und Wagemutigen überlässt. Und letztendlich kann man sie ja auch verstehen. Unsere Geschmacksknospen sind mit der Zeit so degeneriert, dass ein markanter Geschmack sofort Argwohn erweckt. Im Viktorianischen Zeitalter aß man das Wild noch gerne »hoch« abgehangen, bis die Maden herunterfielen. Mit anderen Worten, der Geruch bestimmte das Aroma.

Doch der Geschmack eines jungen Moorhuhns, das unmittelbar nach Beginn der Jagdsaison am »Glorious Twelfth«, dem 12. August, erlegt wurde, ist einfach unvergleichlich köstlich. Gebraten (und eine andere Zubereitungsart gleicht zu dieser Jahreszeit der Häresie) ist das Fleisch einzigartig saftig und zart, mit einem Hauch von Heide-Aroma.

Oder der diskrete Charme eines Rebhuhns. Leider sind die heimischen wilden, graubeinigen Rebhühner bei uns sehr rar geworden

und vom rotbeinigen französischen Zuchtrebhuhn verdrängt worden. Mein Vater ist überzeugt, dass wilde Rebhühner einen viel intensiveren Geschmack haben als ihre in Volieren gezogenen Verwandten. Und er weiß, wovon er spricht. Doch auch Zuchtrebhühner schmecken wunderbar, entweder in luftgetrockneten Schinken gewickelt und gebraten oder als Pfefferhuhn so gebraten, dass exotische Gewürze das delikate Fleisch veredeln.

Zugegeben, Fasan kann vor allem zum Ende der Jagdsaison recht trocken schmecken, dennoch eignet er sich hervorragend für Eintopfgerichte, und die herausgelösten Fasanbrüste schmecken, wie kleine Schnitzel paniert und gebraten, ebenfalls großartig. Mit Salz gepökelt verwandelt sich Fasan in einen delikaten Schinken.

Mit den blitzenden braunen Augen und dem degenartigen Schnabel sind Waldschnepfen wunderschöne Vögel. Ihr Geschmack ist intensiver als der ihrer Verwandten. Viele Menschen mögen den Anblick einer traditionell angerichteten Schnepfe nicht, wenn der Schnabel unter einen Flügel gesteckt wird und der Kopf so geöffnet ist, dass das mokkalöffelgroße Hirn, eine besondere Delikatesse, zu sehen ist. Das ist vielleicht in der Tat eher etwas für echte Jagdfans.

Doch wer könnte schon einem Kaninchengericht mit würziger Senfsauce oder einem kurz angebratenen Rehfilet widerstehen? Auch der Feldhase ist ein großartiges Tier, das jedoch mal ganz vorzüglich und mal ausgesprochen streng schmeckt. Dabei handelt es sich nicht um »extreme« Lebensmittel, sondern vielmehr um Zutaten, die geachtet und geehrt werden sollten. Bei Fortnum & Mason wird eine lange Tradition des Handels mit Wildgerichten gepflegt, vor allem mit Wildfonds, Wildterrinen und Pasteten.

»Jeder Vogel wurde vor dem Verkauf perfekt abgehangen« war schon in den 1930er Jahren in einem ihrer Kataloge zu lesen. »In der Tat haben wir mit dem Grafen ein Arrangement getroffen, zur rechten Zeit zu schießen und nur gut abgehangene Vögel zu liefern. So machen wir es bei Fortnum & Mason.«

Laut Katalog gehören Wildpasteten zu dem Besten, was Fortnum & Mason zu bieten hat. Francis Law beschreibt in seinen Erinnerungen an die beiden Weltkriege die Speisen in seiner Offiziersmesse mit den Worten: »Teuer und luxuriös. Die meisten Speisen wurden von Fortnum & Mason geliefert. Köstlichste Pasteten und Schinken ... je nach Jahreszeit Lachs und Wild ... nie wieder habe ich solche Großzügigkeit erlebt.« Fortnum & Mason rupfte Federwild und hatte sogar eine Abteilung, die bis Ende der 1940er Jahre den Herrenclub St James mit Wild belieferte. Gelegentlich verlief der Handel auch umgekehrt, und Fortnum & Mason kaufte den Herren ihre Jagdbeute ab und verwandelte sie in Pasteten und Terrinen.

Fortnum & Mason besaß sogar eine Abteilung für den Verkauf eigener Schusswaffen, dazu Munition, Kappen, Wachsjacken, Jagdhosen und Picknick-Zubehör. Zudem führen sie bis heute die Tradition des Caterings für Jagdgesellschaften fort, jene Rotwein geschwängerten, fröhlichen Mittagspausen, bei denen zu nahrhaften Wildeintöpfen, Pasteten, Steak & Kidney Pudding (ein in Teig gehüllter Gulasch aus Rumpsteak und Nierchen) oder gar lokalen Fish & Chips die morgendlichen Jagderlebnisse debattiert werden. Auch wenn ich kein sonderlich guter Schütze bin, so gibt es für mich in den Wintermonaten nichts Schöneres, als mit guten Freunden auf einem abgeernteten Acker in Dorset, Devon oder Durham anzusitzen und auf das Flügelschlagen auffliegender Vögel zu warten. Eine Jagdgesellschaft ist mitnichten eine Ansammlung blutrünstiger, rotgesichtiger feiner Pinkel und hat genauso viel mit guter Konversation zu tun wie mit gezieltem Schießen. Und natürlich wird jeder getötete Vogel vor dem Verkauf ordentlich aufgebrochen, gerupft und zusammengebunden, um die Liebhaber solcher Köstlichkeiten zu erfreuen. Also, weg mit den Vorurteilen und ran an das Wildfleisch. Beginnen Sie mit einem Rebhuhngericht, und bevor Sie es sich versehen, wird es Ihnen nach Hasenpfeffer oder Schnepfe gelüsten. Vergessen Sie die langweiligen Hähnchenbrüste und folgen Sie einfach dem guten Geschmack.

CONSOMMÉ VOM MOORHUHN UND PERLGRAUPEN

Hier handelt es sich zweifellos um ein altmodisches Rezept. Natürlich nicht, weil es langweilig und umständlich wäre, sondern wegen der Art und Weise, wie die Brühe geklärt wird. Doch es lohnt sich, denn am Ende erhalten Sie eine bernsteinfarben schimmernde, unglaublich aromatische Kraftbrühe.

Das restliche Fleisch von den Moorhuhnkarkassen zupfen und beiseitestellen. Die Karkassen in mehrere Stücke brechen und mit der Hühnerbrühe in einen großen Topf geben. Bei niedriger Temperatur die Knochen in der Brühe ziehen lassen. In der Zwischenzeit die Hähnchenflügel in einem Bräter in den 190 °C (Gas Stufe 5) heißen Backofen stellen. Die Hähnchenflügel etwa 30 Minuten goldbraun rösten, danach aus dem Backofen nehmen, den Cognac dazugießen und mit einem Holzlöffel umrühren, die Bratenreste vom Topf lösen und deglacieren. Die Hähnchenflügel, den Bratensaft, den Sternanis, das Lorbeerblatt und den Thymian zu der Brühe geben, alles zusammen aufkochen und danach eine Stunde sanft köcheln lassen. Die Brühe durch ein Sieb in einen sauberen Topf gießen und die Hähnchenflügel und die Kräuter entfernen.

Für die Klärmischung zunächst das Hähnchenfleisch und anschließend Möhre, Schalotte, Knoblauch, Sellerie und Pilze in der Küchenmaschine pürieren. In einer separaten Schüssel das Eiweiß steif schlagen, bis es Spitzen bildet. In einer Schüssel das pürierte Fleisch mit dem pürierten Gemüse vermischen und das Eiweiß unterheben. Die Mischung in die Brühe einrühren, alles langsam aufkochen und dabei ab und zu vorsichtig rühren, damit nichts am Topfboden ansetzt. Sobald die festen Bestandteile an der Oberfläche eine Kruste gebildet haben, wird ein kleines Loch in die Mitte gebohrt. Nicht mehr rühren und die Brühe 45 Minuten sieden lassen und danach durch ein mit einem doppelt gefalteten Mulltuch ausgelegtes Sieb gießen und die Kruste entfernen. Die geklärte Bouillon mit Salz und Pfeffer abschmecken.

Ein wenig Consommé in einen sauberen Topf gießen und die Perlgraupen darin 25 Minuten ziehen lassen, bis sie weich sind. In einem separaten Topf das gewürfelte Gemüse ebenfalls in ein wenig Consommé weich kochen und anschließend die Graupen und die klein gehackte Petersilie untermischen.

Zum Servieren die Perlgraupenmischung auf vier Suppenteller aufteilen, das beiseite gestellte Moorhuhnfleisch darübergeben und mit der heißen Consommé übergießen.

FÜR 4 PERSONEN

- 2 übrig gebliebene Moorhuhn-Karkassen
- 2 l hochwertige Hühnerbrühe
- 500 g Hähnchenflügel
- 1 großes Glas Cognac
- ½ Sternanis
- 1 Lorbeerblatt
- 1 Zweig Thymian
- 60 g Perlgraupen, über Nacht in kaltem Wasser eingeweicht und abgetropft
- ½ Möhre, gewürfelt
- 1 Stange Staudensellerie, gewürfelt
- 1 TL klein gehackte Petersilie

FÜR DIE BOUILLON

- 2 ausgelöste Hähnchenschenkel ohne Haut
- 1 Möhre, grob gehackt
- 1 Schalotte, grob gehackt
- 2 Knoblauchzehen, klein gehackt
- 2 Stangen Staudensellerie, grob gehackt
- 100 g frische Champignons
- 2 mittelgroße Eiweiß

PAPPARDELLE MIT REHRAGÙ, ROTKOHL UND PECORINO

Dieses winterliche, langsam gegarte Hackfleisch vom Reh mit dem würzigen Rotkohl wärmt Magen und Seele gleichermaßen, auch wenn Puristen das nicht glauben können. Die gehaltvolle Sauce liefert eine angenehm säuerliche Note. Fortnum & Mason stellt für dieses Gericht seine eigenen Pappardelle her – eine wahre Luxusvariante mit achtzehn Eigelb. Doch mit hochwertigen getrockneten Pappardelle oder Tagliatelle gelingt dieses Rezept genauso. Prüfen Sie jedoch auf deren Zutatenliste, ob sie auch mit reichlich echtem Eigelb hergestellt wurden.

& dazu passt:
1 Glas Valpolicella Rotwein

FÜR 6 PERSONEN

- 2 Möhren
- 1 Zwiebel
- 3 Knoblauchzehen
- 2 Stangen Staudensellerie
- 1 EL Olivenöl
- 600 g Rehhack
- 50 g Butter
- 500 ml Rotwein
- 500 ml Rinderfond
- 250 ml Hühnerfond
- 1 TL getrocknete Thymianblätter
- 1 Lorbeerblatt
- 500 g hochwertige Pappardelle

FÜR DEN ROTKOHL

- ½ kleiner Rotkohl, in Scheiben geschnitten
- 50 g weicher brauner Zucker
- 100 ml Rotwein
- 1 Zimtstange

ZUM SERVIEREN

- 3 EL Olivenöl
- 200 g Pecorino-Romano-Käse, gerieben
- 2 TL klein gehacktes Rosmarin
- 2 TL klein gehackte Petersilie
- 2 TL zerdrückte Wacholderbeeren

Möhren schälen, Zwiebel und Knoblauchzehen abziehen und mit dem Sellerie in Stücke schneiden und in der Küchenmaschine zerkleinern.

In einer großen Schmorpfanne 1 EL Olivenöl erhitzen und das Hackfleisch darin scharf anbraten. Das gebräunte Fleisch beiseitestellen, die Temperatur herunterschalten, die Butter in der Pfanne zerlassen und das Gemüse und den Knoblauch darin weich garen. Das Hackfleisch wieder dazugeben, mit dem Rotwein ablöschen und köcheln, bis der Wein zu zwei Dritteln eingekocht ist. Den Rinderfond und den Hühnerfond dazugießen, die Kräuter untermischen, mit Salz und Pfeffer abschmecken und alles anderthalb bis zwei Stunden sanft köcheln lassen, bis die Flüssigkeit zum Großteil verdampft ist und die sämige Hackfleischmischung aromatisch duftet.

Während das Ragout gart, sämtliche Zutaten für den Rotkohl in einen Topf geben und etwa eine Stunde sanft garen, bis die Flüssigkeit weitestgehend verdampft und der Kohl weich ist. Mit Salz und Pfeffer abschmecken und überschüssige Flüssigkeit abgießen. Die Nudeln in einem großen, mit kochendem Salzwasser gefüllten Topf al dente kochen und abtropfen lassen. Den Kohl unter die Hackfleischsauce mischen, die Nudeln, die Hälfte des Olivenöls und des Käses unterheben, erneut abschmecken und eventuell nachwürzen. Auf einzelnen Tellern anrichten, mit dem restlichen Käse, den klein gehackten Kräutern, den zerdrückten Wacholderbeeren bestreuen, das restliche Olivenöl darüberträufeln und sofort servieren.

WILDENTE MIT RAS EL-HANOUT UND ALS SAMOSAS AN SAFRAN-COUSCOUS

Ein orientalisch duftendes Gericht, das uns die Küche Nordafrikas mit seinen typischen Gewürzen Ras el-Hanout und einer rosa Harissapaste nahebringt. Und auch Couscous, verfeinert mit getrockneten Früchten und Nüssen, kommt auf den Teller. Selbst wenn es zunächst etwas überladen wirkt, ist das Gericht bei guter Vorbereitung leicht zuzubereiten. Die Samosas können im Voraus zubereitet und vor dem Servieren kurz frittiert werden.

& dazu passt:
Fortnum's Soja-Ingwer-Dressing und 1 Glas Elsässer Pinot Blanc Weißwein

FÜR 4 PERSONEN

- 4 TL rosa Harissapaste
- 1 TL Ras el-Hanout
- 35 ml Olivenöl
- 4 Entenbrüste, die Haut mit einem scharfen Messer jeweils 3–4 Mal eingeritzt

FÜR DIE SAMOSAS UND DIE SAUCE

- 1 EL Sonnenblumenöl
- 2 Entenschenkel
- 1 kleine Möhre, gewürfelt
- 1 Stange Staudensellerie, gewürfelt
- 1 kleine Zwiebel, gewürfelt
- 1 Knoblauchzehe, klein gehackt
- 1 TL Ras el-Hanout
- ½ TL Koriandersamen
- 70 ml Madeira Wein
- 700 ml hochwertiger Hühnerfond
- 1 Zweig Thymian
- 3 Frühlingszwiebeln, in Ringe geschnitten
- 3 EL klein gehackter Koriander
- 4 Teigblätter für Frühlingsrollen oder Blätterteig (TK)
- 1 Ei, leicht verquirlt
- Sonnenblumenöl zum Frittieren

Harissapaste, Ras el-Hanout und Olivenöl miteinander zu einer Paste vermischen, die Entenbrüste in einen tiefen Teller legen und die Paste von allen Seiten ins Fleisch einmassieren. Den Teller abdecken und das Fleisch mindestens 6 Stunden, am besten über Nacht marinieren lassen.

Das Sonnenblumenöl in einer kleinen Kasserolle (so groß, dass die Entenschenkel gerade hineinpassen) erhitzen. Die Schenkel mit Salz und Pfeffer würzen und bei mittlerer Temperatur von allen Seiten goldbraun anbraten. Die Entenschenkel herausheben und beiseitestellen. Das gewürfelte Gemüse, den Knoblauch, das Ras el-Hanout und die Koriandersamen in den Topf geben und so lange rösten, bis sie etwas Farbe bekommen. Mit dem Madeira ablöschen und langsam um zwei Drittel einkochen lassen. Dabei immer wieder den Bratensatz vom Topfboden lösen und deglacieren. Die Entenschenkel dazugeben, mit dem Fond aufgießen und alles aufkochen. Den Topf zugedeckt für 1,5 bis 2 Stunden in einen auf 150 °C (Gas Stufe 2) vorgeheizten Backofen stellen, bis das Fleisch zart ist und sich leicht vom Knochen löst. Die Entenschenkel aus der Flüssigkeit heben und abkühlen lassen. Die Flüssigkeit beiseitestellen.

Das Fleisch vom Knochen zupfen (Haut und Knochen entfernen) und mit den Frühlingszwiebeln und dem Koriander vermengen. Die Kochflüssigkeit durch ein feines Sieb in einen sauberen Topf gießen und zu einer leicht sirupartigen Sauce einkochen. Etwa 4 EL dieser Reduktion unter das Fleisch mischen, damit dieses ein wenig zusammenhält. Die Fleischmischung auf einem kleinen, mit Backpapier ausgelegtem, tiefen Backblech zu einer etwa 1,5 cm hohe Schicht ausstreichen, mit einer Lage Backpapier abdecken und kalt stellen. Die restliche Sauce beiseitestellen.

Für die Samosas die gekühlte Fleischmischung in 4 Dreiecke schneiden. Jedes Teigblatt mit etwas verquirltem Ei bepinseln, jeweils ein Dreieck der Füllung daraufsetzen, in den Teig einschlagen, dabei die Teigränder fest zusammendrücken und mit Ei bestreichen. In einem tiefen Schmortopf 4 cm Sonnenblumenöl auf 170 °C erhitzen und die Samosas darin etwa 2 Minuten goldbraun frittieren, dabei einmal wenden. Die fertigen Samosas

> Fortsetzung Seite 43

> Fortsetzung von Seite 41

Wildente mit Ras el-Hanout und als Samosas an Safran-Couscous

auf Küchenkrepp abtropfen lassen und beiseitestellen.

Für das Couscous die Hühnerbrühe aufkochen, die Safranfäden mit 1 EL heißer Brühe verrühren und zu der restlichen Brühe gießen und gut vermischen. Couscous und Rosinen in eine Schüssel geben, die Brühe erneut aufkochen und dann über das Couscous gießen. Das Couscous mit Küchenfolie gut abgedeckt 5 Minuten ruhen lassen und dann mit einer Gabel vorsichtig auflockern. Die Mandelblättchen und den Koriander unterrühren und mit Salz und Pfeffer abschmecken.

Für die Entenbrüste eine große Schmorpfanne auf mittlere Temperatur vorheizen. Die Entenbrüste aus der Marinade heben, mit der Hautseite nach unten in die Pfanne legen und so lange braten, bis die Haut goldbraun ist. Die Entenbrüste wenden und eine weitere Minute braten. Die Pfanne für etwa 8 Minuten in einen auf 180 °C (Gas Stufe 4) Backofen stellen. Am Ende sollten die Entenbrüste in der Mitte noch rosa sein.

Die Entenbrüste 5 Minuten ruhen lassen und danach diagonal halbieren. Das Couscous auf 4 Teller aufteilen und jeweils ein Samosa und eine Entenbrust daraufsetzen. Die restliche Sauce erhitzen, außen herum verteilen und mit gedämpftem Stängelkohl servieren.

FÜR DAS COUSCOUS
- 400 ml Hühnerbrühe
- 1 Prise Safranfäden
- 320 g Couscous (oder die größere Mograbia-Couscous-Variante)
- 50 g helle Rosinen (oder Sultaninen)
- 35 g Mandelblättchen, ohne Zugabe von Fett kurz in der Pfanne geröstet
- klein gehackter Koriander
- Stängelkohl (italienischer Brokkoli) zum Servieren

In der Weihnachtszeit unverzichtbar

Die folgende Liste ist eine Art Überlebenshandbuch für die Weihnachtsfeiertage beziehungsweise eine ausführliche Aufzählung all dessen, was man für unangekündigten Besuch, nächtliche Hungerattacken und kleine Snacks am Nachmittag vorrätig haben sollte. Sie reicht von naheliegenden Dingen wie Champagner, Kaffee, Wein, Käse, Pasteten und Cognacbutter bis hin zu exotischen Lebensmitteln wie kandierten Früchten und Maronen, Elvas Plums (eingelegte grüne Pflaumen aus Alentejo) und den getrockneten weichen Pflaumen aus dem französischen Agen bis hin zu luxuriös köstlichem Kaviar. Weihnachten schmeckte noch nie so köstlich.

CHAMPAGNER

Es gibt natürlich Champagner für die verschiedensten Anlässe und Stimmungen, angefangen vom eleganten und leichten Blanc de Blancs bis hin zum komplexen und etwas schwereren Fortnum & Mason Vintage aus der wunderbaren Kellerei Louis Roederer. Am besten hat man für jeden Anlass und unerwarteten Besuch immer ein paar Flaschen gut gekühlt vorrätig, sozusagen als Erste Hilfe gegen Weihnachtsstress.

CHEDDAR- UND STILTON-KÄSE

Ein mit einer Wachsschicht ummantelter Cheddar oder ein Stilton im traditionellen Tongefäß sind in meinen Augen perfekte Weihnachtsgeschenke. Blue Stilton, der englische Blauschimmelkäse mit geschützter Ursprungsbezeichnung, wird auch heute noch in nur sechs Molkereien gekäst, die in den Grafschaften Leicestershire, Derbyshire und Nottinghamshire liegen. Der Käse mit der auffallend blauen Marmorierung zeichnet sich durch ein würziges und nussiges Aroma aus, das mit zunehmender Reife des Käses immer pikanter wird.

CHRISTMAS PUDDING

Bereits im 15. Jahrhundert unter dem Namen plum pottage bekannt, wurde der gekochte oder gedämpfte Pudding einst mit Rinder- oder Lammhack, mit Zwiebeln, Trockenobst, Wein, Kräutern und exotischen Gewürzen aus dem Vorderen Orient zubereitet, die vermutlich die Kreuzfahrer mitgebracht hatten, und war im Gegensatz zum heute festen Teig damals dickflüssig wie Haferbrei. Mit der Zeit wurden dem Rezept Semmelbrösel und Eier hinzugefügt, und das Fleisch wurde durch Rindertalg ersetzt, wodurch die heutige Konsistenz entstand. Außerdem ging man dazu über, den Pudding in einem Puddingtuch zu kochen, wodurch er die heute bekannte Form erhielt. Bei Fortnum & Mason hat der Christmas Pudding eine lange Tradition, da man sogar die Truppen in Übersee entweder mit den Zutaten oder mit gebackenen Puddings belieferte, damit der Geschmack der Heimat auch die entlegensten Ecken des Empire erreichte. Doch erst im Ersten Weltkrieg begann man auch im Londoner Kaufhaus Christmas Pudding aus eigener Herstellung zu verkaufen, obwohl die Regale dort längst mit Rosinen, eingelegt in Dessertwein, mit Orangeat und Zitronat, duftenden Gewürznelken, braunem Zucker und Melasse aus den indischen Kolonien gefüllt waren. Kunden aus aller Welt bestellten diese essentiellen exotischen Zutaten in großer Menge, um für ihre Lieben und ihre Gäste eine ausreichende Anzahl Christmas Puddings backen zu können. Eine Tradition, die noch heute fortbesteht. Fortnum & Mason stellt inzwischen eine riesige Auswahl an Christmas Puddings für jeden Geschmack her. Egal ob selbst gebacken oder fertig gekauft und im Dampfgarer aufgewärmt – eins ist sicher: niemand kennt sich mit Christmas Pudding so gut aus wie Fortnum & Mason.

CHRISTSTOLLEN
Wer direkt einen großen Laib des typisch deutschen Weihnachtskuchens ersteht, sollte damit bis über die Festtage auskommen. Reich an Orangeat, Zitronat, Rosinen und Mandeln und mit Puderzucker bestaubt schmeckt mir eine Scheibe Stollen besonders gut, wenn sie mit etwas salziger Butter bestrichen ist.

COGNACBUTTER
Cognacbutter ist für mich das Beste am Christmas Pudding, und ich würde sie am liebsten direkt aus dem Glas löffeln. Auf jeden Fall ist sie ein fester Bestandteil vieler Weihnachtsgerichte, denn zerlassen wertet sie süße oder salzige Aufläufe, Pasteten und Pies auf.

DUNDEE CAKE
Ein klassischer, mit blanchierten Mandeln belegter und mit Trockenobst zubereiteter Teekuchen für Puristen, die auch an Weihnachten auf Marzipan verzichten können.

ELVAS PLUMS
(EINGELEGTE PFLAUMEN AUS PORTUGAL)
Die überaus beliebten gezuckerten Pflaumen gehören zu den Weihnachtsklassikern bei Fortnum & Mason, daher schaltet die Geschäftsleitung sogar eine Anzeige in der *Times*, sobald sie im Kaufhaus eingetroffen sind. Dabei handelt es sich eigentlich gar nicht um Pflaumen, sondern um im Juni handverlesene grüne Reineclauden aus der südportugiesischen Region des Alentejo, die zunächst zwei Monate in Rohrzuckersirup eingelegt, dann gewaschen und in der Sonne getrocknet werden, um an Ende in hübschen Spanschachteln verpackt ihre Reise anzutreten. Sie passen wunderbar zu Portwein (was nur allzu gut verständlich ist, denn einst waren britische Portwein-Winzer in dieser Gegend sehr mächtig), aber auch zu Cognac und Armagnac. Und natürlich zu Hart- und Weichkäsen. Wie gesagt, ein absoluter Weihnachtsklassiker.

FEIGENKONFITÜRE
Fortnums Fig Cheese ist kein Käse, sondern eine köstliche und vielseitige Ergänzung zu jeder Käseauswahl, aber besonders schmackhaft zu Ziegenkäse, Manchego oder gereiftem Cheddar.

FLORENTINER
Das zugleich knusprige und weiche Mandelgebäck mit getrockneten Früchten und Schokoladenüberzug sollte in der Weihnachtszeit in keinem Vorratsschrank fehlen, denn es verleiht nicht nur dem Nachmittagstee einen Hauch italienische Eleganz, sondern auch einer Mitternachtsparty etwas Magisches.

FOIE GRAS
Stopflebern von Enten oder Gänsen rufen gelegentlich Tierschützer auf den Plan, doch Fortnum & Mason verwendet nur Lebern von Freilandtieren aus der Nähe von Straßburg. Sie wird in Blechdosen oder kleinen Tontöpfen angeboten, mit Trüffeln oder Gewürzen verfeinert, oder als ganze Leber, die man selbst zubereiten kann. Dazu passt Champagner oder Dessertwein.

GERÄUCHERTER LACHS
Zart geräuchert (anstatt am Lagerfeuer mit künstlichem Eichenaroma), fettarm und gekonnt in dünne Scheiben geschnitten. Qualität ist das Wichtigste, daher sollte man absolut hochwertigen Zuchtlachs (wie man ihn auch bei Fortnum & Mason findet) wählen, denn diesem genügen ein paar Tropfen Zitronensaft, ein klein wenig frisch gemahlener schwarzer Pfeffer und mit Butter bestrichenes Schwarzbrot, um sein volles Aroma zu entfalten. Bei meiner Mutter gibt es an Heiligabend stets eine große Schüssel mit fast flüssigem Rührei, garniert mit ein paar Scheiben bestem Räucherlachs. Einfach und einfach köstlich.

GRIOTTES (WEICHSELKIRSCHEN IM SCHOKOLADENMANTEL)
Eine weitere wundervolle Nascherei. Für die britische Variante werden die Kirschen drei Jahre in Cognac eingelegt, anschließend von Hand entsteint und dann von Hand zunächst in Fondant und anschließend in dunkle Kuvertüre getaucht. Ihre Herstellung dauert also Jahre, und die Menge ist begrenzt, daher lohnt es sich, Griottes rechtzeitig zu bestellen.

INGWER
Ingwer gehörte einst zu den wichtigsten Import-Gewürzen bei Fortnum & Mason, denn Mitte des 19. Jahrhunderts bot man im Kaufhaus »eingelegten westindischen Ingwer, hell und jung, in Originalkrügen und in Flaschen verschiedener Größen« und sauer eingelegten Ingwer mit Namen Chou Chou an.

Während des Ersten Weltkriegs war Ingwer fester Bestandteil der Lebensmittelpakete, die Fortnum & Mason den Soldaten an die Front schickte, darunter in Zuckersirup eingelegter Ingwer, kandierter Ingwer, Chow Chow (die Schreibweise der Ingwer Pickles wurde 1914 geändert) und viele andere Zubereitungsarten.

Ingwer gehört zu den Gewürzen, denen man eine heilende Wirkung zuspricht, sei es bei Magenschmerzen oder morgendlichem Unwohlsein. Daher sollte man immer ein Glas in Zuckersirup eingelegten Ingwer im Haus haben. Wer ihn nicht gleich aus dem Glas löffelt, sollte ihn zu Pudding oder Eis servieren.

KÄSE MIT GLÜHWEINGELEE
Weihnachtlich würziges Glühweingelee ist nicht nur eine wunderbare Ergänzung zur Käseauswahl, sondern es verleiht auch manch einer Sauce eine dezent süßlich Note.

KÄSEGEBÄCK
Vermutlich gar nicht weiter erwähnenswert, aber wer eine exquisite Käseauswahl auftischt (und das werden Sie vermutlich tun), sollte stets auch passendes Gebäck dazu reichen. Fortnum & Mason bietet unterschiedliche Sorten Gebäck zu verschiedenen Käsen an, und mein heimlicher Favorit sind die leicht gesalzenen Haferkekse von Highgrove.

KAFFEE
Seitdem ich das erste Fortnum & Mason-Kochbuch geschrieben habe, bin ich ein Kaffee-Nerd, das heißt ich kaufe ganze Kaffeebohnen und mahle sie frisch, kurz bevor ich den Kaffee im Filter aufbrühe. Fortnum & Masons Angebot an ganzen Bohnen und gemahlenem Kaffee ist gigantisch und reicht von duftendem, leichtem Jamaica-Blue-Mountain-Kaffee bis hin zu kräftigem Santa-Clara-Kaffee aus Guatemala. Ich könnte ganze Bücher über die verschiedenen Kaffeesorten, Mischungen und Röstungen schreiben, aber das erspare ich Ihnen. Nur noch ein kleiner Hinweis: löslicher Kaffee mag praktisch sein, hat aber auch rein gar nichts mit echtem Kaffeegenuss zu tun.

KANDIERTE FRÜCHTE
Ich kann mich nie entscheiden, diese Früchte tatsächlich zu essen oder sie wie kleine Juwelen in einer Auslage zur Schau zu stellen. Mein Favorit sind die bernsteinfarbenen kandierten Clementinen, die wie ein seltenes Kristall funkeln. Dafür werden die Früchte aus Korsika gekocht und anschließend zwei Wochen lang in eine Zuckerlösung eingelegt, bis sie wunderbar süß schmecken, außen schön knackig sind und dabei innen noch ihr fruchtiges Inneres haben. Außerdem gibt es kandierte Birnen, Feigen, Pflaumen, Aprikosen und sogar Chilischoten. Am besten schmecken sie mit einer Tasse Pfefferminztee oder nach dem Christmas Pudding. Eigentlich haben sie es verdient, als eigener Gang serviert zu werden, der ein gemütliches Mahl noch ein wenig verlängert.

KAVIAR UND (FRISCHE) BLINIS
Kaviar ist ja nicht gerade billig, aber immerhin ist Weihnachten, eine Zeit, in der man sich seine Lieblingsgerichte gönnen sollte. Und dazu gehören im Zweifel die göttlichen Stör-Eier. Inzwischen ist es in England verboten, Kaviar von wildem Stör zu verkaufen, aber Fischfarmen produzieren mittlerweile so hochwertige Produkte, dass selbst Experten sie kaum unterscheiden können. Beluga-Kaviar ist die teuerste und seltenste Sorte, hat allerdings die

größten Eier. Der metallgraue Beluga besitzt einen subtilen, leicht cremigen Geschmack mit einem Hauch Walnussaroma. Ich schätze die etwas kleineren Eier des Ossietra-Kaviar am meisten, da sie etwas nussiger schmecken, während Sevruga-Kaviar mit einem zarten Algenaroma aufwarten kann. Kaviar sollte man mit einem Perlmutt- oder Hornlöffel genießen, da Metalllöffel leicht anlaufen und dem Kaviar dadurch einen unangenehm bitteren Geschmack verleihen. Kaviar passt wunderbar zu Eierspeisen (Rührei, hart gekochten Eiern oder sogar Spiegelei) und zu geräuchertem Fisch. Ich esse ihn an liebsten auf einem selbst gemachten Blini (inzwischen kann man auch gute Blinis kaufen, die lange haltbar sind und entweder zu Kaviar oder zu geräuchertem Lachs mit Sauerrahm wunderbar schmecken) oder auf hauchdünnem Toast. Manch einer vermischt Kaviar mit klein gehacktem, hart gekochtem Ei und Zwiebeln, aber das ist für mich ein Sakrileg. Ich mag ihn am liebsten mit einem winzigen Spritzer Zitronensaft beträufelt. Etwas so Exquisites und Rares wie Kaviar sollte man am besten pur genießen.

MARRONS GLACÉS (KANDIERTE MARONEN)
Kandierte Esskastanien sind ein köstliches Naschwerk, eignen sich püriert für das Mont Blanc Dessert (ein eher aufwendiges Rezept, das jedoch die Mühe lohnt) oder passen wunderbar zu Vanilleeis.

MINCE PIES
Unvorstellbar, an Weihnachten nicht ein paar dieser typisch britischen kleinen, süßen Pasteten zu reichen. Die Füllung – Mincemeat bedeutet eigentlich Hackfleisch – wird heute aus klein gehacktem Trockenobst, Nüssen und weihnachtlichen Gewürzen hergestellt und umhüllt von feinem, buttrigen Mürbeteig. Fortnum & Mason hält natürlich eine große Auswahl verschiedener Mince Pies bereit, die nur kurz im Backofen aufgebacken und mit etwas Cognacbutter verfeinert werden müssen.

MINZE-SCHOKOLADENDROPS
Die in hübsche Schachteln verpackten, handgemachten kleinen Minzebonbons mit Schokoladenüberzug gehören in England zum Weihnachtsfest einfach dazu.

NAPOLITAINS (SCHOKOLADENTÄFELCHEN)
Manch ein Erwachsener ist geradezu süchtig nach diesen einzeln verpackten und mit Salz, Ingwer, Minze, Zitrone oder Orange verfeinerten Schokoladentäfelchen.

NÜSSE UND TROCKENOBST
Früher wurde bei uns zu Weihnachten immer ein Päckchen Datteln hervorgezaubert, das nach Weihnachten wieder in den Tiefen des Vorratsschranks verschwand. Wer jedoch je eine saftige, weiche Medjool-Dattel probiert hat, die Königin der Datteln, möchte nie wieder Weihnachten ohne sie feiern. Auch Nüsse, von der schlichten Erdnuss bis zur dezent würzigen Scheherazade-Mandel, gehören Weihnachten auf den Tisch.

ORANGENMARMELADE
Fortnum & Mason bietet vermutlich weltweit die größte Auswahl dieser traditionell englischen Marmelade an, von der intensiv schmeckenden Sir Nigel Marmelade mit dick geschnittener Rinde über die säuerliche Old English Hunt Marmelade mit mittelgroßen Schalenstücken bis hin zur dunklen, nach Rum-Punsch schmeckenden Old Navy Marmelade. Fortnum & Mason ist so verrückt nach Marmelade, dass sie sogar den Dalemain-Marmeladen-Award sponsern und die Gewinnermarmelade in ihre Produktpalette aufnehmen. 2018 gewann Janice Miner den Preis für ihre Grapefruitmarmelade mit Gin, eine perfekte Mischung aus süßem und säuerlich-scharfem Aroma. Wichtig ist es, eine gute Marmelade von den massenhaft produzierten Trittbrettfahrern zu unterscheiden.

PANETTONE
Zu diesem süßen, mit Rosinen, Zitronat und Orangeat zubereiteten Weihnachtskuchen aus Italien (ursprünglich aus Mailand) passt ein Dessertwein, Amaretto oder etwas Mascarponecreme. Da sich Panettone gut hält, sollte man ihn immer für unverhofften Besuch zum Nachmittagstee vorrätig haben. Bei Fortnum & Mason wird er auch für das Rezeot Bread and Butter Pudding mit Orangenmarmelade (Seite 111) verwendet. Etwas aufgewärmt mit einer Tasse Kaffee ist Panettone ein perfektes Frühstück.

PETIT FOURS
Fortnum & Masons mit Fondant überzogene, wunderhübsche kleine Gebäckstücke gibt es in allen Geschmacksrichtungen von Earl Grey Tee bis Orangenmarmelade. Natürlich kann man sie auch selbst backen, vor allem Kinder lieben dieses Rezept. Wer jedoch wie ich kein Talent zum Konditor hat, sollte sich nicht schämen, auf die große Auswahl von Fortnum & Mason zurückzugreifen.

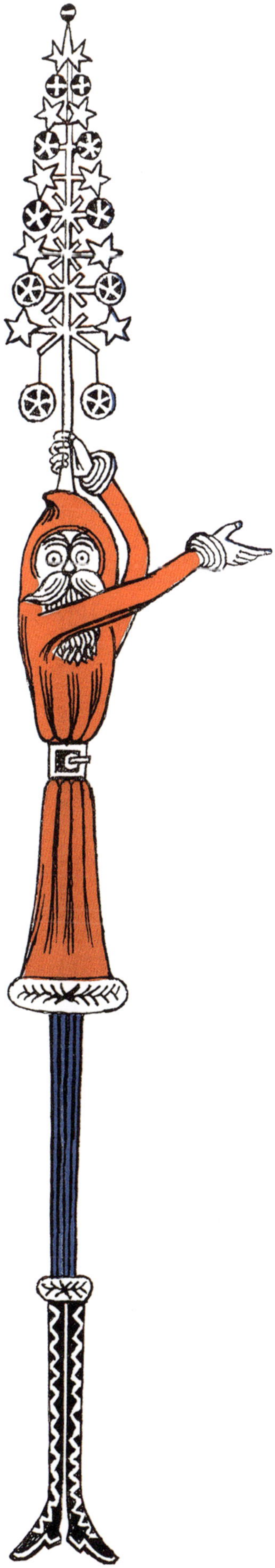

PICKLED WALNUTS
(SAUER EINGELEGTE WALNÜSSE)
Die weichen, säuerlich-scharfen Walnusskerne sind eine weitere typisch britische Spezialität, die meist zu dick geschnittenem Schinken oder einem Stück Stilton-Käse gereicht werden.

PORK PIES
Die runden Pasteten aus würzigem Schweinehack, umhüllt von Schweinesülze und knusprigem, mit Schweinetalg gebackenen Teig sind ein absolutes Muss. Drei Mal Schwein und daher gar nicht so leicht, sie selbst zuzubereiten. Ich überlasse das lieber den Experten und kaufe immer einen ganz großen Pie, der nur selten erst an Weihnachten gegessen wird.

PORTWEIN
Der süße Likörwein ist der perfekte Ausklang jeder Mahlzeit, egal ob Vintage (lange gereift und daher kräftig und komplex), gekühlter White Port (vollmundig und erfrischend zugleich), Crusted Port (Verschnitt mehrerer guter Jahrgänge mit Vintage-Charakter) oder Tawny (in kleinen Holzfässern gereift und durch die Oxidation von gelbbrauner Farbe, süß und vollmundig, wird gekühlt getrunken). Mit anderen Worten, ein Wein für viele Gelegenheiten.

PRUNEAUX D'AGEN
(TROCKENPFLAUMEN AUS FRANKREICH)
Die herkunftsgeschützte Trockenpflaumenspezialität wird aus handverlesenen Prune d'Ente in Südfrankreich hergestellt. Ihre saftig-weiche Konsistenz und ihren intensiven Geschmack verdanken sie einem besonders schonenden Trocknungsverfahren. Perfekt zu einer Tasse Kaffee oder zum Abrunden einer gehaltvollen Mahlzeit.

SCHINKEN
Für uns Briten ist ein Weihnachtsfest ohne leckeren Knochenschinken kaum vorstellbar. Am liebsten wählen wir dafür einen jener zartrosa, leicht süßlich schmeckenden, festen York-Schinken. Der Name geht auf eine Legende zurück, nach der vor vielen Jahrhunderten die Schinken in den Ruinen des Münsters von York geräuchert wurden, auch wenn dies nicht der Wahrheit entspricht. Egal ob geräuchert oder nicht, er eignet sich perfekt dazu, in dicke Scheiben geschnitten mit Spiegelei, Chutney oder Senf serviert zu werden. Ich kann eigentlich zu keiner Tageszeit daran vorbeigehen, ohne mir schnell

eine Scheibe abzuschneiden, daher ist er eigentlich unverzichtbar an Weihnachten.

SCHLEHENLIKÖR
Der dunkellila, bittersüße Aufgesetzte wird häufig mit dem englischen Winter assoziiert, denn er wärmt und ist Bestandteil vieler winterlicher Cocktails (Sloe Negronis, Sloe Toddies, ...). Fortnum & Mason vertreibt eine eigene Version, aber ich mache ihn gerne selbst. Schlehdornbeeren sind ab Ende August reif. Einfach eine gute Handvoll (etwa 500 g) über Nacht einfrieren und dann mit hochwertigem Gin und Zucker (etwa 2 EL) in eine sterilisierte Flasche füllen. Die Flasche an einem dunklen Ort ein paar Monate lang ruhen lassen, und fertig ist das perfekte Weihnachtsgetränk.

SHERRY
Sherry ist längst nicht mehr der süß-klebrige Wein, der von alten Tanten aus angestaubten Flaschen ausgeschenkt wird – der spanische Likörwein ist vielmehr wieder ganz groß in Mode. Ein gut gekühlter, trockener Fino ist ein wunderbarer Aperitif und harmoniert auch mit starken Aromen wie Knoblauch und Chili. Der dunkle und trockene Oloroso VORS (der »Duftende«) verdankt seine Nussaromen und sein kräftiges Bukett seiner langen Reifung mit Oxidation, während der weichere Manzanilla mit der leicht salzigen Note einer kleinen Meeresbrise aufwartet. Wer es gerne etwas schwerer mag, sollte einen Pdero Ximenez probieren. Der dickflüssige, süße Sherry aus getrockneten Trauben passt mit seinen schweren Aromen hervorragend zu Blauschimmel-Käse und reichhaltigen Desserts.

TURKISH DELIGHT (LOKUM)
Die rosa, grünen, gelben und andersfarbigen, häufig nach Rosen- oder Orangenblütenwasser duftenden Geleewürfel auf Basis eines gelierten Zuckersirups werden in Puderzucker gewälzt und in hübschen Holzschachteln angeboten. Der Süßigkeit, die bereits im Osmanischen Reich produziert wurde, haftet daher etwas Exotisches an.

VACHERIN MONT D'OR
Der Weichkäse aus Kuhmilch ist das Produkt einer jahrhundertealten Tradition, die in Frankreich und der Schweiz ausgeübt wird. Der würzig-aromatische, in Fichtenholzschachteln angebotene Käse stammt größtenteils aus dem Jura und wird auf Raumtemperatur erwärmt fast sämig, daher kann er mit etwas Knoblauch,

Thymian und Weißwein schnell in ein einfaches Käsefondue verwandelt werden. Einfach Brot, Kartoffeln und saure Gurken dazu reichen.

WEIHNACHTLICHE CHUTNEYS UND SENF

Ein Bataillon weihnachtlicher Husaren beziehungsweise unprätentiöse Helferlein mit der Mission, allem, mit dem sie in Berührung kommen, einen Hauch Schärfe oder essigsaurer Magie zu verleihen. Was wäre ein Schinken im Brotteig ohne einen kleinen Löffel gaumenkitzelndem englischem Senf oder kaltes Truthahnfleisch ohne eine Portion weihnachtlich gewürztes Chutney! Häufig als glanzlose Platzhalter im Vorratsschrank missachtet, spielen sie jedoch beim Zubereiten winterlicher Gerichte vielfach eine entscheidende Rolle. Sie retten Reste und verleihen jedem Gang eines Weihnachtsessen Pep, Würze und Lebendigkeit. Das aufgewärmte Curry vom Vortag erhält mit etwas Mango-Chutney einen ganz neuen Geschmack, Fortnum & Mason Chilli Lilly Pickle mit scharfen Jalapeños wertet kalte Bratkartoffeln auf, scharf eingelegter Knoblauch passt wunderbar zu kaltem Lammfleisch; eingelegte Rote Bete und Rotkohl-Chutney unterstreichen den Geschmack von Entenfleisch, und ein Chutney aus grünen Tomaten macht aus einem einfachen Spiegelei ein leckeres Hauptgericht. Und das natürlich nicht nur zur Weihnachtszeit ...

WEIHNACHTSKUCHEN

Wer keine Zeit zum Backen hat, bestellt seinen Kuchen am besten bei Fortnum & Mason, denn dort ist nicht nur die Auswahl riesig, sondern sie schmecken auch mindestens so gut wie selbst gemacht.

WEIN

Wo soll ich anfangen? Mit der weichen, seidigen Schönheit eines klassischen Margeaux oder den leichten Erdbeernuancen eines echten Provence-Rosés? Den komplexen Gewürznoten eines roten Burgunders oder seinem eleganten weißen Gegenspieler mit den dezenten Honignoten? Es gibt Rieslingweine mit einem umwerfenden Abgang, Chablis mit einem Anklang von Mineralität, verführerische Albariños aus Spanien, aufregende australische Rotweine und frische, leicht moussierende Vinho Verdes. Es gibt Weine für jeden Geschmack, Weine, die man am besten alleine trinkt, und Weine, die sich erst in Kombination mit bestimmten Speisen wirklich entfalten. Bitten Sie die Sommeliers der Weinabteilung darum, Ihnen eine Auswahl zusammenzustellen. Jeder hat seinen Lieblingswein, doch manchmal sollte man auch etwas Neues probieren. Während der Weihnachtsfesttage ist ein Glas Wein (oder Champagner) sogar zum Frühstück akzeptabel. Essen, trinken und fröhlich sein. Für Reue ist im Januar immer noch Zeit.

WEISSE TRÜFFEL

Alba-Trüffeln sind mit Sicherheit die teuersten, für mich aber auch die besten Trüffeln weltweit. Und das liegt nicht einmal unbedingt an ihrem Geschmack (schwarze Trüffeln haben häufig ein intensiveres Aroma), sondern an ihrem verführerischen, betörenden Duft, der die Geruchsnerven umgarnt und ungeahnte Gelüste weckt. Gehobelt über Rührei, Risotto, frische Pasta oder sogar wie bei Fortnum & Mason über ein geröstetes Käsesandwich – diese wundervollen Trüffeln können etwa 4 Tage lang an einem kühlen Ort lagern oder noch länger, wenn sie in Küchenkrepp gewickelt in einem verschlossenen Weckglas in den Kühlschrank gestellt werden. Eier oder Risottoreis nehmen den Trüffelduft an, wenn man sie zusammen mit einer Trüffel lagert. Eine walnussgroße Trüffel reicht für 4 Portionen Pasta.

YULE-KUCHEN (ODER AUCH BÛCHE DE NOËL)

Diese symbolträchtige Schokoladenbiskuitrolle in der Form eines Holzscheits und der Füllung einer Schwarzwälder Kirschtorte (Rezept Seite 217) hat ihre Wurzeln sowohl in Frankreich als auch in Skandinavien. Aber auch in England war es noch vor dem Viktorianischen Zeitalter Tradition, an Heiligabend ein riesiges Holzscheit im Kamin zu entzünden, das 12 Tage lang brennen sollte. Heute hat das Holzscheit in Kuchenform einen festen Platz auf vielen weihnachtlich gedeckten Tafeln.

GERÖSTETES REBHUHN MIT SCHWARZWURZELN UND WIRSING UND EINER SAUCE VON PORTWEIN UND FEIGEN

Rebhühner haben von allen Wildvögeln das zarteste und süßlichste Aroma, daher sollte man ihre Zubereitung keinesfalls scheuen. Zusammen mit der gehaltvollen Portweinreduktion wird dieses Hauptgereicht zu einem einmaligen Geschmackserlebnis.

Brust und Keulen der Rebhühner herauslösen und voneinander trennen (die Karkassen zur Herstellung eines Fonds oder einer Suppe verwenden). 50 g Butter in einem Schmortopf erhitzen. Die Keulen mit Salz und Pfeffer würzen und scharf anbraten, bis sie von allen Seiten gebräunt sind, dann Perlzwiebeln, Knoblauch, Thymianblätter, Champignons und Speckwürfel dazugeben und schmoren, bis die Zutaten ein wenig Farbe bekommen haben. Mit dem Portwein ablöschen und um zwei Drittel einkochen lassen. Die beiden Fonds dazugießen, aufkochen und etwa 45 Minuten köcheln lassen, bis das Fleisch zart ist. Die Keulen herausheben und beiseitestellen.

Für die Gemüsebeilage die Schwarzwurzeln gründlich schälen. In einem Topf Salzwasser aufkochen, einen ordentlichen Spritzer Zitronensaft hineingeben und die Schwarzwurzeln darin etwa 15 Minuten garen, bis sie weich sind. Die Schwarzwurzeln gut abtropfen lassen und in 3 cm lange Stücke schneiden. Die Kohlblätter in einem zweiten, mit kochendem Salzwasser gefüllten Topf 3–4 Minuten blanchieren, danach abtropfen lassen, in kaltem Wasser abschrecken und beiseitestellen.

Die Rebhuhnbrüste mit Salz und Pfeffer würzen, die restliche Butter in einer großen Pfanne zerlassen, die Brüste mit der Hautseite nach unten hineinlegen und bei mittlerer Temperatur etwa 4 Minuten braten, bis die Hautseite goldbraun ist. Die Brüste wenden und eine weitere Minute braten, danach aus der Pfanne heben und bis zum Anrichten ruhen lassen.

Die Schwarzwurzeln in die Pfanne geben und von allen Seiten bräunen. Den Kohl hinzufügen und behutsam erhitzen. Das Gemüse mit Salz und Pfeffer abschmecken.

Die Sauce erneut erhitzen, die Rebhuhnkeulen und die Feigenviertel hineingeben und mit Salz und Pfeffer abschmecken.

Zum Servieren auf 4 Tellern jeweils ein Gemüsebett anrichten, die Keulen und Brüste darauf verteilen und die Feigensauce darübergeben.

& dazu passt:
1 Glas Bordeaux
Rotwein

FÜR 4 PERSONEN

- 4 Rebhühner
- 80 g Butter
- 100 g Perlzwiebeln, abgezogen
- 4 Knoblauchzehen, zerdrückt
- ein paar Zweige Thymian
- 100 g Baby-Champignons
- 80 g Schinkenspeck, gewürfelt
- 250 ml Portwein
- 500 ml Rinderfond
- 250 ml dunkler Hühnerfond
- 2 frische Feigen, geviertelt

FÜR DIE GEMÜSEBEILAGE

- 4 Schwarzwurzeln
- 1 Spritzer Zitronensaft
- 1 Wirsing

GESCHMORTER FASAN MIT PERLGRAUPEN, ROTKOHL UND KOHLRÜBENSAUCE

Fasan kann schnell trocken schmecken, da er nicht viel Fett enthält. Wenn man ihn im Topf schmort, kann der Bratensaft nicht entweichen und hält das Fleisch schön saftig. Würziger Rotwohl steuert eine leichte Essignote bei, die perfekt mit der cremigen Kohlrübensauce harmoniert. Ein köstliches traditionelles Winterfestmahl.

& dazu passt:
1 Glas Fortnum's Argentinian Malbec Rotwein

FÜR 2 PERSONEN

FÜR DEN ROTKOHL

- ½ kleiner Rotkohl, in Scheiben geschnitten
- 50 g weicher, brauner Zucker
- 1 Zimtstange
- 1 Sternanis
- 3 Gewürznelken
- 1 Lorbeerblatt
- Schalenabrieb von 1 Orange
- 1 großes Glas Rotwein
- 100 ml Rotweinessig
- 200 ml dunkler Hühnerfond
- 2 EL rotes Johannisbeergelee

Für das Rotkohlgemüse Kohl, Zucker, Gewürze, Lorbeerblatt, Orangenschale, Rotwein und Essig in einen Topf geben, den Hühnerfond dazugießen und alles bis zum Siedepunkt erhitzen. Den Topf fest zudecken und alles etwa eine Stunde köcheln, bis der Kohl weich und die Flüssigkeit fast vollständig verdampft ist. Das Gelee unterrühren und mit Salz und Pfeffer abschmecken.

Den Fasan mit Salz und Pfeffer bestreuen. Entenschmalz in einem großen Schmortopf zerlassen, den Fasan hineingeben und bei mittlerer Temperatur von allen Seiten goldbraun anbraten. Gemüse, Knoblauch, Kräuter und Fond dazugeben, alles bis zum Siedepunkt erhitzen und dann den Schmortopf mit Deckel für 15 Minuten in den auf 180 °C (Gas Stufe 4) vorgeheizten Backofen stellen. Die Perlgraupen untermischen und den Topf für weitere 25 Minuten in den Ofen stellen, bis die Perlgraupen weich sind und der Fasan gar ist. Den Schmortopf aus dem Backofen nehmen und das Gericht mit Salz und Pfeffer abschmecken. Die Perlgraupen sollten die Konsistenz von Risotto haben. Falls sie noch zu flüssig sind, einfach den Topf ohne Deckel auf dem Herd erhitzen, bis die Flüssigkeit verdampft ist. Butter und Petersilie unterrühren und alles beiseitestellen.

Während der Fasan im Backofen schmort, die Sauce zubereiten und dafür die Kohlrübenwürfel und die geriebenen Möhren (die der Sauce einen hell orangefarbenen Schimmer verleihen) in eine kleine Kasserolle geben und Milch, Knoblauch und Lorbeerblatt hinzufügen. Alles bei niedriger Temperatur etwa 15 Minuten garen, bis die Kohlrübenwürfel weich sind. Dabei häufig umrühren, damit nichts ansetzt. Das Lorbeerblatt entfernen und den Rest im Standmixer glatt pürieren. Die sämige Sauce zurück in den Topf gießen, die Butter unterrühren, mit Salz, Pfeffer und Muskatnuss abschmecken und erneut erwärmen.

Zum Servieren den Fasan auf einem Holzbrett längs halbieren und die Hälften in Brust und Keulen trennen. Die Sauce auf zwei Tellern als Spiegel anrichten und daneben etwas von den Perlgraupen und einen Löffel Rotkohl geben. Zum Schluss Brust und Keule auf den Saucenspiegel setzen.

- 1 Fasan
- 3 EL Entenschmalz
- 1 Zwiebel, gewürfelt
- 1 Möhre, gewürfelt
- 1 Stange Staudensellerie, gewürfelt
- 2 Knoblauchzehen, klein gehackt
- 1 Lorbeerblatt
- ein paar Zweige Thymian
- 500 ml dunkler Hühnerfond
- 80 g Perlgraupen, über Nacht in kaltem Wasser eingeweicht und abgetropft
- 30 g Butter
- 1 TL klein gehackte Petersilie

FÜR DIE KOHLRÜBENSAUCE
- ⅓ einer kleinen Kohlrübe, gewürfelt
- 1 kleine Möhre, gerieben
- 120 ml Milch
- 1 Knoblauchzehe, zerdrückt
- 1 kleines Lorbeerblatt
- 25 g Butter
- gemahlene Muskatnuss nach Geschmack

WILDFRIKADELLEN MIT SELLERIEPÜREE UND MÖHREN

Ein wunderbares Rezept, um die Reste eines Wildbratens zu verwerten. Die Frikadellen sind dank des Schweinehacks wunderbar saftig, das Hackfleisch sollte daher in diesem Fall 25 Prozent Fett enthalten. Schweinenetz ist die netzartige fette Gewebehaut des Bauchfells. Keine Sorge, das klingt schlimmer, als es ist. Das Schweinenetz hält die Frikadellen zusammen, schmilzt während der Zubereitung und sorgt dabei für eine feine Kruste und saftiges Fleisch. Man kann es einfach im Voraus beim Metzger bestellen.

& dazu passt:
Cranberrysauce oder
rotes Johannisbeergelee
und 1 Glas argentinischer
Malbec Rotwein

FÜR 4 PERSONEN

FÜR DIE FRIKADELLEN

- 3 große Schalotten, klein gehackt
- 2 Zweige Thymian, Blättchen abgezupft
- 1 Knoblauchzehe, zerdrückt
- 2 Wacholderbeeren, leicht zerdrückt
- 50 g Butter
- 100 ml Rotwein
- 250 g fettes Schweinehack
- 250 g Hackfleisch aus Wildbret (z.B. Taube, Fasan, Reh, Hase oder einer Mischung verschiedener Fleischsorten)
- 100 g frische weiße Semmelbrösel
- 75 g Schweinenetz
- 1 TL klein gehackte Petersilie

FÜR DIE SAUCE

- 1 TL Olivenöl
- 20 g Butter
- 12-16 kleine runde Schalotten, geschält und geputzt
- 100 ml Portwein oder vollmundiger Rotwein
- 250 ml dunkler Rinder- oder Wildfond
- ½ TL Maisstärke, bei Bedarf

Schalotten, Thymian, Knoblauch und Wacholderbeeren in der Butter weich garen. Rotwein dazugießen und um zwei Drittel einkochen. Die Mischung anschließend abkühlen lassen.

Schweinehack, Wildhack, Semmelbrösel und die abgekühlte Schalottenmischung in einer Schüssel gründlich vermengen und mit Salz und Pfeffer abschmecken. Dafür einen kleinen Löffel der Hackfleischmischung kurz in der Pfanne braten und probieren. Eventuell nachwürzen und die Hackfleischmasse in 8 Portionen aufteilen und Frikadellen daraus formen.

Das Schweinenetz gründlich unter fließendem kalten Wasser waschen und auf Küchenkrepp trocknen lassen. Das Netz so weit wie möglich auseinanderziehen und in Vierecke schneiden, die groß genug sind, um die Frikadellen darin einzuschlagen. Die Frikadellen anschließend etwa 30 Minuten kalt stellen.

In der Zwischenzeit für die Sauce Öl und Butter in einer kleinen feuerfesten Pfanne erhitzen und die Schalotten darin bei mittlerer Temperatur etwa 5 Minuten leicht bräunen. Die Pfanne für etwa 20 Minuten in den auf 180 °C (Gas Stufe 4) vorgeheizten Backofen stellen, bis die Schalotten weich und goldbraun sind. Die Schalotten nach der Hälfte der Garzeit mit Salz und Pfeffer würzen und wenden, damit sie gleichmäßig Farbe annehmen.

In einem kleinen Topf Portwein oder Rotwein auf die Hälfte reduzieren, den Fond dazugeben und so lange weiterköcheln, bis die Sauce um zwei Drittel reduziert und ein wenig eingedickt ist. Falls die Sauce nicht genügend eindickt, etwas Maisstärke mit ein wenig Wasser zu einer Paste verrühren, diese in die Sauce einrühren und die Sauce noch eine weitere Minute köcheln lassen. Die gerösteten Schalotten zu der Sauce geben, mit Salz und Pfeffer abschmecken und die fertige Sauce beiseitestellen.

Die Frikadellen in einem flachen Bräter etwa 20 Minuten im auf 200 °C (Gas Stufe 6) vorgeheizten Backofen schmoren, bis sie eine feine, goldbraune Kruste bekommen. Nach der Hälfte der Garzeit einmal wenden.

> Fortsetzung Seite 58

> Fortsetzung von Seite 57

Wildfrikadellen mit Selleriepüree und Möhren

In der Zwischenzeit das Gemüse zubereiten und dafür den Sellerie in kleine Stücke schneiden und diese in kochendem Salzwasser etwa 15 Minuten weich kochen. Den Sellerie gut abtropfen lassen, zurück in den Topf geben und bei niedriger Temperatur und ständigem Rühren erhitzen, bis das Wasser vollständig verdampft ist. Den Sellerie mit der Butter in der Küchenmaschine pürieren. Die Sahne in einem Topf erhitzen und den pürierten Sellerie unterrühren, alles nach Geschmack mit Salz, Pfeffer und Muskatnuss würzen und bis zum Servieren warm halten.

Die Möhren 4 Minuten in Salzwasser al dente kochen. In einer beschichteten Pfanne den Zucker vorsichtig erwärmen, bis er flüssig ist und ein wenig karamellisiert. Die Butter dazugeben, die Pfanne vom Herd nehmen und leicht hin und her schwenken, bis Butter und Zucker emulgieren. Die Pfanne zurück auf den Herd stellen, die Temperatur niedrig halten und die Möhren mit ein wenig von ihrer Kochflüssigkeit 2 – 3 Minuten darin garen, bis sie vom Karamell überzogen sind. Mit Salz und Pfeffer würzen.

Zum Servieren etwas Selleriepüree auf die Teller geben und die Karotten darauf anrichten. Die Frikadellen danebensetzen, Schalotten und Sauce darübergeben und mit klein gehackter Petersilie bestreuen.

FÜR DAS SELLERIEPÜREE
- 1 kleiner Knollensellerie
- 100 g Butter
- 75 ml süße Sahne
- frisch geriebene Muskatnuss

FÜR DIE MÖHREN
- 6 große Möhren, geschält und längs geviertelt
- 1 TL weicher brauner Zucker
- 25 g Butter

HAMPERS

Körbe, die glücklich machen

Es gibt praktisch keinen Ort auf der Welt, den sie nicht erreicht hätten ... sogar das dunkle Herz Afrikas mit Henry Morton Stanley auf der Suche nach dem verschollenen David Livingstone; die eisige Wildnis des Südpols während Shackletons Endurance-Expedition 1914-17; die Südwestflanke des Everest mit Chris Bonington; das Innerste der ägyptischen Wüste auf dem Weg zu Lawrence von Arabien; geliefert an Robert Louis Stevenson in der Südsee; adressiert an den jungen Winston Churchill, als dieser gegen die Buren kämpfte. Und die Westfront des Ersten Weltkrieges, wo Churchill an der Seite seines Cousins »Sonny«, des Herzogs von Marlborough, kämpfte. Zweifellos sind die Proviantkörbe von Fortnum & Mason schon viel herumgekommen.

Und sie treten immer noch weite Reisen an. Dieses Jahr war ein Proviantkorb auf einer Reise durch die Mongolei dabei, und Justin Packshaw nahm einen Korb mit in die Antarktis. Ein weiterer Korb wurde über den Atlantik gerudert.

Zugegeben, meist handelte es sich dabei nicht um Körbe, sondern um stabile Kisten. So hübsch die klassischen Körbe auch sind, so wenig eignen sie sich für lange Reisen. Körbe reizten zum Diebstahl, und ihr Inhalt konnte leicht auskippen. Außerdem hätte man einen ganzen Wald gebraucht, um 1845 Sir John Franklins schicksalshafte Expedition auf der Suche nach der Nordwestpassage mit Proviantkörben auszustatten, denn Fortnum & Mason versorgte die Expedition mit 65 000 Pfund gepökeltem Fleisch, 40 000 Pfund Konservendosen mit Fleisch, 4200 Litern Zitronensaft zur Skorbut-Prophylaxe, 100 Pfund Senfpulver, kistenweise Zucker, Spirituosen, Rosinen, Tee, Rinderkraftbrühe und getrockneten Erbsen. Plus 68 Tonnen Mehl, um die gastronomisch wenig interessanten, trockenen Cracker zu backen.

Mit anderen Worten: Proviantkisten wurden bis in den letzten Winkel des Globus verschickt, während Mitte des 19. Jahrhunderts zu Hause in England Präsentkörbe von Fortnum & Mason fester Bestandteil der Weihnachtszeit waren. Weidenkörbe waren nicht nur leicht und recht günstig, sondern auch leicht auszubessern. Nach 1914 wurden die Körbe fast ausschließlich in den Lord-Robert-Werkstätten für versehrte Soldaten gefertigt, die man nach dem berühmten Heereskommandanten der Britischen Armee benannt hatte. Bis heute werden die Körbe aus Weidenruten handgefertigt und endlos weiterbenutzt zur Aufbewahrung von Spielzeug, Schuhen, Wäsche, Puppen oder sogar als Hundekorb und zum Reifen von Käse. Mit den berühmten Lettern F & M versehen, sind sie ein stets willkommener Schmuck im Haus.

Charles Dickens, ein regelmäßiger Kunde des Kaufhauses, erzählte über das berühmte Derby: »Wo ich auch hinschaue ... überall Fortnum & Mason. Korbdeckel fliegen auf, und vor dem grünen Rasen heben sich die Schüsseln mit Hummersalat

wie bunte Blüten ab!« Ursprünglich waren die Körbe jedoch nicht für ein Picknick gedacht, sondern als Proviantkörbe für Reisende. Bis ins späte 18. Jahrhundert hätte sich ein Gentleman oder eine Lady aus gutem Hause niemals zu etwas so Ordinärem hinreißen lassen wie an der frischen Luft zu speisen. Allein schon der Gedanke! Nein, bis Ende der 1730er Jahre begann eine Reise in den Süden oder Westen an einer der zahlreichen Kutschenstationen entlang der Piccadilly Road. »Greyhound«, eine der bekanntesten Stationen, befand sich direkt neben Fortnum & Mason. Egal ob die Reise nach Oxford oder an die See nach Bath ging, eine derart lange Reise erforderte Proviant. Vor allem da es in den Gasthäusern entlang der Strecke oft nichts Ordentliches zu essen gab. Die Aussicht auf einen Reiseproviantkorb von Fortnum & Mason gefüllt mit Wildpasteten, Brathähnchen, frischem Brot, guter Butter, gefüllten Eiern, Käse, Treibhausfrüchten und Kuchen (und natürlich auch Mineralwasser, Bier und Weißwein) erschien somit sehr verheißungsvoll. Kunden, die ihre Körbe zurückbrachten, erhielten ihr Pfand zurück. Doch mit der Romantik und ihren einsamen, vom Winde verwehten Helden und der Ende des 18. Jahrhunderts neu entfachten Begeisterung für die Schönheiten der Natur kam auch das Picknick in Mode. Aus den Reiseproviantkörben wurden Picknickkörbe, und diese wiederum waren das wichtigste Accessoire bei Ausflügen aufs Land. So standen vor wichtigen gesellschaftlichen Anlässen im Freien wie den großen Segelregatten und Pferderennen die Kutschen schon um 4 Uhr morgens vor dem Kaufhaus Schlange.

Selbst aus heutiger Sicht war der Inhalt solcher Picknickkörbe sehr exquisit. Zu Beginn der 1930er Jahre konnte man zwischen Menü 1, das Seezungenfilets, getrüffelte Leberpaté aus dem Perigord, Kalbs- und Schinkenpasteten, gebratene Lammnüsschen, Blattsalate und eine Crème Nesselrode, dazu Brötchen, Butter und Käse enthielt, und dem etwas »üppigeren« Menü 2 wählen, das sich aus schottischem Lachs, Mayonnaise und Gurken, geschmortem Kalbsbraten in Burgundersauce, York-Schinken, Lammnacken, Grillhähnchen, französischem Salat, einer süßen Charlotte und natürlich ebenfalls Brötchen, Butter und Käse zusammensetzte. Für wahre Gourmets kam jedoch nur Menü 3 in Frage, denn das enthielt neben Brötchen, Butter und Käse vor allem Hummer an einer Sauce Gribiche, Hähnchen- und Schinkenpasteten, Gänselebermedaillons in Portweingelee, gefüllte Wachteln, gelierten Kapaun, gebratene Ente, Salat Niçoise und ein Dessert aus Mokka-, Schokoladen- und Vanillecreme.

Und was für das Essen galt, galt natürlich auch für das Trinken. 1869 war in der *Birmingham Post* zu lesen, dass bei einem Pferderennen ein Picknickkorb für ein Dutzend Gäste auch ein Dutzend Flaschen Champagner, je ein halbes Dutzend Flaschen Sherry und Weißwein und eine Flasche Cognac zum Mixen mit Sodawasser enthielt. Egal ob man beim Wetten gewonnen oder verloren hatte, mit Sicherheit hatte man am nächsten Tag Kopfschmerzen.

Die Tradition der Weihnachtspräsentkörbe ist nicht ganz so alt. Frau Dr. Tanner, die grandiose Archivarin des Hauses, fand den ersten Beleg für einen Fortnum & Mason-Weihnachtskorb im Jahr 1910, vermutet aber, dass es den Korb da schon ein paar Jahre gab. Damals wurden die handgefertigten ovalen Weidenkörbe in der Form von Wäsche- oder Gartenkörben mit allem gefüllt, was ein traditionelles Weihnachtsfest ausmachte, vom Christmas Pudding und Teekuchen über Elvas Pflaumen, Schinken, Truthahn, Krabben, französischen Pralinen und einer großen Auswahl an Weinen und Likören. Noch heute sind der Wahl des Inhalts keine Grenzen gesetzt, und so geht es los mit »A Taste of Fortnum's«, einem mit Champagner, Trüffeln und Kuchen gefüllten Korb, bis hin zum majestätischen »Kaiser-Korb«, der in Wahrheit aus fünf gefüllten Weidenkörben besteht. Und natürlich kann man seinen eigenen Präsentkorb zusammenstellen. Was aus einer Laune heraus entstand, ist längst eine lieb gewonnene Tradition und wird weltweit von vielen Geschäften imitiert. Doch Fortnum & Mason kann mit Recht von sich behaupten, den Anfang gemacht zu haben. Der Inhalt mag heute ein anderer sein, doch die Ankunft eines Präsentkorbes von Fortnum & Mason ist immer ein Anlass zum Feiern.

SUET PUDDING MIT WILDRAGOUT

Es gibt kaum eine britischere Speise als einen Suet Pudding, den gedämpften oder gekochten, süß oder salzig gefüllten Pudding aus Rindertalg. Und wer könnte dieser Version mit der saftigen Füllung aus Wildbret widerstehen? Ich verwende hierfür gerne Moorhuhn, gebe aber zu bedenken, dass Fleisch von älteren Moorhühnern recht streng schmecken kann.

& dazu passt:
ein portugiesischer
Dão Tinto Rotwein

FÜR 6 PERSONEN
- 4 EL Pflanzenöl
- 450 g Rindfleisch, gewürfelt
- 60 g Weizenmehl, mit Salz und Pfeffer gewürzt
- 450 g Wildfleisch (Rebhuhn, Moorhuhn, Reh und Ente), gewürfelt
- 150 ml Rotwein oder Portwein

FÜR DIE SAUCE
- 1 große Zwiebel, gewürfelt
- 1 TL Thymianblätter
- 130 g braune Champignons, in dicke Scheiben geschnitten
- 30 g Butter
- etwa 700 ml Rinderbrühe
- 1 TL Fortnum's Butcher's Sauce oder rotes Johannisbeergelee
- 1 Lorbeerblatt
- 1 TL klein gehackter Salbei

FÜR DEN TEIG
- 250 g Mehl
- 1 TL Backpulver
- 1 TL Salz
- 250 g Rindertalg
- etwa 250 ml Wasser
- Butter zum Einfetten

Die Hälfte des Öls in einer großen Schmorpfanne erhitzen. Die Rindfleischwürfel im Mehl wälzen und anschließend überschüssiges Mehl abschütteln. Die bemehlten Fleischwürfel in kleinen Portionen in der Pfanne scharf anbraten, bis sie von allen Seiten gebräunt sind, und die fertigen Würfel in einen großen Schmortopf geben. Den Prozess mit dem Wildfleisch wiederholen und eventuell vorher noch etwas Öl in die Pfanne geben. Das Fleisch so kurz wie möglich anbraten und zum Rindfleisch in den Topf geben. Die Pfanne mit dem Rotwein oder Portwein deglacieren und dabei mit einem Holzlöffel den Bodensatz lösen. Die Sauce ebenfalls zum Fleisch in den Topf geben.

In der Pfanne das restliche Öl erhitzen und Zwiebeln und Thymian darin 10 Minuten garen, bis die Zwiebeln weich sind, ohne Farbe angenommen zu haben. Die Pilze und die Butter untermischen. Sobald die Butter zerlassen ist, 2 EL Mehl (es sollte vom Panieren des Fleisches noch genug gewürztes Mehl übrig sein) gründlich unterrühren und dann alles mit in den Topf geben. Nach und nach so viel Brühe zugießen und unterrühren, dass das Fleisch bedeckt ist. Alles bis zum Siedepunkt erhitzen, die Butcher's Sauce oder das Johannisbeergelee, das Lorbeerblatt und den Salbei untermischen und mit Salz und Pfeffer würzen.

Den Schmortopf mit Deckel für etwa anderthalb Stunden in den auf 160 °C (Gas Stufe 3) vorgeheizten Backofen stellen, bis das Fleisch gerade weich wird. Da das Fleisch ein zweites Mal im Pudding gegart wird, sollte es hier nicht zu lange im Ofen garen. Die Füllung vollständig abkühlen lassen. Sie lässt sich über Nacht im Kühlschrank aufbewahren und sogar einfrieren.

Für den Teig Mehl und Salz in eine Schüssel geben und den Rindertalg unterrühren. Nach und nach etwas Wasser einrühren, bis ein recht fester Teig entsteht. Den Teig auf einer leicht mit Mehl bestaubten Arbeitsfläche kreisförmig und etwa 1 cm dick ausrollen. Vorher ein Viertel von dem Teig für den Deckel abschneiden und beiseitestellen. Eine 1,5 l fassende Puddingform großzügig mit Butter einfetten, mit dem Teig auslegen und überstehende Teigränder abschneiden.

Die Füllung mit einem Löffel hineingeben. Den restlichen Teig zu einer Kugel formen, kreisrund ausrollen und als Deckel auf die Füllung setzen. Die Ränder mit etwas Wasser bepinseln und fest zusammendrücken. Mit einer Lage Backpapier, in die man

> Fortsetzung Seite 67

> Fortsetzung von Seite 65

Suet Pudding mit Wildragout

vorher in die Mitte eine Falte gemacht hat, damit der Teig Platz hat zu gehen, abdecken. Danach mit einer Lage Alufolie (ebenfalls mit einer Falte in der Mitte) abdecken und das überstehende Backpapier und die Alufolie mit Küchengarn unter dem Rand der Form festbinden.

Eine umgedrehte Schale oder Untertasse in die Mitte eines großen Topfes stellen und darauf die Puddingform setzen. Den Topf mit kochendem Wasser füllen, bis die Puddingform noch höchstens zur Hälfte herausragt. Den Topf zudecken und den Pudding 2 Stunden im Wasserbad garen lassen. Eventuell kochendes Wasser nachgießen.

Die Puddingform aus dem Topf nehmen, Backpapier und Alufolie entfernen, den Pudding vom Rand der Form mit einem Messer lösen, einen großen, tiefen Teller umgedreht auf den Pudding legen und den Pudding durch Wenden auf den Teller stürzen. Nach Geschmack den Pudding mit frittiertem Salbei garnieren.

TRADITIONELL GEBRATENES MOORHUHN

Das Moorhuhn bzw. Raufußhuhn ist der heimliche Superstar der englischen Jagdsaison. Am besten schmeckt es, wenn es ganz jung geschossen wurde, denn dann duftet das Fleisch nach Heide und ist zart und fast süß. Das Rezept ist ein Klassiker und ein Höhepunkt der jahreszeitlichen Küche. Hier wird der Vogel von knusprigem Toast, Hühnerleberpaté, Brotsauce und Rotweinjus begleitet.

& dazu passt:
1 Glas Haut Médoc
Rotwein

FÜR 2 PERSONEN
- 40 g Butter
- 3 Zweige Thymian
- 2 Raufußhühner, vom Metzger küchenfertig vorbereitet
- 4 Scheiben Schinkenspeck, Speckrand und Rinde entfernt
- 50 g Entenschmalz
- 1 Scheibe Weißbrot, Rinde entfernt
- 2 Knoblauchzehen, mit der flachen Messerklinge zerdrückt
- 1 kleines Bund Brunnenkresse
- etwas Olivenöl
- Meersalz
- 50 g hochwertige Hühnerleberpaté
- 100 ml Rotweinjus (siehe dazu Seite 93)
- 1 kleine Tüte gesalzene Chips
- Brotsauce (siehe nächste Seite) zum Servieren

Je 20 g Butter und einen Thymianzweig in den Bauchraum der Vögel geben, die Haut mit Salz und Pfeffer einreiben und die Brüste so gut wie möglich mit dem Schinkenspeck abdecken, damit sie nicht austrocknen. Die Beine mit Küchengarn zusammenbinden, damit der Schinken nicht verrutscht.

Parallel das Entenschmalz in einem Bräter zerlassen. Aus der Brotscheibe zwei 5–6 cm große Kreise ausstechen und sie im Entenfett von beiden Seiten goldbraun rösten, danach herausheben und auf Küchenkrepp abtropfen lassen.

Die Vögel mit einer Brustseite nach unten in den Bräter geben und 2 Minuten im Entenschmalz anbraten, danach die zweite Seite 2 Minuten braten und schließlich auf den Rücken drehen und weitere 2 Minuten braten. Die Knoblauchzehen und den letzten Thymianzweig in den Topf geben, die Vögel wieder auf eine Brustseite legen und den Topf in den auf 200 °C (Gas Stufe 6) vorgeheizten Backofen stellen. Die Moorhühner 7 Minuten garen, anschließend auf der anderen Brustseite weitere 7 Minuten garen. Den Topf aus dem Ofen nehmen, die Vögel mit ihrem Bratfett begießen und erneut 2–4 Minuten im Backofen garen, bis sich das Fleisch fest anfühlt und beim Stich in die Schenkel klarer Bratensaft austritt. Die Vögel 12 Minuten ruhen lassen.

Die Brunnenkresse mit etwas Olivenöl und Meersalz anmachen. Auf jede frittierte Brotscheibe 1 Löffel Hühnerleberpaté geben und diese auf zwei Teller legen. Das Küchengarn von den Vögeln entfernen und sie auf die Paté setzen. Etwas Rotweinjus außen herum gießen. Mit ein paar Chips, Brotsauce und Brunnenkresse servieren.

BROTSAUCE

Auch diese nach Nelken, Zimt und Lorbeer duftende Sauce ist ein englischer Klassiker und passt nicht nur zu Moorhuhn, sondern auch zu gebratenem Huhn und Truthahn. Sie harmoniert hervorragend mit dem milden Fleisch und nimmt auch den Bratensaft auf.

- 120 ml Milch
- 1 Zimtstange
- 2 weiße Pfefferkörner
- 2 Gewürznelken
- 1 kleine Schalotte, fein gewürfelt
- 1 Lorbeerblatt
- 1 Zweig Thymian
- 3 Scheiben Weißbrot, Rinde entfernt und im Mixer fein zermahlen
- 20 ml süße Sahne
- 10 g Butter

Die Milch in eine kleine Kasserolle gießen, Zimt, Pfefferkörner, Nelken, Schalotten, Lorbeerblatt und Thymianzweig hineingeben und bei niedriger Temperatur etwa 20 Minuten ziehen lassen.

Die Milch durch ein Sieb in einen kleinen Topf abseihen und nach und nach die Brotkrumen einrühren. Die Milch bis zum Siedepunkt erhitzen, Sahne und Butter unterrühren und kräftig mit Salz und Pfeffer würzen.

MOORHUHNPASTETE MIT ENTENLEBER, BROMBEERCHUTNEY UND MALZSAUCE

Am 12. August, dem Beginn der Jagdsaison, werden die ersten erlegten Tiere aus den Moorlandschaften Schottlands, Yorkshires und Northumberlands nach London gebracht und landen sofort bei Fortnum & Mason in den Auslagen. Reichhaltige Entenleber von seidiger Konsistenz ist eine weitere Zutat, die bei Fortnum & Mason häufig verwendet wird. Dieses Rezept erfordert etwas Geduld, aber das eindrucksvolle Ergebnis ist jede Mühe wert, es gibt einfach keine bessere Pastete.

In einer Pfanne die Stopfleberportionen scharf anbraten, bis sie rundherum goldbraun sind. Mit Meersalz würzen und im Kühlschrank abkühlen lassen. In der gleichen Pfanne die Pfifferlinge anschwitzen, bis sie weich sind. Kurz abkühlen lassen, danach grob hacken.

Das Ei verquirlen. Die Hähnchenbrust in der Küchenmaschine fein pürieren und dann nach und nach das verquirlte Ei und die Sahne zugeben. Mit Salz würzen und die klein gehackten Pfifferlinge und den Estragon unterheben. Die Kohlblätter in kochendem Salzwasser weich blanchieren, danach abtropfen und abschrecken.

In das fette Ende jeder Raufußhühnerbrust eine Tasche einritzen und die Stopflebern hineinschieben. Die Hähnchencreme gleichmäßig auf die vier Wirsingblätter streichen, je eine gefüllte Hühnerbrust daraufsetzen und die Blattränder zusammenschlagen. Die Päckchen eine Stunde lang kalt stellen.

Den Blätterteig etwa 3 mm dick ausrollen und in 8 Quadrate teilen. Das Eigelb verquirlen und den Teig damit bestreichen. Die Päckchen auf 4 Blätterteigstücke setzen und mit den restlichen Teigstücken abdecken. Dabei den Teig fest andrücken, bis sämtliche Luft entweicht und die Kohlblätter vollständig mit Teig bedeckt sind. Den überstehenden Teigrand mit einem runden Ausstechförmchen, das 0,5 cm größer ist als die Pastete, wegschneiden und die Pasteten mit dem restlichen Eigelb erneut bestreichen. Die Pasteten 20 Minuten kalt stellen und dann den Teig mit einem scharfen Messer rundherum längs leicht einritzen.

Für die Sauce etwas Öl in einem kleinen Topf erhitzen und darin die Knochen von allen Seiten bräunen. Schalotten und Knoblauch hinzugeben und ebenfalls 2 Minuten bräunen. Mit dem Madeira ablöschen und um zwei Drittel einkochen lassen, dann die Fonds und den Thymian dazugeben und alles eine Stunde köcheln. Die Sauce durch ein Sieb gießen, den Malzextrakt einrühren und mit Salz und Pfeffer abschmecken.

Für das Chutney die Schalotten im Öl anschwitzen, bis sie weich sind. Brombeeren und Brombeerlikör zugeben, die Temperatur etwas höher schalten und die Beeren zu einem Chutney einkochen und bis zum Servieren kalt stellen.

Ein mit Backpapier bedecktes Backblech im 220 °C (Gas Stufe 7) heißen Backofen vorheizen. Die Pasteten auf dem heißen Backblech 14 Minuten im Ofen backen und vor dem Servieren noch 10 Minuten ruhen lassen.

Die Sauce erwärmen, die Pasteten längs aufschneiden und mit der Sauce und dem Chutney anrichten.

FÜR 4 PERSONEN

FÜR DIE PASTETE

- 4 × 50 g Entenstopfleber
- Meersalz
- 100 g Pfifferlinge, geputzt
- 1 Ei plus 1 Eigelb
- 1 Hähnchenbrust, ohne Haut
- 50 ml süße Sahne
- 20 g Estragonblätter
- 4 große Wirsingblätter
- 2 Raufußhühner, halbiert und in Brust und Karkassen getrennt
- 400 g Blätterteig

FÜR DIE SAUCE

- Knochen und Beine der Raufußhühner, grob zerhackt
- etwas Pflanzenöl zum Braten
- 2 Schalotten, in Scheiben geschnitten
- 2 Knoblauchzehen, zerdrückt
- 100 ml Madeira Likörwein
- 400 ml Rinderfond
- 200 ml Hühnerfond
- 2 Zweige Thymian
- 50 ml Malzextrakt

FÜR DAS BROMBEERCHUTNEY

- 100 g Schalotten, gewürfelt
- 300 g Brombeeren, halbiert
- 50 ml Brombeerlikör (Crème de mûres)

PERLHUHNBRÜSTE MIT FENCHEL, ROTKOHL UND EICHBLATTSALAT

Geschmacklich bewegen sich Perlhühner zwischen Hähnchen und den graubeinigen Rebhühnern, daher sind sie gut geeignet, sich dem etwas kräftigeren Geschmack des Wildgeflügels anzunähern. Hier wird Perlhuhn mit einem winterlichen Salat, gerösteten Haselnüssen, gebackenem Fenchel und einem Estragon-Haselnuss-Dressing serviert. Ein leichtes und doch sehr schmackhaftes Gericht, das auch mit Hähnchen zubereitet werden kann.

Die Haselnüsse auf einem Backblech verteilt im 160 °C (Gas Stufe 3) heißen Backofen 2–3 Minuten rösten, bis sie leicht gebräunt sind. Zu dunkel schmecken sie bitter, daher rechtzeitig aus dem Ofen nehmen und abkühlen lassen.

Die Backofentemperatur auf 180 °C (Gas Stufe 4) erhöhen. Den geviertelten Fenchel auf ein Backblech legen, mit Olivenöl bepinseln und mit Salz und Pfeffer bestreuen. Den Fenchel 10–15 Minuten im Backofen rösten, bis er weich ist. Anschließend beiseitestellen.

Für das Dressing Senf, Essig und Estragon mit dem Schneebesen verrühren und nach und nach das Haselnussöl untermischen. Das Dressing mit Salz und Pfeffer abschmecken. Den Rotkohl mit etwas Dressing anmachen, bis er davon überzogen ist und dann 20 Minuten ziehen lassen.

Die Perlhuhnbrüste mit Salz und Pfeffer würzen. 2 EL Olivenöl in einem Bräter erhitzen und die Brüste darin kurz anbraten, bis sie von beiden Seiten goldbraun sind. Den Bräter für 10–12 Minuten in den Backofen stellen, bis das Fleisch durchgegart ist. Anschließend das Fleisch ein paar Minuten ruhen lassen.

Die Radicchio-Blätter vom Strunk lösen und mit dem Eichblattsalat waschen und trocken schleudern. Rotkohl und Salat miteinander vermischen und abschmecken. Den Salat auf 4 Teller aufteilen und etwas Fenchel dazugeben. Die Perlhuhnbrüste diagonal in Scheiben schneiden und auf dem Salatbett anrichten. Mit den gerösteten Haselnüssen bestreut servieren.

FÜR 4 PERSONEN

- 150 g Haselnusskerne
- 2 Fenchelknollen, geviertelt
- 50 ml Olivenöl
- 200 g Rotkohl, in Scheiben geschnitten
- 4 Perlhuhnbrüste
- 1 Radicchio oder noch besser 2 Köpfe Treviso (roter Chicorée)
- ½ Eichblattsalat

FÜR DAS DRESSING

- 2 TL körniger Senf
- 125 ml Weißweinessig
- 2 TL klein gehacktes Estragon
- 200 ml Haselnussöl

WILDKANINCHENFILETS MIT ROTER BETE, GRÜNKOHLSALAT, SALBEI UND SCHALOTTENDRESSING

Wildkaninchen bewegen sich so viel, dass sie meist weniger fett und dafür wesentlich intensiver im Geschmack sind als Stallkaninchen. Ihr Metzger vor Ort kann jedoch sicherlich leichter Stallkaninchen besorgen. Wer gerne viel Biss hat, sollte etwas in dünne Streifen geschnittenen Grünkohl frittieren und den Salat damit garnieren.

FÜR 4 PERSONEN

- 250 g Rote Bete
- 2 Kaninchenfilets, zusammen etwa 300 g
- 2 EL Olivenöl
- 125 g Grünkohl

FÜR DAS DRESSING

- 2 Schalotten, klein gehackt
- 115 ml Olivenöl
- 2 TL Dijon-Senf
- 2 TL in Streifen geschnittene Salbeiblätter
- 50 ml Weißweinessig

Die Rote Bete in kochendem Salzwasser weich garen und danach abtropfen lassen. Anschließend schälen und in dünne Schnitze schneiden.

Für das Dressing die Schalotten in 15 ml Olivenöl 2 Minuten glasig anschwitzen. Schalotten und Dijon-Senf verrühren und dann das restliche Olivenöl, Salbei, Essig und etwas Salz und Pfeffer untermischen. Die Rote Bete mit dem Dressing anmachen und im Kühlschrank 1–2 Stunden ziehen lassen.

Die Kaninchenfilets mit Salz und Pfeffer würzen. Das Olivenöl in einer Schmorpfanne erhitzen und die Filets bei mittlerer Temperatur etwa 2–3 Minuten braten, bis sie gerade gar sind. Anschließend ein paar Minuten ruhen lassen.

Die harten Stengel des Grünkohls entfernen und die Blätter in kochendem Salzwasser blanchieren. Anschließend abtropfen lassen und abschrecken. Die Blätter erneut abtropfen lassen, trocken tupfen, unter die Rote Bete mischen und den fertigen Salat auf 2 Tellern anrichten. Die Kaninchenfilets schräg in Scheiben schneiden und auf dem Salat anrichten.

SCHLITTSCHUH-
LAUFEN

»Mit unseren Eisenkufen sausten wir über das polierte Eis«*

Fortnum & Mason ist für vielerlei Dinge berühmt ... die besten schottischen Eier, seltene Teesorten, die größte Marmeladenauswahl weltweit, Honig, der auf dem hauseigenen Dach gewonnen wird. Und Lieferanten, die seit mehr als 300 Jahren stets das Beste vom Besten heranschaffen. Aber Skiunterricht? Mitten am Piccadilly?

Doch das ist weder ein Hirngespinst noch eine Schnapsidee, sondern eiskalte Realität. Tatsächlich befanden sich im dritten Obergeschoss von Fortnum & Mason in der heutigen Herrenkonfektionsabteilung in den 1930er Jahren ein echter Skisimulator, ein kleiner künstlicher Hang und ein Projektor, der mit bewegten Bildern schneller Abfahrten für echte Bergstimmung sorgte. Zugegeben, das hatte wenig mit Chamonix an Weihnachten oder mit Gstaad zum Jahreswechsel zu tun, aber immerhin konnte man dort die Grundlagen des Skifahrens lernen und anschließend eine Straße weiter ins Theater gehen. Natürlich mit den eigenen Skiern über der Schulter.

Die Skiabteilung war weltberühmt, und man konnte dort nicht nur Skier und Stiefel nach Maß, sondern auch Zubehör, Accessoires und Winterbekleidung erstehen. Und gelegentlich konnte man sogar mit der berühmten Skiläuferin Vivian Caulfield vor Ort all seine Probleme bei der Abfahrt besprechen. Und es ging nicht nur um Schnee, denn ab 1908 produzierte Fortnum & Mason auch Schlittschuhe nach Maß für all jene, die auf dem Eis gerne mal eine Pirouette drehten. Und nun, gut hundert Jahre später, ist das alljährliche Schlittschuhlaufen vor dem Somerset House eines der Winterhighlights in London.

Es ist fast wie eine Erinnerung an die Winterjahrmärkte vergangener Zeiten, als die Themse aufgrund einer »kurzen Eiszeit« von 1600 bis 1814 noch monatelang zufror. Im Mittelalter standen die Brücken in London noch so dicht beisammen, dass große Eisblöcke zwischen den Brückenpfeilern hängen blieben und der Fluss daher schneller zufror. Der erste Jahrmarkt wurde 1607/8 erwähnt, als das Eis so dick war, dass man nicht nur von Southwark bis London übers Eis laufen und mit Schlittschuhen fahren konnte, sondern auch Pferde- und Kutschenrennen veranstalten, Fußball spielen und Verkaufsbuden darauf aufbauen konnte. Die Verkäufer machten

sogar auf dem Eis Feuer, und ganz London betrieb dort Handel. John Evelyn vermerkte in seinem Tagebuch über den Winter 1683/4, dass in Süd-england sogar die Nordsee vor den Küsten gefror. »Wie man aus den Fenstern der Kutschen von Westminster bis Temple sehen konnte, gab es überall Schlitten und Eisläufer, Pferde- und Kutschenrennen, Puppentheater, Musik, Garküchen, Pubs und andere unzüchtige Etablissements; es schien einer Orgie gleich oder wie Karneval auf dem Eis.« Ein bisschen wie Leicester Street an einem Samstagabend. Nur mit mehr Herzlichkeit.

Nach der Eröffnung von Fortnum & Mason gab es jedoch nur noch drei solcher Jahrmärkte: 1739, 1788 und 1814. 1788 hatte Charles Fortnum den königlichen Dienst quittiert, um sich um sein blühendes Geschäft zu kümmern. Und es besteht kein Zweifel daran, dass Fortnum & Mason, die bereits Reisende und Entdecker ausstatteten und verpflegten, damals auch all denjenigen, die sich auf dem Eis vergnügten, verschiedenste Suppen, Pasteten und andere Kleinigkeiten anboten. Und sicher ist es kein Zufall, dass sich heutzutage das alljährliche Eislaufvergnügen SKATE vor dem Sommerset House ganz in der Nähe der Blackfriars-Brücke befindet, um die herum sich die letzten drei Winterjahrmärkte erstreckten.

Die Halsabschneider, Taugenichtse, Liebhaber, Marktschreier und Taschendiebe mögen zwar (zumindest vom Fluss) längst verschwunden sein, doch auch heute kann man dort noch Schlittschuh laufen und sich danach einem winterlichen Mahl zuwenden, denn die sportliche Betätigung an der kalten Luft sorgt für einen gesunden Appetit. Der Alpenraum mit seinen Suppen, Eintöpfen, Fondues und anderen Käsespezialitäten dient hier als Inspiration für eine zum Glück sehr bodenständige Küche. In diesem Kapitel dreht sich also alles um Genuss bei Minusgraden, ein Fondue mit Stilton-Käse, eine stärkende, schottische Lammsuppe oder ein Sandwich mit gepökeltem Rind. Selbst wenn man irgendwann des Eislaufens überdrüssig ist, diese Gerichte werden nie langweilig, sie sind nahrhaft, wärmend und beglückend. Auch wenn die Themse nicht mehr zufriert, wird immer noch an ihren Ufern der Winter gefeiert.

*aus W. Wordsworth »Präludium«

SCHOTTISCHE LAMMSUPPE

Gesund, herzhaft und reichhaltig – eine Suppe, um die Kälte aus dem Leib zu vertreiben. Lammbrust wird häufig unterschätzt, dabei ist das Brustfleisch günstig, aromatisch und lange geschmort auch wunderbar zart.

Das Fleisch in einen großen Topf geben, mit kaltem Wasser bedecken, mit Salz und Pfeffer würzen und bis zum Siedepunkt erhitzen. 10 Minuten sanft köcheln und dabei immer wieder den Schaum von der Oberfläche entfernen. Die Fleischstücke anschließend gut abtropfen lassen und unter fließend kaltem Wasser abspülen.

Die Butter in einem Schmortopf zerlassen und Zwiebeln und Lauch darin glasig anschwitzen. Kohlrüben und Möhren dazugeben und etwa 5 Minuten mit garen, bis das Gemüse weich ist. In einem separaten Topf die Graupen 30–40 Minuten in Salzwasser weich kochen. Die weichen Perlgraupen abtropfen und unter das Gemüse rühren.

Die Fleischstücke dazugeben und so viel Wasser zugießen, bis alles bedeckt ist. Die Suppe etwa eine Stunde kochen und gelegentlich den Schaum von der Oberfläche entfernen, bis das Fleisch sehr zart ist.

Die Fleischstücke herausheben, etwas abkühlen lassen und dann das Fleisch vom Knochen lösen und Knochen und Fett entfernen. Das Fleisch zerkleinern, wieder in die Suppe geben und alles mit Salz und Pfeffer abschmecken. Mit Petersilie bestreut servieren.

FÜR 4–6 PERSONEN

- 1 Lammbrust (bitten Sie den Metzger, sie küchenfertig vorzubereiten und zu vierteln)
- 30 g Butter
- 2 Zwiebeln, gewürfelt
- 2 Stangen Lauch, gewürfelt
- 200 g Kohlrübe, gewürfelt
- 2 Möhren, gewürfelt
- 100 g Perlgraupen, über Nacht in kaltem Wasser eingeweicht und abgetropft
- 4 TL klein gehackte Petersilie

KÄSEFONDUE MIT BEAUFORT UND STILTON, DAZU KLEINE TOASTS MIT KNOBLAUCH-THYMIAN-BUTTER

Das süßlich-nussige Aroma des Beaufort-Käses verschmilzt hier mit dem würzig-fruchtigen und intensiven Geschmack des Stilton-Blauschimmelkäses. Etwas Weißwein sorgt dafür, dass die Aromen nicht überhandnehmen. Sämiger blubbernder Käse, ein Fondue ganz nach Art des Hauses Fortnum & Mason. Und natürlich ist es Ihrem Geschmack überlassen, was Sie hineintunken. Wir lieben Sellerie, gerösteten Blumenkohl oder geröstete Drillinge.

& dazu passt:
1 Glas Côtes du Rhône Rotwein

Den Wein in eine Kasserolle oder einen Fonduetopf (Caquelon) gießen und bei mittlerer Temperatur so lange erhitzen, bis er leicht köchelt. In einer kleinen Schale die Maisstärke in ein paar Tropfen Wasser (höchstens ¼ TL) auflösen, dann 1 EL warmen Wein ein rühren und die Mischung mit einem Schneebesen eine Minute unter den köchelnden Wein rühren. Die Temperatur herunterdrehen.

Den Käse in den Wein einrühren und das fertige Fondue während der Zubereitung der Toasts bei sehr niedriger Temperatur warm halten.

Die Butter in einer kleinen Schale mit der Gabel aufschlagen und Knoblauch und Thymian gleichmäßig unterrühren. Die kleinen Brotscheiben etwa 4 Minuten im auf 170 °C (Gas Stufe 3) vorgeheizten Backofen kross und goldbraun rösten und anschließend mit der Knoblauchbutter bestreichen.

Das warme Fondue mit frisch gemahlenem schwarzem Pfeffer würzen und mit den Toastscheiben und in Würfel geteilter Focaccia und eventuell Gemüse zum Eintunken servieren.

FÜR 4–6 PERSONEN ALS TEIL EINES MENÜS

- 100 ml Fortnum's Muscadet sur Lie (Muskatwein)
- ½ TL Maisstärke
- 150 g Beaufort oder Gruyère Käse, grob gerieben
- 100 g Stilton-Käse, zerkrümelt

FÜR DIE TOASTS

- 50 g Butter, auf Raumtemperatur erwärmt
- 3 Knoblauchzehen, gewürfelt
- 2 TL Thymianblätter
- ½ Baguette, schräg in Scheiben geschnitten
- 2 Focaccia-Brötchen, gewürfelt
- optional zum Servieren
- Stangensellerie, geröstet
- Blumenkohl oder Drillinge, geröstet

TARTIFLETTE

Der altmodische Name täuscht. Dieses alpenländische Gericht – ein Kartoffelauflauf mit Käse, Schinken (wir verwenden Pancetta) und Zwiebeln – wurde 1980 vom *Syndicat interprofessionel du Reblochon* kreiert, um den französischen Reblochon-Käse besser zu promoten. Zum Glück, denn dieses Hüttengericht erfreut sich in der Fortnum & Mason-Lodge großer Beliebtheit.

& dazu passt:
1 Glas Chardonnay
aus Burgund,
z.B. ein Saint-Véran blanc

FÜR 4 PERSONEN

- 1 kg festkochende Kartoffeln, z.B. Maris Piper, geschält und in etwa 1,5 cm dicke Scheiben geschnitten
- 2 EL Sonnenblumenöl
- 1 Gemüsezwiebel, in dünne Scheiben geschnitten
- 250 g Pancetta, in Streifen geschnitten
- 4 Knoblauchzehen, klein gehackt
- 100 ml trockener Weißwein
- 1 Lorbeerblatt
- 200 ml süße Sahne
- 450 g Reblochon Käse, in ½ cm dicke Scheiben geschnitten, Rinde nicht entfernen

Die Kartoffelscheiben 10–12 Minuten in kochendem Salzwasser al dente garen, danach abtropfen lassen und beiseitestellen.

Parallel das Öl in einer großen, ofenfesten Pfanne oder in einer Auflaufform erhitzen und die Zwiebeln darin 6–8 Minuten glasig schwitzen. Die Schinkenstreifen dazugeben und 5 Minuten mit garen, danach den Knoblauch unterrühren und so lange weitergaren, bis der Schinken durch ist und die Zwiebeln ein wenig gebräunt sind.

Überschüssiges Fett abgießen. Lorbeerblatt dazugeben, mit dem Wein deglacieren und kochen, bis der Wein um etwa ein Drittel reduziert ist. Die Sahne dazugeben und weiterkochen, bis auch sie um ein Drittel reduziert ist. Die Form vom Herd nehmen, die Kartoffeln vorsichtig hineingeben und unterheben, bis sie von der Rahmsauce überzogen sind. Das Lorbeerblatt entfernen und die Mischung mit Salz und Pfeffer abschmecken.

Zwei Drittel der Käsescheiben behutsam zwischen die Kartoffeln schieben und mit dem Rest den Auflauf belegen. Den Auflauf etwa 15 Minuten im auf 180 °C (Gas Stufe 4) vorgeheizten Backofen backen, bis er eine goldbraune Kruste bekommt und der Käse Blasen wirft.

Den Auflauf vor dem Servieren kurz ruhen lassen und dazu als Kontrast zum cremigen Käse einen Salat aus Salatherzen mit Vinaigrette und saure Gurken reichen.

WELSH RAREBIT TOASTIES

Unter diesem Namen kennt in England jeder die würzigen mit Cheddar-Käse überbackenen Toasts, daher sind sie auch die beliebtesten Sandwiches an der Fortnum & Mason-Theke im Londoner Flughafen Heathrow, Terminal 5. Cheddar, Eier und Guinness sind eine perfekte Kombination. Dazu passt ein scharfes Tomatenchutney.

& dazu passt:
Fortnum's 181 Sauce und
1 Glas irisches Porter-Bier

ERGIBT 4 TOASTIES

- 8 große Scheiben Graubrot oder Sauerteigbrot
- etwas Butter zum Bestreichen

FÜR DEN RAREBIT BELAG

- 4 TL Guinness-Bier
- 2 TL englischer Senf
- 1 TL Worcestershiresauce
- ein paar Tropfen Tabascosauce
- 2 große Eier
- 500 g reifer Cheddar-Käse, gerieben

Für den Belag Guinness, Senf, Worcestershiresauce, Tabasco und Eier in einer Schüssel verrühren und dann den geriebenen Käse untermischen.

Diese Mischung auf 4 Brotscheiben aufteilen, jeweils mit einer zweiten Brotscheibe belegen und die Sandwichs außen, von beiden Seiten mit Butter bestreichen. Die Sandwichs in einer Schmorpfanne bei niedriger bis mittlerer Temperatur 3–4 Minuten rösten, bis die Unterseite golden und kross ist. Die Sandwichs vorsichtig wenden und von der anderen Seite rösten. Die Sandwichs aus der Pfanne heben, ein paar Minuten ruhen lassen und dann in Dreiecke schneiden. Tomatenchutney dazu reichen.

PORTOBELLO-RACLETTE-BURGER

Diese Burger bilden eine wunderbare Alternative zu den häufig trockenen und wenig aromatischen vegetarischen Burgern mit Bohnenpatties. Inzwischen findet man Raclette-Käse in fast allen Lebensmittelgeschäften, ersatzweise schmeckt der Burger aber auch mit Gruyère. Fortnum & Mason serviert ihn mit einem grünen Tomatenchutney.

& dazu passt:
englischer Senf und
1 Glas Spätburgunder Rotwein
aus Deutschland

Die Pilze putzen und die Stiele durch leichtes Drehen entfernen. Die Pilzköpfe mit dem Öl, dem Thymian und dem Knoblauch in einen Bräter geben und mit Salz und Pfeffer würzen. Den Bräter mit Alufolie abdecken und für 15 Minuten in den auf 180 °C (Gas Stufe 4) vorgeheizten Backofen stellen.

Den Bräter aus dem Ofen nehmen, die Alufolie entfernen, Bratflüssigkeit abgießen, die Pilze mit dem Käse belegen und weitere 5 Minuten im Ofen backen, bis der Käse geschmolzen ist und Blasen wirft.

Die Brötchenunterseiten mit Mayonnaise bestreichen und darauf ein paar Salatblätter, Tomaten- und Gurkenscheiben verteilen. Jedes Brötchen mit 3 Pilzen belegen und mit der zweiten Brötchenhälfte bedecken.

ERGIBT 2 BURGER
- 6 Portobello-Pilze
- 30 ml Rapsöl
- 1 Zweig Thymian
- 1 Knoblauchzehe, zerdrückt
- 6 Scheiben Raclette-Käse (alternativ 160 g Gruyère Käse, gerieben)
- 30 g hochwertige Mayonnaise
- 2 Brioche Brötchen, geröstet

ZUM GARNIEREN
- 1 Salatherz, in einzelne Blätter geteilt
- 1 Fleischtomate, in Scheiben geschnitten
- 2 saure Gewürzgurken, in Scheiben geschnitten

SANDWICHES MIT GEPÖKELTEM RINDFLEISCH UND SAUERKRAUT

Gepökelter Tafelspitz wird hier verfeinert, indem er in einem Gemüsesud schonend gegart wird. Ich bestreiche das Fleisch üppig mit Senf und garniere es mit einer ordentlichen Portion Sauerkraut – ein Sandwich, dem man nicht widerstehen kann.

& dazu passt:
1 Glas Portugiesischer
Vesso Vinho Verde
Weißwein

Das Fleisch unter fließend kaltem Wasser abspülen, mit Küchengarn zylinderförmig zusammenbinden und in einen großen Schmortopf geben. Möhren, Zwiebeln und Sellerie halbieren, die Zwiebeln mit den Nelken spicken und alles zusammen mit dem Zucker, den Gewürzen und den Kräutern in den Topf geben. Mit Wasser aufgießen, bis alles gut bedeckt ist, und das Wasser aufkochen. Den Topf zugedeckt für 2,5–3 Stunden in einen auf 140 °C (Gas Stufe 1) vorgeheizten Backofen stellen, bis das Fleisch so zart ist, dass eine Messerklinge mühelos hindurchgleitet.

Das Fleisch anschließend in seiner Brühe abkühlen lassen und den Schmortopf über Nacht in den Kühlschrank stellen, damit sich das kalte Fleisch am nächsten Tag leichter schneiden lässt.

Sämtliche Zutaten für das Dressing miteinander verrühren, abschmecken und nach Geschmack noch etwas mehr Tabasco, Zitronensaft oder schwarzen Pfeffer aus der Mühle untermischen.

Für die Sandwiches das Fleisch aus dem Topf heben und in dünne Scheiben schneiden. Die Kochflüssigkeit erhitzen und die Fleischscheiben darin noch einmal erwärmen. Das Brot kurz toasten, mit Butter und etwas Senf bestreichen und die Hälfte der Brotscheiben mit Salatblättern belegen. Etwas Thousand Island Dressing darübergeben, das Fleisch gut abtropfen lassen und den Salat damit belegen. Gurkenscheiben darauf verteilen und die drei Schichten noch einmal obendrauf stapeln. Mit einer zweiten Brotscheibe bedecken und zum Abschluss etwas Sauerkraut als Streifen in der Mitte garnieren.

FÜR 6 PERSONEN
- 1 kg gepökelter Tafelspitz
- 2 Möhren
- 2 Stangen Staudensellerie
- 1 Zwiebel
- 2 Gewürznelken
- 50 g weicher brauner Zucker
- 2 TL Kardamomkapseln, leicht zerstoßen
- 2 Sternanis
- ½ TL weiße Pfefferkörner
- 50 g Fenchelsamen
- 1 kleines Bund Thymian
- 1 Lorbeerblatt
- 6 Scheiben Roggenbrot
- Butter zum Bestreichen
- englischer Senf zum Bestreichen
- 3 Salatherzen
- ein paar saure Gewürzgurken, längs in dünne Scheiben geschnitten
- 1 Glas Sauerkraut

FÜR DAS THOUSAND ISLAND DRESSING
- 300 g Mayonnaise
- 50 g Tomatenketchup
- 6 Tropfen Tabascosauce
- 2 Knoblauchzehen, zerdrückt
- Saft von 1 Zitrone
- 1 saure Gewürzgurke, klein gehackt
- 1 kleine rote Zwiebel, klein gehackt

POUTINE

Ein von Fortnum & Mason etwas aufgewerteter traditioneller kanadischer Auflauf, bei dem die übliche Bratensauce durch eine Rotweinreduktion und der geriebene Käse durch Raclette-Käse ersetzt wurde. Ach ja, und statt Pommes Frites wird der Auflauf hier mit würzigen Kartoffelecken serviert. Es ist und bleibt also ein wunderbarer Klassiker.

Wer will, kann das gepökelte Rindfleisch, die Sauce und die Kartoffelecken im Voraus zubereiten.

Für die Rotweinreduktion das Pflanzenöl in einem Schmortopf erhitzen und Zwiebeln, Möhren und Sellerie darin weich schwitzen, ohne dass das Gemüse braun wird. Knoblauch und Tomatenmark ein paar Minuten unterrühren. Mit Rotwein ablöschen und um zwei Drittel einkochen lassen. Fond, Thymian und Lorbeerblätter hinzufügen und so lange kochen, bis die Flüssigkeit auf etwa 500 ml eingekocht ist. Die Sauce durch ein Sieb in einen sauberen Topf gießen und erneut aufkochen. Die Maisstärke mit ein wenig Wasser anrühren und nach und nach zu der Sauce geben, bis sie genügend eingedickt ist. Eventuell nicht die gesamte Maisstärkepaste verwenden.

Für die Kartoffelecken die Kartoffeln schälen und längs in schmale Schnitze schneiden. Die Kartoffelecken in einen großen Topf mit kaltem Salzwasser geben und aufkochen. Die Kartoffelecken sofort mit einem Schaumlöffel herausheben, auf einem mit einem Geschirrhandtuch oder Küchenkrepp ausgelegtem Backblech verteilen und abkühlen lassen.

Das Rapsöl in einem hohen Schmortopf auf 170 °C erhitzen. Wer kein Thermometer hat, kann einen kleinen Brotwürfel ins heiße Fett geben. Dieser sollte in einer Minute kross frittiert sein. Die Kartoffelecken portionsweise 6–8 Minuten goldbraun frittieren, danach mit einem Schaumlöffel herausheben und auf Küchenkrepp abtropfen lassen. Mit Meersalz und der Cajun-Gewürzmischung bestreuen.

Für den Poutine-Auflauf das gepökelte Fleisch grob zerkleinern (für den Auflauf werden 500 g benötigt). Die Rotwein-Reduktion erhitzen und das Fleisch hineingeben. Die Kartoffelecken in einer großen Auflaufform verteilen und darauf das Fleisch mit einem Großteil der Sauce geben. Das Fleisch mit den Käsescheiben bedecken und die restliche Sauce darüberträufeln. Den Auflauf im 200 °C (Gas Stufe 6) heißen Backofen 5–8 Minuten erhitzen, bis der Käse geschmolzen und leicht gebräunt ist. Mit den salzigen Kartoffel-Sticks bestreut sofort servieren.

FÜR 6 PERSONEN
· 500 g gepökeltes Rindfleisch (siehe Seite 91)
· 600 g Raclette-Käse, in Scheiben geschnitten
· 1 Tüte salzige Kartoffel-Sticks

FÜR DIE ROTWEINREDUKTION
· 1 EL Pflanzenöl
· 1 Zwiebel, klein gehackt
· 1 Möhre, klein gehackt
· 1 Stange Staudensellerie, klein gehackt
· 1 Knoblauchzehe, zerdrückt
· 1 TL Tomatenmark
· 500 ml Rotwein
· 1,5 l dunkler Hühner- oder Rinderfond
· ein paar Zweige Thymian
· 2 Lorbeerblätter
· 2 TL Maisstärke

FÜR DIE KARTOFFELECKEN
· 1 kg Kartoffeln, vorzugsweise Maris Piper
· 20 g Salz
· 1 l Rapsöl
· Meersalz
· 1 EL Cajun-Gewürzmischung

SCHOKOLADEN-FONDUE

Nicht nur das Lieblingsgericht meiner Kinder … ich vermute, auch andere Menschen bekommen bei diesem Anblick leuchtende Augen. Auch in der Fortnum & Mason-Lodge beim Eislauf-Event SKATE erfreut sich dieses Fondue großer Beliebtheit. Wichtig ist, dafür hochwertige dunkle Schokolade zu verwenden. Die Liste der Zutaten zum Eintunken ist natürlich beliebig erweiterbar. Bei uns zu Hause wird so ziemlich alles, von Fruchtgummis über Bananen und Kekse, in die blubbernde Schokolade getaucht.

& dazu passt:
1 Glas Fortnum's Kirschlikör

FÜR 4 PERSONEN
· 55 g Zucker
· 20 g Golden Syrup (Zuckersirup)
· 55 ml Wasser
· 200 g hochwertige dunkle Schokolade (70 % Kakaoanteil), klein gehackt

ZUM EINTUNKEN
· Honeycomb-Stücke,
· Biskuitkuchen oder Panettone, in Würfel geschnitten
· Marshmallows
· frische Ananas, gewürfelt
· Erdbeeren

Zucker, Golden Syrup und Wasser in einem kleinen Topf aufkochen und rühren, bis sich der Zucker aufgelöst hat. Die Temperatur senken und die Schokolade behutsam einrühren, bis sie geschmolzen und glatt ist. Den Topf vom Herd nehmen und die flüssige Schokolade in einen Fonduetopf umfüllen.

Obst, Kuchenwürfel usw. auf einem großen Teller anrichten, jedem eine Fonduegabel in die Hand drücken und los geht's!

WEIHNACHTS-
BÄCKEREI

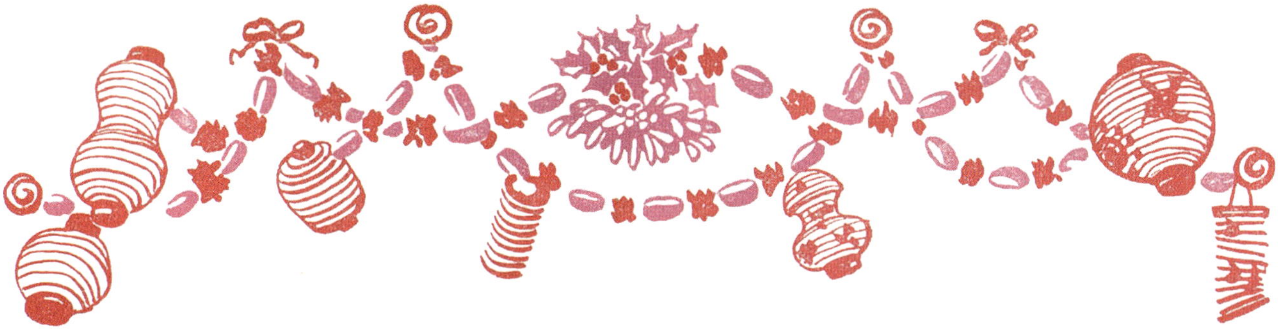

FESTLICHER KUCHEN MIT TROCKENOBST

Dieser Kuchen ist eine Hommage an vergangene Zeiten, seine Beliebtheit ist bis heute ungebrochen. Er sieht nicht nur fantastisch aus, er schmeckt auch fantastisch.

Die Ränder und den Boden einer 7,5 cm hohen Springform mit 20 cm Durchmesser mit Backpapier auslegen. Mehl, Backpulver und Gewürze in eine Schüssel sieben und beiseitestellen. Mit einem elektrischen Handrührgerät Butter und Zucker zusammen schaumig aufschlagen. Die Eier einzeln unterrühren und zu jedem Ei einen Löffel von der Mehlmischung geben. Am Ende erst das restliche Mehl und dann die gemahlenen Mandeln mit einem Metalllöffel unterheben. Nacheinander 50 ml Sherry, Zitronenschale, Rosinen, Korinthen, kandierte Kirschen, Orangeat und Vanilleextrakt untermischen.

Den Teig mit dem Löffel in die vorbereitete Backform füllen und dabei in der Mitte eine leichte Delle formen. Den Kuchen 30 Minuten im auf 160 °C (Gas Stufe 3) vorgeheizten Backofen backen, danach die Temperatur auf 150 °C (Gas Stufe 2) senken und weitere 2 Stunden backen. Am Ende den Kuchen probehalber mit einem Holzspieß einstechen. Der Kuchen ist fertig, wenn der Spieß sauber herauskommt. Den Kuchen in der Form abkühlen lassen, danach stürzen, das Backpapier vorsichtig entfernen und bis zum Dekorieren in Küchenfolie gewickelt in die Vorratskammer stellen. Auf diese Weise hält sich der Kuchen mehrere Monate.

Zum Dekorieren, den Kuchen auf einen Kuchenrost setzen. Das Marzipan auf einer mit Puderzucker bestaubten Arbeitsfläche 3–4 mm dick ausrollen. Die Aprikosenmarmelade in einem kleinen Topf aufkochen, durch ein Sieb streichen und damit die Kuchenoberfläche (und die Seiten, falls sie auch mit Zuckerguss überzogen werden sollen) bepinseln. Das Marzipan über den Kuchen legen und mit den Handflächen glatt streichen. Überstehendes Marzipan abschneiden. Den Kuchen für 24 Stunden an einen kühlen Ort stellen (jedoch nicht in den Kühlschrank), damit das Marzipan ein wenig antrocknet.

Die Fondantmasse so lange kneten, bis sie geschmeidig wird und sie dann auf einer mit Puderzucker bestaubten Arbeitsfläche ausrollen. Die Fondantmasse über dem Kuchen drapieren (entweder nur über die Oberfläche oder auch über die Seiten) und mit den Handflächen fest drücken, damit überschüssige Luft entweicht. Überstehendes Fondant abschneiden.

Den Kuchen mit kandierten Früchten dekorieren.

ERGIBT 1 KUCHEN
(12 STÜCKE)

- 200 g Weizenmehl
- ½ TL Backpulver
- 1 ½ TL Kuchengewürzmischung
- 1 TL Zimt
- ½ TL frisch gemahlene Muskatnuss
- ½ TL gemahlener Ingwer
- 200 g Butter
- 200 g dunkler Muscovado-Zucker
- 4 Eier, leicht verquirlt
- 50 g gemahlene Mandeln
- 100 ml süßer Sherry
- Schalenabrieb von 1 Zitrone
- 250 g helle Rosinen
- 250 g Korinthen
- 85 g kandierte Kirschen, grob gehackt
- 85 g Orangeat, grob gehackt
- 2 TL Vanilleextrakt

ZUM DEKORIEREN

- 500g Marzipan
- Puderzucker zum Bestauben
- 5 EL Aprikosenmarmelade
- 500 g Fondant
- kandierte Früchte

MARONEN-MANDELKUCHEN MIT RUM

Ein mit Rum getränkter, daher sehr saftiger Kuchen, der sich mit Mandeln und Maronen gespickt und mit warmer Aprikosenmarmelade überzogen ganz wunderbar zum Nachmittagstee eignet. Er hält sich zwar gut, aber so weit kommt es meistens gar nicht erst.

Butter und Zucker mit einem elektrischen Handrührgerät zu einer blassen, schaumigen Masse aufschlagen. Die Eier einzeln dazugeben und untermischen. Sobald der Teig gerinnt, das abgewogene Mehl auf drei Portionen verteilt dazugeben und weiterrühren, bis ein glatter Teig entsteht.

Gemahlene Mandeln, Backpulver, Öl, Rum und Salz unterrühren. Die gehackten Maronen unterheben und den Teig in eine mit Backpapier ausgelegte, 23 cm lange Kuchenform füllen.

Den Kuchen im auf 180 °C (Gas Stufe 4) vorgeheizten Backofen 35–40 Minuten backen, danach probehalber mit einem Holzspieß einstechen. Der Kuchen ist fertig, wenn der Spieß sauber herauskommt. Nach 25 Minuten nachschauen, ob der Kuchen nicht zu dunkel wird und eventuell mit Alufolie abdecken.

Für den Sirup den Rum mit dem Zucker und 2 EL Wasser in einem kleinen Topf so lange kochen, bis die Flüssigkeit um ein Drittel reduziert ist und eine sirupartige Konsistenz bekommt. Den Kuchen 10 Minuten abkühlen lassen und auf einen Kuchenrost stürzen. Den Teig mit einem langen, spitzen Stab einstechen und den Sirup darüberträufeln.

Im gleichen Topf die Aprikosenkonfitüre erwärmen und über den Kuchen streichen. Mit Mandelblättchen und ganzen Maronen bestreuen und vor dem Anschneiden vollständig auskühlen lassen.

& dazu passt:
1 Glas Fortnum's Single Cask Madeira Wein oder
1 Tasse Queen Anne Tee

ERGIBT 1 KUCHEN (10 SCHEIBEN)

- 200 g Butter, auf Raumtemperatur erwärmt und in Würfel geschnitten
- 300 g Zucker
- 6 mittelgroße Eier
- 175 g Weizenmehl
- 150 g gemahlene Mandeln
- 1 EL Backpulver
- 4 EL Pflanzenöl
- 3 EL brauner Rum
- 1 Prise Salz
- 250 g vorgegarte Maronen, klein gehackt plus ein paar ganze Maronen zum Dekorieren
- 100 g Aprikosenkonfitüre
- 25 g Mandelblättchen, geröstet

FÜR DEN RUMSIRUP

- 3 EL Rum
- 3 EL Demerara-Zucker

ZIMT-ORANGEN-PLÄTZCHEN

Die Plätzchen sind schnell gemacht und perfekt zum Nachmittagstee oder für zwischendurch. Der Teig sollte jedoch eine Nacht im Kühlschrank ruhen dürfen. Meine Kinder lieben es, diese Plätzchen zu backen und sie anschließend zu verputzen.

& dazu passt:
1 Glas Marsala Likörwein oder
1 Tasse Chai

ERGIBT ETWA 30 STÜCK
(MIT EINEM RUNDEN,
8 CM GROSSEN AUSSTECHER)

- 375 g Weizenmehl
- 1 TL Backpulver
- 1 ½ TL Zimt
- 110 g weicher brauner Zucker
- 125 g Butter, in Würfel geschnitten
- Schalenabrieb von 1 Orange
- 1 großes Eigelb
- 154 g Golden Syrup (Zuckersirup)

Mehl, Zimt und Backpulver in eine Schüssel sieben und den Zucker untermischen. Die Butter hinzugeben und mit den Fingerspitzen verkneten, bis der Teig feinen Streuseln gleicht. Diese mit der Orangenschale und dem Eigelb vermengen.

Den Golden Syrup behutsam erwärmen, bis er flüssiger wird und ihn dann gerade so lange mit dem Rest vermischen, bis ein glatter Teig entsteht. Den Teig in Küchenfolie gewickelt über Nacht im Kühlschrank ruhen lassen.

Den Teig 4–5 mm dick ausrollen und mit weihnachtlichen Ausstechern oder mit einem 8 cm großen, runden Ausstecher Plätzchen ausstechen. Die Plätzchen in großem Abstand auf ein mit Backpapier bedecktes Backblech verteilen und 30 Minuten kalt stellen.

Anschließend die Plätzchen 10–12 Minuten im auf 160 °C (Gas Stufe 3) vorgeheizten Backofen goldbraun backen. Die Plätzchen erst ein paar Minuten auf dem Backblech abkühlen lassen und danach auf einem Kuchenrost vollständig abkühlen lassen.

BY LAND
F & M
BY AIR
F & M
CHRISTMAS PRESENTS
FOR FRIENDS ABROAD
BY SEA
F & M

MALZPLÄTZCHEN

Ein traditionell englisches Rezept wird durch die Fünf-Gewürze-Mischung exotisch aufgepeppt, während der Malz ein leichtes Röstaroma beisteuert. Am besten haben Sie immer eine Dose Plätzchen für unerwarteten Besuch zur Hand.

Mehl, Backpulver und Fünf-Gewürze-Pulver in eine Schüssel sieben und den Zucker untermischen. Die Butter hinzugeben und mit den Fingerspitzen verkneten, bis der Teig feinen Streuseln gleicht.

Den warmen Golden Syrup und den Malzextrakt hinzugeben und dann gerade so lange mit dem Rest vermischen, bis ein glatter Teig entsteht. Den Teig in Küchenfolie gewickelt über Nacht im Kühlschrank ruhen lassen.

Den Teig 4–5 mm dick ausrollen und mit weihnachtlichen Ausstechern oder einem 8 cm großen, runden Ausstecher, Plätzchen ausstechen.

Die Plätzchen in großem Abstand auf ein mit Backpapier bedecktes Backblech verteilen und 30 Minuten kalt stellen.

Anschließend die Plätzchen 12–15 Minuten im auf 160 °C (Gas Stufe 3) vorgeheizten Backofen backen, bis sie goldbraun sind und es in der Küche nach der Gewürzmischung duftet. Die Plätzchen zunächst 5 Minuten auf dem Backblech abkühlen lassen und danach auf einem Kuchenrost vollständig abkühlen lassen.

& dazu passt:
1 Glas Fortnums Marsala Likörwein oder 1 Tasse Fortnums Royal Blend Tee

ERGIBT ETWA 30 STÜCK (MIT EINEM RUNDEN, 8 CM GROSSEN AUSSTECHER)

- 375 g Weizenmehl
- 1 TL Backpulver
- 1 TL chinesisches Fünf-Gewürze-Pulver
- 110 g weicher brauner Zucker
- 125 g Butter, in Würfel geschnitten
- 150 g Golden Syrup (Zuckersirup), behutsam in einem Topf erhitzt
- 2 EL Malzextrakt

BESCHWIPSTER WEIHNACHTSKUCHEN

Der saftige und dank reichlich Trockenobst herrlich süße Kuchen ist ein wahrer britischer Weihnachtsklassiker, der mit etwas Alkohol quasi neu belebt wird.

& dazu passt:
1 Glas Marsala Likörwein oder
1 Tasse Chai

ERGIBT 1 KUCHEN
(10 STÜCKE)

- 250 g helle Rosinen
- 250 g dunkle Rosinen
- 250 g Korinthen
- 100 g Orangeat und Zitronat gemischt
- 50 g kandierte Kirschen
- 450 ml Whisky oder Cognac (oder eine Mischung von beidem)
- 150 g weiche Butter plus Butter zum Einfetten der Form
- 150 g heller Muscovado-Zucker
- 3 Eier
- 200 g Weizenmehl
- 1 TL Backpulver
- 2 TL Kuchengewürzmischung
- 2 EL gemahlene Mandeln

Das Trockenobst in eine große Schüssel geben, den Alkohol darübergießen, mit Küchenfolie abdecken und über Nacht im Kühlschrank ruhen lassen.

Mit einem elektrischen Handrührgerät Butter und Zucker zusammen schaumig aufschlagen. Die Eier einzeln unterrühren und die Masse nach jedem Ei wieder aufschlagen.

Mehl, Backpulver und Kuchengewürz durch ein Sieb in eine zweite Schüssel geben, mit den gemahlenen Mandeln vermischen und dabei etwaige Klümpchen auflösen. Die Trockenobstmischung und die Eimischung unterheben.

Den Teig mit einem Löffel in eine mit Backpapier ausgelegte, 23 cm lange Kuchenform füllen und anderthalb Stunden im auf 170 °C (Gas Stufe 3) vorgeheizten Backofen backen. Am Ende probehalber mit einem Spieß einstechen, an dem kein Teig mehr haften bleiben darf. Nach einer Stunde Backzeit den Kuchen eventuell mit Alufolie abdecken, damit er nicht zu dunkel wird.

Den fertigen Kuchen in der Kuchenform auf einen Kuchenrost stellen und 20 Minuten abkühlen lassen, danach die Kuchenform entfernen und den Kuchen vollständig auskühlen lassen. Luftdicht in einer Dose verpackt hält sich der Kuchen etwa eine Woche.

SHORTBREAD MIT NELKENZUCKER BESTAUBT

Das herrlich buttrige, klassische Shortbread wird hier mit leicht nach Nelken duftendem Zucker bestaubt. Einfach, genial und weihnachtlich!

& dazu passt:
1 Glas Fortnum's Sauternes Süßwein oder 1 Tasse Fortnum's Afternoon Blend Tee

ERGIBT ETWA 40 STÜCK (MIT EINEM RUNDEN, 6 CM GROSSEN AUSSTECHER)

- 230 g Butter
- 170 g hellbrauner Zucker
- 340 g Weizenmehl plus etwas mehr zum Bestauben
- 55 g Grießmehl

ZUM BESTAUBEN

- 2 EL hellbrauner Zucker
- ¼ TL gemahlene Gewürznelken

Butter und Zucker blass und schaumig aufschlagen. Das Mehl durch ein Sieb dazugeben und mit dem Grießmehl untermischen, bis der Teig eine Kugel formt. Eventuell den Teig dafür kurz mit den Fingern kneten, bis er glatt wird. Den Teig in Küchenfolie gewickelt 1–2 Stunden im Kühlschrank ruhen lassen.

Den Teig auf einer leicht mit Mehl bestaubten Arbeitsfläche 5 mm dick ausrollen und mit einem 6 cm großen runden Ausstecher Kreise ausstechen. Die Kekse auf ein mit Backpapier ausgelegtes Backblech legen und für 10–15 Minuten kalt stellen.

In der Zwischenzeit den Zucker mit dem Nelkenpulver vermischen.

Die Shortbreads 12–15 Minuten im auf 160 °C (Gas Stufe 3) vorgeheizten Backofen backen, bis sie ganz leicht bräunen. Die Shortbreads aus dem Ofen nehmen, sofort mit dem Nelkenzucker bestauben und danach abkühlen lassen.

Alternativ den Teig in eine spezielle flache Shortbread-Backform füllen. Dafür die Backform nach Anleitung des Herstellers benutzen (das Stürzen ist eventuell nicht ganz leicht) und die Shortbreads nach dem Stürzen sofort mit dem Nelkenzucker bestauben.

PISTAZIEN-BRIOCHE

Eine Brioche mit orientalischem Flair. Für dieses Rezept benötigt man eine Küchenmaschine mit Teighaken, denn wegen der weichen Butter lässt sich der Teig nicht mit den Händen kneten. Die Brioche lässt sich leichter formen, wenn der Teig eine Nacht im Kühlschrank ruhen kann.

& dazu passt:
1 Glas Fortnum's Amontillado Sherry oder 1 Tasse Darjeeling Tee

ERGIBT EINE BRIOCHE

FÜR DIE BRIOCHE

- 350 g Weizenmehl Type 550
- 1 Beutel Trockenhefe (7 g)
- 65 ml lauwarme Milch
- 1 TL Salz
- 75 g Zucker
- 2 Eier plus 1 Eigelb
- 175 g Butter, zerlassen plus Butter zum Einfetten
- 50 g Aprikosenkonfitüre
- 25 g Pistazien, grob gehackt

FÜR DIE PISTAZIENFÜLLUNG

- 150 g Pistazien
- 75 g Zucker
- 2 TL Vanilleextrakt
- 1 Prise Salz

Das Mehl in die Schüssel einer Küchenmaschine mit Knethaken sieben. Hefe, Milch, Salz, Zucker, Eier und Eigelb hinzugeben und auf kleinster Stufe 2 Minuten vermischen. Bei laufendem Motor portionsweise (4 Portionen) die zerlassene Butter dazugießen und mit einem Teigschaber immer wieder den Teig vom Schüsselrand nach unten schieben, bis die Butter vollständig untergemischt ist. Die Geschwindigkeit auf mittlere Stufe schalten und den Teig kneten, bis er elastisch und glänzend ist.

Den Teig mit einem Teigschaber in eine leicht eingefettete Schüssel schieben, mit Küchenfolie abdecken und an einem warmen Ort 60–90 Minuten gehen lassen. Den Teig herausheben, zusammenfalten, zurück in die Schüssel fallen lassen und mit Küchenfolie abgedeckt mindestens 7 Stunden, am besten über Nacht kalt stellen.

In der Zwischenzeit die Pistazienfüllung zubereiten und dafür die Pistazien in der Küchenmaschine zermahlen, dann Zucker, Vanilleextrakt und Salz hinzufügen und weiter zermahlen, bis eine Paste entsteht. Die Füllung bis zur weiteren Verwendung beiseitestellen.

Aus dem gekühlten Teig zwei gleich große Kugeln formen und diese zu etwa 20 cm × 30 cm großen Rechtecken ausrollen. Beide Teiglagen mit der Pistazienpaste bestreichen und dabei jeweils rundherum 1 cm Rand frei lassen. Eine Teiglage auf die andere legen und beide Lagen zusammen von der kürzeren Seite her wie eine Biskuitrolle eng zusammenrollen.

Die Rolle mit einem scharfen Messer in 2 cm dicke Scheiben schneiden. Die Scheiben eng nebeneinander in eine 22 cm × 7 cm große Backform setzen, mit Küchenfolie abdecken und an einem warmen Ort 2 Stunden gehen lassen, bis sich die Teigmasse verdoppelt hat. Die Brioche 25 Minuten im auf 180 °C (Gas Stufe 4) vorgeheizten Backofen goldbraun backen.

Die Aprikosenkonfitüre in einem kleinen Topf sanft erhitzen, die noch ofenwarme Brioche damit bestreichen und mit den klein gehackten Pistazien bestreuen. Die Brioche noch 10 Minuten in der Backform abkühlen lassen, dann vorsichtig aus der Backform lösen und auf einem Kuchenrost abkühlen lassen.

BREAD AND BUTTER PUDDING MIT ORANGENMARMELADE

Die britische Version des klassischen Weckauflaufs, der hier mit Panettone statt mit altbackenem Weißbrot zubereitet wird und durch die Orangenmarmelade eine leicht bittere Note erhält. Etwas Besseres kann einem Panettone eigentlich gar nicht passieren ...

& dazu passt:
1 Glas Fortnum's Madeira (Likörwein) oder
1 Tasse Countess Grey Tee

FÜR 6–8 PERSONEN

- 300 g Panettone
- 1 Glas (340 g) Sevilla Orangenmarmelade
- 10 g Butter zum Einfetten der Form
- ¼ TL Zimt
- ¼ TL frisch gemahlene Muskatnuss
- 200 ml süße Sahne plus etwas mehr zum Servieren
- 200 ml Vollmilch
- 1 Vanillestange oder 1 TL Vanillemark
- 125 g Zucker
- 3 Eier plus 1 Eigelb

Den Panettone in dicke Scheiben schneiden und diese von beiden Seiten mit insgesamt zwei Dritteln der Marmelade bestreichen. Die restliche Marmelade beiseitestellen.

Eine 19 cm × 28 cm große Backform mit Butter einfetten und mit den Gewürzen bestauben. Die Panettonescheiben dicht nebeneinander in die Form packen.

Sahne, Milch und Vanille bis knapp unterm Siedepunkt erhitzen. In einer Schüssel Zucker und Eigelb miteinander verrühren und unter ständigem Rühren mit dem Schneebesen die heiße Milchmischung dazugießen.

Die Mischung über die Panettonescheiben gießen und diese 10 Minuten einweichen lassen.

Die Backform in eine deutlich größere Form stellen und diese mit kochend heißem Wasser auffüllen, bis die Backform halb im Wasser steht.

Den Auflauf im Wasserbad für 50 bis 60 Minuten in den auf 150 °C (Gas Stufe 2) vorgeheizten Backofen stellen, bis sich obenauf eine schöne goldbraune Kruste gebildet hat. Die restliche Marmelade in einem kleinen Topf erhitzen und den Auflauf damit bestreichen, sobald er aus dem Ofen kommt. Mit süßer Sahne servieren.

Christmas 1956
F
M
Fortnum
& Mason

MILLIONÄRS SHORTBREAD (VEGAN)

Dieses Rezept kommt ganz ohne Backen aus, und auch wenn es kein Shortbread im eigentlichen Sinne ist, so kann man doch immer Eindruck damit schinden. Wichtig ist, wirklich erstklassige Medjool-Datteln und wirklich hochwertige Schokolade zu verwenden, denn sie spielen hier die Hauptrolle.

& dazu passt:
1 Tasse Orange Pekoe Tee

Die gemahlenen Mandeln in der Küchenmaschine eine Minute mahlen, damit die Konsistenz noch feiner wird. Bei laufendem Motor das zerlassene Kokosnussöl, den Agavensirup und das Salz zugeben und so lange weitermixen, bis die Masse aneinanderhaftet, wenn man sie zwischen zwei Fingern zusammendrückt.

Die Masse mit einer Palette in eine gefettete und mit Backpapier (unbedingt Boden und Seiten der Form bedecken) ausgelegte 20 cm × 20 cm große Backform streichen und diese anschließend ins Gefrierfach stellen.

Die Zutaten für den Karamell in der Küchenmaschine (ohne sie zwischendurch zu spülen) pürieren, bis eine glatte Masse entsteht.

Die dunkle Schokolade im Wasserbad schmelzen.

Das Shortbread aus dem Gefrierfach nehmen, gleichmäßig mit dem Karamell bestreichen und die geschmolzene Schokolade darübergießen. Anschließend die Backform erneut mindestens 6 Stunden oder über Nacht ins Gefrierfach stellen.

Das Shortbread eine halbe Stunde vor dem Servieren aus dem Gefrierfach holen und mit einem scharfen Messer in 4 cm große Quadrate schneiden.

ERGIBT 15 STÜCK
- 250 g gemahlene Mandeln
- 70 g Kokosnussöl, zerlassen plus Öl zum Einfetten
- 125 g dunklen Agavensirup
- 1 Prise Salz

FÜR DEN KARAMELL
- 300 g entkernte Medjool Datteln
- 100 g Mandelbutter
- 5 EL Kokosnussöl, zerlassen
- 1 EL Vanillepaste
- 6 EL Wasser

FÜR DIE SCHOKOLADE
- 250 g dunkle Schokolade (mindestens 70 % Kakaoanteil), in Stücke gebrochen

WEIHNACHTS-
DRINKS

SLOE NEGRONI

Ein etwas würziger, an kalten Tagen angenehm wärmender klassischer Cocktail. Der Schlehengin sorgt für eine leicht bittere Beerennote, die durch das komplexe Kräuteraroma des Amaro Lucano (ein bitterer italienischer Kräuterlikör, erhältlich im gut sortierten Spirituosenhandel) wunderbar ergänzt wird.

Sämtliche Zutaten bis auf den Zitronenthymian in einem großen Rührglas verrühren und dann in einen mit Eiswürfeln gefüllten Shaker geben, schütteln und in ein Cocktailglas abseihen. Den Zitronenthymian zwischen den Handflächen verreiben und so ins Glas geben, dass die Spitze aus der Flüssigkeit herausragt.

Fortnum & Mason serviert diesen Cocktail auf Eiskugeln, doch große Eiswürfel erfüllen ebenfalls ihren Zweck.

FÜR 1 DRINK

- 25 ml Fortnum's Schlehengin
- 15 ml Vermouth rosso
- 15 ml Amaro Lucano
- 20 ml Campari
- 2 Dashes Peychaud Bitter
- 1 Zweig Zitronenthymian zum Garnieren

FORTNUMS HOT TODDY

Ein Getränk, das meine Mutter mir als Kind häufig zubereitet hat, nur leider ohne Whisky. Dieses Rezept ist das ultimative Winter-Allheilmittel, denn der Zitronensaft liefert Vitamin C, der Honig ist stets ein süßer Trost, und der großzügige Schluck Scotch tut das Übrige. Auch wenn dieser Cocktail eher als Stärkungsmittel gedacht ist, eignet er sich natürlich für festliche Anlässe. Ein Cocktail mit medizinischen Eigenschaften? Zumindest als Linderung ein probater Drink.

Den Honig in ein Rührglas geben, Whisky, Zitronensaft und Nelken dazugeben, mit kochend heißem Wasser aufgießen und umrühren, bis sich der Honig aufgelöst hat. Die Zutaten 5 Minuten ziehen lassen und anschließend die Nelken entfernen.

Mit einer Zimtstange und einer mit Nelken gespickten Zitronenscheibe garniert servieren.

FÜR 1 DRINK

- 1 TL flüssiger Honig
- 60 ml Scotch Whisky
- 15 ml frisch gepresster Zitronensaft
- 5 Gewürznelken
- 1 Zimtstange und eine mit Gewürznelken gespickte Zitronenscheibe zum Garnieren

AMPERSAND

Ein zugleich kühler, eleganter und dank des mit Apfel und Zimt gewürzten Bourbon Whiskeys auch ein angenehm wärmender Cocktail. Vergessen Sie nicht, dass der Whiskey mit Apfel und Zimt zwei Wochen ziehen muss.

Für den Apfel-Zimt-Bourbon die Zimtstangen eine Woche im Whiskey ziehen lassen. Danach die klein gehackten Äpfel dazugeben, alles eine weitere Woche ziehen lassen und den Whiskey anschließend abseihen.

Für den Cocktail sämtliche Zutaten (bis auf den Dörrapfel) und 50 ml Apfel-Zimt-Bourbon in einen Cocktailshaker geben und gut schütteln, damit sich das Sorbet auflöst. Den Cocktail in ein Goblet-Glas abseihen und auf Wunsch mit einer Scheibe Dörrapfel garnieren.

FÜR 1 DRINK

für den Apfel-Zimt-Bourbon
- 750 ml Bourbon Whiskey, vorzugsweise *Four Roses*
- 2 Zimtstangen
- 3 Granny Smith Äpfel, klein gehackt
- 1 Bällchen Zitronensorbet
- 20 ml Lime Juice
- 10 ml hochwertiger Himbeer Cordial
- 2–3 Eiswürfel
- 1 Scheibe gedörrter Apfel zum Garnieren (optional)

HEISSE SCHOKOLADE MIT SALZIGEN KARAMELL-MARSHMALLOWS

Marshmallows mit salzigem Karamell sind bei Fortnum & Mason (auch online) erhältlich, aber normale Marshmallows erfüllen hier natürlich auch ihren Zweck.

In einer kleinen Kasserolle 1 EL heißes Wasser erwärmen und das Kakaopulver mit dem Schneebesen einrühren, bis sich alle Klümpchen aufgelöst haben. Die Milch dazugeben und so lange rühren, bis die heiße Schokolade cremig, glatt und dampfend ist. Das heiße Getränk auf zwei Becher aufteilen, mit den Marshmallows und der Schlagsahne garnieren, mit etwas Kakaopulver bestauben und mit Schokoladenraspeln bestreuen.

FÜR 2 BECHER
- 75 g Kakaopulver, plus Kakaopulver zum Bestauben
- 350 ml Vollmilch
- 25 g salzige Karamell-Marshmallows
- 50 ml Schlagsahne, steif geschlagen
- Schokoladenraspeln zum Garnieren

HEISSE SCHOKOLADE MIT BUTTERSCOTCH LIKÖR

In einer kleinen Kasserolle 1 EL heißes Wasser erwärmen und das Kakaopulver mit dem Schneebesen einrühren, bis sich alle Klümpchen aufgelöst haben. Die Hälfte der Milch und den Likör dazugeben und so lange mit dem Schneebesen weiterrühren, bis die heiße Schokolade cremig, glatt und dampfend ist. Unter ständigem Rühren die restliche Milch zugießen und alles bis knapp unterm Siedepunkt erhitzen.

Das heiße Getränk auf zwei Becher aufteilen, mit der Schlagsahne garnieren und mit etwas Kakaopulver bestauben.

FÜR 2 BECHER
- 75 g Kakaopulver, plus Kakaopulver zum Bestauben
- 350 ml Vollmilch
- 25 ml Butterscotch Likör
- 50 ml Schlagsahne, steif geschlagen

HEISSE SCHOKOLADE MIT SCHLEHENGIN

Hier trifft eine gehaltvolle heiße Schokolade auf herben Schlehengin – ein perfektes, wärmendes Duo für eine Nacht auf dem Eis.

FÜR 2 BECHER

- 75 g Kakaopulver, plus Kakaopulver zum Bestauben
- 350 ml Vollmilch
- 25 ml Fortnum's Schlehengin
- 50 ml Schlagsahne, steif geschlagen

In einer kleinen Kasserolle 1 EL heißes Wasser erwärmen und das Kakaopulver mit dem Schneebesen einrühren, bis sich alle Klümpchen aufgelöst haben. Die Hälfte der Milch und den Schlehengin dazugeben und so lange mit dem Schneebesen weiterrühren, bis die heiße Schokolade cremig, glatt und dampfend ist. Unter ständigem Rühren die restliche Milch zugießen und alles bis knapp unterm Siedepunkt erhitzen.

Das heiße Getränk auf zwei Becher aufteilen, mit der Schlagsahne garnieren und mit etwas Kakaopulver bestauben.

HEILIGABEND

POCHIERTE BIRNEN MIT STILTON UND TRÜFFELHONIG

Birnen und Blauschimmelkäse sind einfach wie füreinander gemacht, denn der würzige Stilton bekommt durch die milde Süße der gewürzten Birne ein völlig neues Aroma.

Fortnum & Mason vertreibt einen Trüffelhonig-Stilton, der hier natürlich perfekt passt. Wer Glühwein zur Hand hat, sollte die Birnen unbedingt darin pochieren, ansonsten einfach der Anleitung des Rezepts folgen und die Kochflüssigkeit nach dem Pochieren der Birnen als Glühwein trinken.

& dazu passt:
1 Glas Sauternes
Süßwein

FÜR 3 PERSONEN

- 1 große Birne, vorzugsweise Conférence
- 1 Scheibe Sauerteigbrot
- 150 g reifer Stilton-Käse, auf Raumtemperatur erwärmt
- 4 TL Trüffelhonig

ZUM POCHIEREN

- 400 ml Rotwein
- 60 g Zucker
- 1 Zimtstange
- 1 Sternanis
- 3 Gewürznelken
- 2 Streifen Orangenschale
- Saft von einer halben Orange

Die Birne schälen, halbieren und das Kerngehäuse entfernen. Sämtliche Zutaten zum Pochieren in einen Topf geben, der gerade so groß ist, dass die Birnenhälften nebeneinander liegen können. Die Flüssigkeit aufkochen, umrühren, bis sich der Zucker aufgelöst hat und die Birnenhälften hineinlegen. Die Birnenhälften 10 Minuten pochieren, bis sie gar, aber noch recht fest sind. Anschließend die pochierten Birnenhälften in der Flüssigkeit abkühlen lassen.

Die Brotscheibe leicht toasten und in 6 Dreiecke schneiden. Den Käse in einer kleinen Schüssel cremig aufschlagen und die Brotdreiecke damit bestreichen. Die beiden Birnenhälften dritteln und die Schnitze längs einschneiden, sodass etwa 5 mm dicke Scheiben entstehen, die an einem Ende noch miteinander verbunden sind. Die Schnitze jeweils auf den Käse setzen und wie einen Fächer öffnen. Mit Honig beträufelt als Canapés servieren.

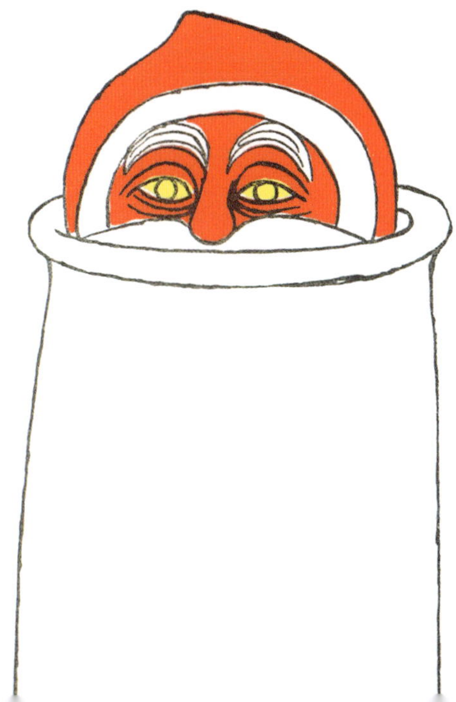

NOBLE WELSH RAREBIT

Welsh Rarebit, der mit Käse überbackene Toast, wird hier mit mild geräuchertem Schellfisch verfeinert. Das mag Traditionalisten wie Häresie erscheinen, schmeckt jedoch einfach himmlisch.

& dazu passt:
1 Glas Fortnum's Stout Porter-Bier

FÜR 4 PERSONEN
- 320 g geräucherter Schellfisch
- 350 ml Milch
- 1 Lorbeerblatt
- 6 weiße Pfefferkörner
- 4 Scheiben dunkles Sauerteigbrot

FÜR DIE RAREBIT-MISCHUNG
- 4 TL Guinness-Bier
- 1 TL englischer Senf
- ½ TL Worcestershiresauce
- ein paar Tropfen Tabascosauce
- 1 großes Ei
- 250 g reifer Cheddar-Käse, gerieben

Den geräucherten Schellfisch mit der Milch, dem Lorbeerblatt und den Pfefferkörnern in einer Kasserolle bis zum Siedepunkt erhitzen. Der Fisch sollte bis zu diesem Zeitpunkt gar sein; falls nicht, den Fisch wenden und eine weitere Minute sanft köcheln lassen. Den Fisch herausheben, gut abtropfen lassen (die Milch wegschütten) und etwas abkühlen lassen. Den Fisch in größere Stücke zerteilen und dabei Haut und Gräten entfernen.

Die Zutaten für die Rarebitmischung bis auf den Käse in einer Schüssel miteinander zu einer Paste verarbeiten und dann gut mit dem Käse vermischen.

Die Brotscheiben leicht toasten, danach erst mit dem Schellfisch belegen, darauf die Rarebitmischung verteilen und diese mit einer Gabel bis zum Rand gut andrücken. Die Brotscheiben unter einem heißen Grill goldbraun rösten und danach im auf 180 °C (Gas Stufe 4) vorgeheizten Backofen 3 Minuten backen. Den überbackenen Toast vor dem Servieren ein paar Minuten ruhen lassen.

GRAND CRU
FORTNUM & MASON
Merry Christmas
CHAMPAGNE

WÜRSTCHEN IM SCHLAFROCK

Ein leckerer Snack, der die Wartezeit auf das Christkind verkürzt. Die klassischen Würstchen im Schlafrock werden hier mit Portwein, Pflaumen, Cognac, Fenchelsamen und Cranberrys weihnachtlich gewürzt, und ein Spritzbeutel hilft, den Blätterteigmantel perfekt zu füllen. Bei Fortnum & Mason reicht man dazu ein Brombeer-Apfel-Chutney.

& dazu passt:
Fortnum's 181 Sauce
oder etwas Senf und
1 Glas Weihnachtsbier

In einer kleinen Kasserolle das Sonnenblumenöl erhitzen und darin Zwiebel und Sellerie sanft anschwitzen, ohne dass sie Farbe annehmen. Knoblauch und Thymian dazugeben und alles weitere 5 Minuten garen. Den Portwein dazugießen und köcheln lassen, bis er vollständig eingekocht ist. Die Pfanne vom Herd nehmen und den Inhalt abkühlen lassen.

Die Pflaumen in einem separaten Topf im Cognac und Wasser so lange köcheln, bis die Flüssigkeit verdampft ist. Die Cranberrys in einen dritten Topf geben, mit kaltem Wasser auffüllen, bis die Beeren bedeckt sind, und sie so lange köcheln, bis sie weich sind. Die Beeren gut abtropfen lassen und dann mit den Pflaumen auf einem Holzbrett klein hacken.

Das Wurstbrät in eine Schüssel geben und mit der Zwiebelmischung, den Pflaumen und Cranberrys und den Gewürzen, dem Salz und dem Salbei vermengen. Einen kleinen Löffel Wurstfüllung in einer Pfanne goldbraun braten, abschmecken und eventuell die restliche Wurstfüllung nachwürzen.

Die Spitze eines einmal verwendbaren Spritzbeutels so abschneiden, dass eine etwa 2,5 cm große Öffnung entsteht. Den Blätterteig auf einer leicht mit Mehl bestaubten Arbeitsfläche noch ein wenig ausrollen, sodass er einen Zentimeter breiter wird. Die Teigplatte längs halbieren und die Wurstfüllung längs auf die Mitte der beiden Teighälften spritzen. Je eine Längsseite mit etwas verquirltem Ei bepinseln, den Teig längs über die Wurstfüllung falten und den Teig an den drei offenen Seiten mit einer Gabel fest aufeinanderdrücken. Beide Teigrollen in jeweils 4 kleine Rollen schneiden und diese auf ein mit Backpapier bedecktes Backblech setzen. Das Backblech für 15 Minuten in den Kühlschrank stellen.

Anschließend die Würstchen im Schlafrock mit dem restlichen verquirlten Ei bestreichen und 20–25 Minuten im auf 180 °C (Gas Stufe 4) vorgeheizten Backofen backen, bis sie außen goldbraun sind und das Fleisch gar ist. Wenn auch die Unterseite beginnt, knusprig golden zu werden, sollte das Wurstbrät gar sein.

ERGIBT 8 STÜCK

- 1 EL Sonnenblumenöl
- 1 kleine rote Zwiebel, klein gehackt
- ½ Stange Staudensellerie, klein gehackt
- 1 kleine Knoblauchzehe, zerdrückt
- ½ TL klein gehackte Thymianblätter
- 40 ml Portwein
- 25 g Dörrpflaumen, entsteint
- 2 EL Cognac
- 2 EL Wasser
- 25 g Cranberrys
- 400 g Wurstbrät
- ¼ TL gemahlener Koriander
- ¼ TL gemahlener weißer Pfeffer
- ¼ TL gemahlener Fenchelsamen
- ¼ TL Zimt
- ¼ TL gemahlene Muskatblüte
- ¼ TL Salz
- 2 Salbeiblätter, klein gehackt
- 320 g fertig ausgerollter Blätterteig
- Weizenmehl zum Bestauben
- 1 Ei, leicht verquirlt zum Bestreichen

TACOS, GEFÜLLT MIT MAKRELENTATAR UND KAVIAR

Diese würzigen, spritzigen kleinen Happen gehören zu meinen Lieblingsgerichten bei Fortnum & Mason. Die Makrele sollte nachhaltig gefischt und absolut frisch sein. Der Kaviar sorgt für zusätzlich kühlen, salzigen Biss, doch die Tacos schmecken auch ohne ihn wunderbar. Am besten schmeckt die Füllung in Gyoza-Teigblättern aus dem Asia-Handel, denn diese werden frittiert besonders leicht und knusprig. Diese Tacos eignen sich auch perfekt für jede Party.

Die Makrelenfilets in einem Gefrierbeutel für ein paar Stunden ins Gefrierfach geben, damit sie fest werden und sich danach gut mit einem scharfen Messer in 1 cm große Würfel schneiden lassen. Die Würfel in einer Schüssel mit der Schalotte, der abgeriebenen Limettenschale, dem Limettensaft, der Crème fraîche und Salz und Pfeffer vermischen, abschmecken und eventuell nachwürzen und das fertige Tatar beiseitestellen.

Avocado schälen, Stein entfernen und das Fruchtfleisch mit der Gabel zerdrücken. Limettensaft und Crème fraîche untermischen und nach Geschmack mit Salz und Pfeffer würzen.

Das Öl in einer Kasserolle erhitzen, bis es Blasen wirft. Mit einer Küchenzange jeweils eine Hälfte eines Gyoza-Teigblatts für 30 Sekunden ins siedende Öl halten, danach die andere Hälfte frittieren und das Teigblatt dabei mit der Zange so offen halten, dass sich eine Tacoschale formt. Die fertigen Tacoschalen auf Küchenkrepp trocknen lassen und mit etwas Salz bestreuen, damit sie noch knuspriger werden.

Jeweils einen Teelöffel Avocado-Püree in jede Tacoschale geben und darauf jeweils 1 EL Makrelentatar setzen. Mit gehacktem Koriander, Jalapeño-Ringen und Radieschenscheiben bestreuen, den Kaviar auf die Tacos aufteilen und zum Schluss mit Koriandergrün garnieren.

ERGIBT 12 STÜCK

FÜR DEN MAKRELENTATAR
- 4 Makrelenfilets (ohne Haut und Gräten)
- 1 Schalotte, gewürfelt
- Schalenabrieb und Saft von 1 Limette
- 1 EL Crème fraîche

FÜR DAS AVOCADO-PÜREE
- 1 reife Avocado
- Saft von ½ Limette
- 1 TL Crème fraîche

FÜR DIE TACOS
- 200 ml Pflanzenöl
- 12 Gyoza-Teigblätter (9 cm Durchmesser)
- ½ Bund Koriander, grob gehackt plus ein paar Zweige zum Garnieren
- 2 Jalapeño-Chilischoten, in dünne Ringe geschnitten
- 4 Radieschen, in dünne Scheiben geschnitten
- 2 TL Kaviar

F M
take pleasure
in presenting the
good things of life
for Christmas
1955

WEIHNACHTEN

Heidnische Festtagsbräuche vergangener Zeiten

Weihnachten ist, wie wir alle nur zu gut wissen, eine Zeit der Exzesse. Speisen im Übermaß, ein paar Glas Sherry zu viel ... Doch selbst mein Onkel George, der alljährlich irgendwann im Laufe des Abends mit einem schiefen Papierhütchen auf der Glatze besäuselt vor dem Fernseher endet und sich einen James Bond anschaut, hätte vermutlich nicht die Kondition gehabt, bei den Weihnachtsfeiern vergangener Tage mitzuhalten. Früher und lange bevor man zu Viktorianischen Zeiten selbst an den hohen Feiertagen gelangweilt seinen Backenbart pflegte, war Weihnachten eine wilde, anarchische, zwölf Tage andauernde, heidnische, an die Bacchanalien der Antike angelehnte Orgie, die von Alkohol in rauen Mengen befeuert wurde und mit enthemmter Zügellosigkeit einherging.

Und, höre ich Sie bereits murren, was hat sich daran geändert? Zuallererst einmal gab es keine Weihnachtsbäume, sondern grüne Zweige, die man am Heiligabend mit in die Häuser und Kirchen nahm, und dank dieses Brauchs sprechen wir von »bringing home Christmas« (also: Weihnachten mit nach Hause nehmen). Stechpalmenzweige sollten Hexen vertreiben, während Misteln, die bereits den alten Bretonen heilig waren, im Mittelalter als Allheilmittel galten. Diese Traditionen gibt es noch heute. Rosmarin hingegen gehört zu den Geistern der Vergangenheit, dabei bildet er nicht nur einen hübschen Kontrast zum Dunkelgrün der Stechpalme, sondern erfreute sich einst großer Beliebtheit. Die Legende sagt, dass die Jungfrau Maria auf ihrer Flucht nach Ägypten ihren Mantel über einem Rosmarinbusch ausbreitete, dessen weiße Blüten sich zu Ehren der Jungfrau in himmlisches Blau verfärbten, und seitdem blüht Rosmarin blau.

Und dann gab es natürlich den Weihnachtsbaumstamm, den man heute nur noch in der Form eines länglichen Schokoladenkuchens kennt, während man früher auszog, einen besonders großen Stamm zu suchen, der gerade eben noch in den Ofen passte und das gesamte Weihnachtsfest

hindurch zwölf Tage lang brennen sollte. Und auch damals schon war das Weihnachtsfest nichts Neues, denn bereits die Römer feierten die Saturnalien zwischen dem 17. und dem 21. Dezember, dicht gefolgt von der Wintersonnenwende und dem Fest zur Geburt des Sonnengottes Sol Invictus am 25. Dezember, bei dem Kinder Puppen geschenkt bekamen – eine Tradition, die man in England bis Mitte des 18. Jahrhundert aufrechterhielt.

Und auch die Tradition der Unterhaltung zum Weihnachtsfest ist deutlich älter als unser »Dinner for One« an Silvester. Der berühmte britische Dichter Ben Johnson schrieb zu Beginn des 17. Jahrhunderts für seinen König Jakob I. ein Maskenspiel über den Weihnachtsmann und dessen zehn Söhne, darunter auch ein Hofnarr (in Anlehnung an den mittelalterlichen Volksbrauch, einen einfachen Mann zu wählen, der zwischen Halloween und Weihnachten die Regentschaft übernahm), und in dem bereits Weihnachtskuchen, Tanzreigen, Glücksspiele, Neujahrsgeschenke, Weihnachtspunsch, Opfergaben und Gebäck Erwähnung fanden.

Übermäßiger Genuss ist also nichts Neues. Und einem italienischen Sprichwort zufolge hat ein besonders emsiger Mensch »mehr zu tun als die englischen Öfen zur Weihnachtszeit«.

Die Speisen bildeten stets den Mittelpunkt dieser Feste. Und zwar nicht nur eine Handvoll trockene Datteln oder etwas Konfekt, sondern es wurden vielmehr gehaltvolle Pasteten oder gar ein ganzer Schweinekopf auf Silbertabletts mit Girlanden aus Lorbeerblättern garniert, mit einer Zitrone oder einem Apfel in der Schnauze und mit Rosmarinzweigen in den Ohren aufgetischt.

Und die Pasteten hatten es in sich, denn ganze Fasane, Feldhasen, Kapaune, Rebhühner, Tauben und Kaninchen wurden entbeint und klein gehackt, Leber und Herz der Tiere wurden dazugegeben, dann noch zwei Schafsnieren, Frikadellen, eingelegte Pilze, Pfeffer und Salz, Gewürze und Essig. Die schmackhafte Füllung wurde mit leckerem

F & M
F&M
F & M
F M
F M

Blätterteig umhüllt, damit sie die Form eines Vogelkörpers bekam, wurde dann mit einem Fond aus den Knochen übergossen, knusprig goldbraun gebacken und zum Schluss mit dem Kopf und den Federn eines Fasans dekoriert.

Auch Gänse spielten vormals in der Weihnachtszeit bereits eine wichtige Rolle, und Dorfbewohner zahlten acht bis zehn Wochen vor Weihnachten einen Schilling pro Woche in Gänseclubs ein, um zum Fest einen Vogel zu erhalten. Meistens kauften sie auch noch eine Flasche Gin. Die Gänse wurden von fliegenden Händlern auf dem Gänsemarkt in Nottingham gekauft und dann im ganzen Land auf Geflügelmärkten weiterverkauft. Selbst der eigentlich neumodische Truthahn wurde auch damals schon von wenigen Superreichen verspeist. Im Grunde genommen landete alles, was zwitscherte, flatterte oder sang, auf dem Teller, egal ob Kapaun, Reiher, Pfau, Rohrdommel, Regenpfeifer, Specht, Rebhuhn, Fasan oder anderes Federvieh.

»Mince Pies« (mit Gehacktem gefüllte Pasteten) wurden zunächst mit Hackfleisch vom Rind, Hammel oder Kalb gefüllt, bevor man dann im 15. Jahrhundert dazu überging, sie mit einer süßen Füllung aus gedörrten oder kandierten Früchten und Gewürzen zu füllen. Genau wie Plum Pudding, der meiner Meinung nach eher ein geschmackloser Klumpen ist und so gar nicht festlich anmutet. Ein reisender Schweizer behauptete gar, man müsse schon Engländer sein, um ihn zu mögen. Oder vielleicht irre oder ausgehungert ...

Fortnum & Mason war natürlich führend in der Auslieferung der weihnachtlichen Bestellungen. Vornehme Familien bestellten sündhaft teure Gewürze, Muskatnuss und Orangeat. Im Dezember 1814 verhieß ein Reklameschild: »Neue ausländische Früchte, gerade eingetroffen« und dazu eine Auflistung, die von Reineclauden (»in bunten Schachteln, wunderbar edel«), Muskateller-Rosinen (»dessertfertig«), portugiesischen Trauben, Mandeln aus Jordanien bis hin zu Feigen aus dem Libanon, französischen Pflaumen, Limetten von Madeira, großen spanischen Maronen und französischen gedörrten Birnen reichte. »Die oben genannten Produkte sind von feinster Qualität und familienfreundlich oder versandfertig in kleinen Mengen abgepackt.«

Und erst die Spirituosen ... Vergessen Sie Bailey's und Tia Maria, denn damals wurde noch richtig gezecht. Zum Beispiel scharf-würziges Bier mit gerösteten Äpfeln oder Weihnachtspunsch, der an Heiligabend von Nachtschwärmern in großen Krügen herumgetragen und tassenweise verkauft wurde. Und natürlich betrieb Fortnum & Mason eifrig Handel mit allen möglichen exotischen Spirituosen, eine Tradition, die auch heute noch gepflegt wird. Weihnachten bei Fortnum & Mason war schon immer ein Grund zu feiern. Und so konnte man 1906 in der Zeitschrift *Sketch* lesen: »Für die Mägen muss 181 Piccadilly schon immer zugleich Qual und Wonne gewesen sein, da sie seit Generationen bis zum heutigen Tag mit ungeahnten Gaumenfreuden, wie sie sonst nirgends zu finden sind, aufwarten.« Ein grenzenloses Festmahl.

RÜHREI MIT TRÜFFELN

Besser kann ein Rührei nicht schmecken, denn hier wird wunderbar cremige Eimasse durch verführerisch edle gehobelte Trüffel ergänzt. Natürlich alles andere als alltäglich, aber die Mischung aus noch beinah flüssigem Ei und aromatisch duftender Trüffel ist einfach phänomenal. Servieren Sie dazu ein Glas Champagner!

Für die Zubereitung eines perfekten Rühreis ist Geduld die wichtigste Voraussetzung. Es kann bis zu 20 Minuten dauern, aber kommen Sie bloß nicht auf die Idee, den Garvorgang zu beschleunigen oder die Temperatur zu erhöhen. Trüffeln sind kostspielig, daher sollte sichergestellt werden, dass sie den bestmöglichen Partner bekommen.

& dazu passt:
1 Glas Fortnum's Vintage Champagner

FÜR 4 PERSONEN

- 120 ml süße Sahne
- 60 g Butter, gewürfelt
- Salz und frisch gemahlener weißer Pfeffer
- 8 Eier, leicht verquirlt
- 4 dicke Scheiben Sauerteigbrot, getoastet und mit Butter bestrichen
- 10 g Trüffel (optional natürlich auch mehr)
- ¼ Bund Kerbel (optional)

Die Sahne in einem Schmortopf aufkochen, dann die Butter hinzugeben und bei mittlerer Temperatur so lange erhitzen, bis sie schaumig wird. Mit Salz und Pfeffer würzen und die Temperatur auf eine niedrige Stufe zurückschalten.

Die verquirlten Eier dazugeben und mit einem hitzebeständigen Spatel verrühren, bis sie gerade beginnen zu stocken. Damit das Rührei nicht trocken wird, sollte man den Topf bereits eine Minute vor der Fertigstellung vom Herd nehmen.

Das Rührei mit den gebutterten Toastscheiben auf vier Teller verteilen und etwas Trüffel darüberhobeln. Nach Geschmack mit etwas Kerbel bestreut servieren.

Anmerkung: Zwischen Oktober und Weihnachten gibt es besonders gute weiße italienische Trüffeln, zu jeder anderen Jahreszeit sollten Sie qualitativ hochwertige schwarze Trüffeln wählen.

WÜRZIGES GRANOLA-MÜSLI MIT APRIKOSEN-RELISH UND KOKOSJOGHURT

Ein toller Auftakt für den Tag, noch dazu ein Frühstück, das lange vorhält. Dieses Rezept ergibt sechs Portionen, und sollte tatsächlich etwas davon übrig bleiben, lässt es sich wunderbar bis zu einem Monat in einem luftdicht verschließbaren, sterilisierten Weckglas aufbewahren.

In einer großen Schüssel Haferflocken, Zimt, Pekannüsse und Kürbiskerne miteinander vermischen und beiseitestellen.

In einer kleinen Kasserolle Ahornsirup und Pflanzenöl bis kurz vor dem Siedepunkt erhitzen und dann den Topf vom Herd nehmen. Vanilleextrakt und Orangenschale unterrühren und über die Haferflockenmischung gießen. Gut untermischen, bis alles gleichmäßig vom Sirup überzogen ist und anschließend die Mischung gleichmäßig auf zwei Backbleche verteilen, ohne dass die Zutaten übereinanderliegen.

Die Backbleche in den auf 180 °C (Gas Stufe 4) vorgeheizten Backofen schieben, die Granolazutaten 30 Minuten rösten und dabei zwischendurch zweimal umrühren.

Die Backofentemperatur auf 160 °C (Gas Stufe 3) senken und die Granolamischung weitere 30 Minuten rösten und in der Zeit die Backbleche zweimal aus dem Ofen nehmen, um die Zutaten gründlich zu wenden. Sobald die Zutaten goldbraun und knusprig sind, die Backbleche aus dem Ofen nehmen und die Cranberrys unter die Müslimischung mischen. Das Granola-Müsli vollständig abkühlen lassen und in einem großen sterilisierten Weckglas aufbewahren.

In der Zwischenzeit die Aprikosen abtropfen lassen, grob zerhacken und mit den restlichen Zutaten in einen Topf geben. Alle Relish-Zutaten bei mittlerer Temperatur 30 Minuten köcheln, bis ein Großteil der Flüssigkeit verdampft und die Mischung eingedickt ist.

Zum Servieren das Relish auf 6 Dessertgläser verteilen, darauf einen guten Löffel Kokosjoghurt geben und mit Granolamüsli bestreut servieren.

FÜR 6 PERSONEN
FÜR DAS WÜRZIGE GRANOLAMÜSLI

- 450 g Haferflocken
- 1 TL Zimt
- 75 g Pekannusskerne, grob gehackt
- 75 g Kürbiskerne
- 150 g Ahornsirup
- 50 ml Pflanzenöl
- 1 TL Vanilleextrakt
- Schalenabrieb von 1 Orange
- 100 g getrocknete Cranberrys
- 350 g Kokosjoghurt

FÜR DAS RELISH

- 150 g getrocknete Aprikosen, mindestens 30 Min. in warmem Wasser eingeweicht
- 2 Speiseäpfel, geschält, entkernt und das Fruchtfleisch grob gehackt
- 50 g Rosinen
- Saft von 1 Zitrone
- 2 EL Apfelessig
- 500 ml Apfelsaft
- 50 g brauner Zucker
- ¼ TL Zimt
- ¼ TL gemahlene Muskatnuss

JM
take pleasure
in presenting the
good things of life
for Christmas
1954
JM

SCHOTTISCHES RÜHREI MIT LACHS

Ein Gericht, das längst zu den Klassikern bei Fortnum & Mason gehört, denn es vereint geräucherten Lachs (bei Fortnums auf dem Dach geräuchert und an der Fischtheke frisch geschnitten) mit cremigem Rührei, für das man bei Fortnums wegen der intensiven dunkelgelben Farbe braune Burford-Eier wählt.
Auf jeden Fall sollten die Eier sehr frisch sein und bei niedriger Temperatur langsam gebacken werden.

& dazu passt:
1 Glas Fortnum's Blanc de Blancs Grand Cru Champagner

Die Sahne in einem Schmortopf aufkochen, dann die Butter hinzugeben und bei mittlerer Temperatur so lange erhitzen, bis sie schaumig wird. Mit Salz und Pfeffer würzen und die Temperatur auf eine niedrige Stufe zurückschalten.

Die verquirlten Eier dazugeben und mit einem hitzebeständigen Spatel verrühren, bis sie gerade beginnen zu stocken. Damit das Rührei nicht trocken wird, sollte man den Topf bereits eine Minute vor der Fertigstellung vom Herd nehmen.

Den Toast mit Butter bestreichen und auf 4 Teller verteilen. Erst das Rührei und dann den Lachs auf den Toastscheiben verteilen, mit Schnittlauch bestreuen und jeweils mit einem Zitronenviertel servieren.

FÜR 4 PERSONEN

- 120 ml süße Sahne
- 60 g Butter plus Butter zum Bestreichen des Toastbrots
- Salz und frisch gemahlener weißer Pfeffer
- 8 Eier, leicht verquirlt
- 4 Scheiben Sauerteigbrot, getoastet
- 250 g geräucherter Lachs
- 1 TL klein gehackter Schnittlauch
- 4 Zitronenviertel, zum Servieren

MIT GLÜHWEIN GEBEIZTER LACHS

Der Lachs sollte 48 Stunden im Glühwein marinieren, denn dadurch erhält er eine so köstlich weihnachtliche Note. Der Lachs sollte aus nachhaltiger, zertifizierter Fischzucht stammen, um destruktive Fangmethoden und chemische Zusätze zu vermeiden.

& dazu passt:
1 Glas Fortnum's Blanc de Blancs Grand Cru Champagner

FÜR 4 PERSONEN
- 500 g Lachsfilet, sämtliche Gräten entfernt

FÜR DIE BEIZE
- 75 g Meersalz
- 75 g Zucker
- ½ Zitrone, in dünne Scheiben geschnitten
- ½ Orange, in dünne Scheiben geschnitten

FÜR DEN GLÜHWEIN
- 1 Flasche Rotwein
- Saft und Schalenabrieb von 1 Orange
- Saft und Schalenabrieb von 1 Zitrone
- 50 g Zucker
- 5 g Sternanis
- 1 Zimtstange
- 5 g Gewürznelken
- 1 kleines Weißbrot zum Servieren

Meersalz und Zucker miteinander vermischen und die Hälfte davon in einen tiefen Teller von der Größe des Lachses streuen. Die Hälfte der Orangen- und Zitronenscheiben darauf verteilen. Den Fisch darauflegen, mit der restlichen Zucker-Salz-Mischung bestreuen und den restlichen Obstscheiben belegen. Den Teller mit Küchenfolie abdecken und für 24 Stunden in den Kühlschrank stellen. Nach 12 Stunden das Lachsfilet einmal wenden.

Für den Glühwein sämtliche Zutaten in einem Topf langsam aufkochen und so lange rühren, bis sich der Zucker aufgelöst hat. So lange köcheln lassen, bis der Wein um die Hälfte eingekocht ist, danach Sternanis, Zimtstange und Gewürznelken entfernen und den fertigen Glühwein abkühlen lassen.

Den Lachs abspülen und trocken tupfen. Den Teller spülen, den Lachs wieder darauf legen und mit kaltem Glühwein übergießen. Den Teller erneut mit Küchenfolie abdecken und für 24 Stunden in den Kühlschrank stellen. Nach 12 Stunden das Lachsfilet einmal wenden.

Den Lachs aus dem Glühwein heben und wie geräucherten Lachs schräg in dünne Scheiben schneiden. Dazu Weißbrot reichen.

HEILBUTT MIT KAVIAR UND PETERSILIE AN EINER VERMOUTH-BUTTER-SAUCE

Erneut ein klassisches Gericht von Fortnum & Mason, für das man dort Pazifischen Heilbutt mit MSC-Zertifizierung verwendet und dazu eine köstlich cremige französische Sauce serviert. Ein Löffel Kaviar (aus nachhaltiger europäischer Aquakultur) verleiht dem Fisch eine subtil salzige Note, ist aber natürlich optional.

& dazu passt:
1 Glas Fortnum's Verdicchio Riserva Weißwein

FÜR 4 PERSONEN

FÜR DIE SAUCE

- 25 g Butter plus 75 g kalte Butter, gewürfelt
- 100 g Schalotten, klein gehackt
- 1 großes Bund glatte Petersilie, Blättchen abgezupft und klein gehackt, Stiele ebenfalls klein gehackt
- 100 ml Vermouth dry
- 100 ml süße Sahne

FÜR DEN FISCH

- 4 × 160 g Heilbuttfilets (ohne Haut und Gräten)
- 300 g frische Spinatblätter, geputzt und gewaschen
- 2 EL Olivenöl
- 1/8 Muskatnuss, gerieben
- 20 g schwarzer Kaviar zum Servieren

Für die Sauce die 25 g Butter in einer Kasserolle zerlassen, bis sie schäumt und die klein gehackten Schalotten mit 1 Prise Salz 10 Minuten bei niedriger Temperatur darin weich und glasig schwitzen, ohne dass sie Farbe annehmen. Die Petersilienstiele und den Vermouth dazugeben und die Flüssigkeit um zwei Drittel einkochen lassen. Die Sahne dazugeben und um die Hälfte einkochen lassen. Den Topf vom Herd nehmen und die Sauce mit der kalten Butter aufmontieren. Mit Salz und Pfeffer nach eigenem Geschmack würzen.

Die Sauce mit einem Holzlöffel durch ein Sieb in einen sauberen kleinen Stieltopf streichen, die klein gehackten Petersilienblätter unterrühren und die fertige Sauce danach beiseitestellen.

Die Fischfilets mit Salz und Pfeffer würzen und in den Gareinsatz eines Dampfkochtopfs geben. Den Gareinsatz so über sprudelnd kochendes Wasser hängen, dass das Wasser den Einsatz nicht berührt. Den Heilbutt genau 5 Minuten dämpfen und danach vom Herd nehmen.

Den Spinat in einem großen Topf gerade so lange erwärmen, bis er zusammenfällt, danach in ein Sieb geben und überschüssiges Wasser herausdrücken. Den Topf kurz auswischen, das Öl darin erhitzen. Den Spinat kurz unterrühren und mit Salz, Pfeffer und Muskatnuss würzen.

Den Spinat auf vier vorgewärmte Teller aufteilen und jeweils ein Fischfilet darauflegen. Die Sauce eventuell noch einmal kurz aufwärmen und um den Fisch herumgießen. Die Fischfilets jeweils mit 5 Gramm Kaviar garnieren.

Die Erfindung des modernen Weihnachtsfestes

Ich mache die Viktorianische Zeit dafür verantwortlich: Nicht etwa, dass man seitdem dreißig Wörter benutzen muss, wo vorher ein Wort gereicht hat; nicht dafür, dass man sinnlicher Lust und freudigem Genuss eher mit Ekel als mit Applaus begegnet. Ich kann sogar mit der auf die Tränendrüsen drückenden Gefühlsduselei, der rührseligen Vermenschlichung und der gottesfürchtigen Scheinheiligkeit leben, die jenes Zeitalter aus Dampf und Stahl zusammenhielten.

Was ich nicht verzeihe, ist die Art und Weise, wie man damals dem Truthahn Popularität verschafft hat, dem vermutlich geschmackärmsten und fadesten aller Vögel. Natürlich schlich sich dieser langweilige Emporkömmling aus Amerika schon im Mittelalter über die Teller der Adeligen und Reichen ein. Manch einer behauptet sogar, der Vogel sei schon als Leibspeise König Heinrichs VIII. auf der königlichen Weihnachtstafel aufgetaucht, doch er konnte natürlich niemals einem lecker gefüllten Schweinskopf oder einer traditionellen Gans den Rang ablaufen. Zumindest nicht, bis Charles Dickens sich in seiner *Weihnachtsgeschichte* entschied, den geläuterten Ebenezer Scrooge der Familie Cratchit einen verdammten Truthahn schicken zu lassen, was der Erfolgsgeschichte dieses Federviehs gehörig Aufwind gab.

Dieses dünne Büchlein, das sich bereits in der ersten Woche nach Auslieferung sagenhafte 6000 Mal verkaufte, sorgte etwa Mitte des Viktorianischen Zeitalters für die Renaissance des Weihnachtsfestes, wie wir es heute kennen, zweifellos unterstützt von der Anglikanischen Kirchenbewegung der 1830er und 1840er Jahr, deren glühende Anhänger traditionelle religiöse Weihnachtsrituale einforderten. Mit seinem unerschütterlichen Glauben an die Großzügigkeit des menschlichen Geistes verstand Charles Dickens jedoch das Weihnachtsfest als wichtigsten sozialen Zusammenhalt mit Betonung auf Familie, Freunden, festlichem Essen, Spielen und Fröhlichkeit. Sein Roman ist daher immer noch ein sehr beliebtes Weihnachtsgeschenk, und auch wenn er den Ausruf »Fröhliche Weihnachten« sicherlich nicht prägte, so trug er doch dazu bei, ihn wieder sehr populär zu machen.

Die ehemals so zügellos anarchischen Weihnachtsfeste mit ihren lustvollen heidnischen Traditionen wurden also nahtlos durch familienfreundliche Feiertage ersetzt und den neuen Zeiten angepasst. Fabrikbesitzer der Industriellen Revolution fehlte die Zeit für ein zwölf Tage andauerndes Besäufnis, und sie fanden es daher großartig, sämtliche Feierlichkeiten in einen mickrigen Tag zu packen. Und so wurde der wollüstige, zügellose Geist der vergangenen Weihnacht mit einem zugegebenermaßen blutleeren Schlag vom rotwangigen, strahlenden, familienfreundlichen Geist der gegenwärtigen Weihnacht übermannt. Scrooges Neffe

(die Ansichten seines Schöpfers wiedergebend) fand dafür folgende Worte: »Doch habe ich die Weihnachtszeit immer als eine gute Zeit angesehen, eine Zeit der Freundlichkeit, der Vergebung, der Nächstenliebe und der Freude. Weihnachten ist die einzige Zeit im ganzen langen Jahr, in der die Menschen ihre Herzen öffnen und auch an die denken, die normalerweise unter ihnen stehen und zwar so, als ob sie wirklich Gefährten … seien.« *

Auch die Tradition des Weihnachtsbaums entstammt der Viktorianischen Zeit. Prinz Albert war nicht der Erste, der ihn in England einführte (in Manchester gab es eine große Gemeinde deutscher Emigranten, die bereits Weihnachtsbäume aufstellten), aber Zeichnungen des königlichen Paares, wie sie mit ihrer Kinderschar einen Tannenbaum dekorierten, verhalfen dem Weihnachtsbaum, fester Bestandteil weihnachtlicher Traditionen zu werden. Den ersten Baum stellten sie 1841 auf, und schon bald darauf, nämlich ab dem Jahr 1848, verkaufte Fortnum & Mason »Deutsche Weihnachtsbäume«.

Was den Weihnachtsmann betrifft, so hält sich hartnäckig das Gerücht, Coca-Cola mit dem rotweißen Label hätte 1933 seinen roten Mantel für eine Werbekampagne erfunden. Eine nette Geschichte, aber wie so oft nicht ganz wahr. Denn es gibt bereits seit Beginn des 19. Jahrhunderts Darstellungen des Weihnachtsmannes, die ihn in seinem symbolträchtigen roten Mantel zeigen. Es gibt sogar eine Reklame von 1915, die einen alten Weihnachtsmann im roten Mantel zeigt, der einen mit weißer Limonade gefüllten Lastwagen fährt. Auch wenn Coca-Cola sicherlich zu seiner Berühmtheit beigetragen hat, erfunden haben sie den Weihnachtsmann nicht.

Vielleicht ist das moderne Weihnachtsfest mit Truthahn, Weihnachtsbaum und Wohltätigkeit besser als die Weihnachtsfeste vergangener Zeiten. Aus Heidentum wurde Prüderie, und die einstige Zügellosigkeit wird seitdem hübsch mit Geschenkpapier und Schleifchen verpackt. Trotz allen Humbugs – ich liebe das Weihnachtsfest, vor allem, seit ich es durch die glänzenden Augen meiner Kinder betrachte. Ab und zu jedoch, wenn ich die Spülmaschine einräume, die Backbleche schrubbe und den Bodensatz des Weihnachtsaperitifs weggieße, sehne ich mich nach den epischen Ausschweifungen der Vergangenheit. Doch diese Gedanken werden sofort wieder vertrieben von der wohl modernsten Weihnachtstradition: vor der Mattscheibe einzuschlafen – ein Hoch auf die Wonnen des Mittagsschlafs!

Nun aber zurück zu Charles Dickens und Weihnachten: Er erfand in seiner *Weihnachtsgeschichte* nicht nur den Ausruf »pah, Humbug«, sondern stimmte eine Lobeshymne auf das weihnachtliche Treiben bei Fortnum & Mason an: »Und erst der Delikatessladen … was für ein Anblick … dass die Rosinen so zahlreich und ausgesucht waren, … dass der geschmolzene Zucker in den kandierten Früchten so glänzte, … dass die Feigen so fleischig und saftig waren oder dass die französischen Pflaumen auf der üppigen Verzierung ihrer Schachteln süßsauer erröteten oder dass alles wohlschmeckend und weihnachtlich aufgeputzt war.« Ach, welch übermäßiger Genuss für Groß und Klein. Manche Dinge ändern sich zum Glück nie.

* zitiert aus: Charles Dickens, *Eine Weihnachtsgeschichte*, übersetzt von Freya Stephan-Kühn, Arena Verlag 1994

GEBRATENER TRUTHAHN MIT ALL SEINEN BEILAGEN

In England kann man ohne einen Truthahn kaum Weihnachten feiern. Und in einem Buch über Weihnachten kann man diesen Emporkömmling guten Gewissens wohl kaum auslassen. Fortnum & Mason verwendet für dieses Rezept Bio-Puter aus einem nachhaltigen Mastbetrieb in Norfolk, die bekannt für ihr wunderbares Aroma sind. Der besondere Trick besteht darin, die Schenkel vom Rumpf zu trennen, damit beides saftig bleibt. Die Keulen werden auf diese Weise wunderbar zart, auch wenn ihre Haut vielleicht ein bisschen blass bleibt, doch das lässt sich ändern, indem man die Keulen kurz vor dem Servieren in einer Pfanne von allen Seiten anbrät.

Bestellen Sie einen qualitativ hochwertigen Bio-Truthahn und bitten Sie den Geflügelhändler, den Truthahn küchenfertig vorzubereiten, also das Gabelbein zu entfernen und Schenkel und Flügel abzutrennen. Des Weiteren sollten die Schenkel entbeint und von den Sehnen befreit, die Knochen allerdings für die Zubereitung der Sauce aufbewahrt werden. Zu Hause werden die Keulen einfach um die Füllung herumgewickelt, mit Küchengarn zusammengebunden und in Backpapier und Alufolie gewickelt, damit sie beim Garen Form bewahren und das Fleisch saftig bleibt.

So wird auch der Truthahn im Gallery Restaurant zubereitet. Ein 5–6 kg schwerer Truthahn braucht nach dieser Methode höchstens anderthalb Stunden im Ofen, bis er gar ist. Die Brüste bleiben schön saftig, weil man nicht darauf warten muss, dass die Schenkel durch sind, und außerdem lässt sich der Truthahn auf diese Weise viel leichter tranchieren.

& dazu passt:
Fortnum's Cranberry Sauce und 1 Flasche Meursault Weißwein

Zunächst die Füllung zubereiten und dafür Zwiebel und Thymianblätter in der Butter anschwitzen, bis sie weich sind. In einer Schüssel etwas abkühlen lassen und dann Wurstbrät, Aprikosen, Maronen, Leber und Semmelbrösel dazugeben. Alles gut vermischen und mit Salz und Pfeffer würzen.

Die Truthahnkeulen mit der Hautseite nach unten auf der Arbeitsfläche ausbreiten und jeweils etwas Füllung in die Mitte geben (dafür reicht etwa die Hälfte der Füllung, den Rest in eine feuerfeste Form füllen, Butterflöckchen darübergeben und mit Alufolie abdecken. Eine halbe Stunde mit dem Truthahn im Backofen garen.) Das Fleisch locker um die Füllung wickeln und mit Küchengarn vier- bis fünfmal umwickeln. Die gefüllten Keulen in Backpapier und danach in Alufolie wickeln und die Enden wie beim Bonbon zusammendrehen. Die gefüllten Keulen können bis zu einem Tag zuvor zubereitet werden.

FÜR 8–10 PERSONEN

- 1 × 5–6 kg Truthahn, küchenfertig vorbereitet (s.o.)
- etwas Pflanzenöl
- 50 g Weizenmehl
- 1 TL Tomatenmark
- 1–1,5 l Hühnerbrühe

> Fortsetzung Seite 158

> Fortsetzung von Seite 157

Gebratener Truthahn mit all seinen Beilagen

Für den Truthahn den Backofen auf 220 °C (Gas Stufe 7) vorheizen. Die Knochen, die Gurgel, das klein gehackte Gemüse und den Knoblauch für die Sauce in einen großen Bräter geben und den Truthahnrumpf darauf setzen. Mit Salz und Pfeffer würzen, mit etwas Pflanzenöl beträufeln und 30 Minuten im Ofen braten, danach die Temperatur auf 180 °C (Gas Stufe 4) herunterschalten und die eingewickelten Keulen mit in den Bräter legen. Den Truthahn 45–60 Minuten braten und in dieser Zeit ab und zu das Gemüse umrühren und das Fleisch mit dem eigenen Bratensaft begießen. Das Gemüse, sollte es zu dunkel werden, aus dem Bräter nehmen. Zur Überprüfung der Garzeit das Brustfleisch an der dicksten Stelle mit einem Spieß oder einer Bratengabel einstechen und 30 Sekunden stecken lassen, nach dem Herausziehen sollte sich die Spitze heiß anfühlen. Meist brät ein Truthahn anderthalb Stunden, man sollte aber nach 75 Minuten testen, ob er nicht schon gar ist. Außerdem gilt es zu bedenken, dass der Truthahn weitergart, wenn er ruht. Ein Küchenthermometer sollte an der dicksten Stelle 68 °C anzeigen, wenn Sie den Truthahn aus dem Backofen nehmen. Nach einer gewissen Ruhezeit sollte die Temperatur dann auf 72 °C steigen. Die Keulen auswickeln, mit dem Truthahnrumpf auf eine Servierplatte geben und vor dem Tranchieren mit Alufolie leicht abgedeckt an einem warmen Ort mindestens eine halbe Stunde ruhen lassen.

Währenddessen die Bratensauce zubereiten und dafür das Fett aus dem Bräter abschöpfen. Den Bräter bei niedriger Temperatur auf den Herd stellen, Weißwein, Kräuter und Pfefferkörner zugeben und alles sanft köcheln, bis der Wein um mindestens das halbe Volumen eingekocht ist. Dabei mit einem Spatel immer wieder umrühren und den Bratensatz vom Topfboden lösen. Nacheinander Mehl und Tomatenmark unterrühren, dann nach und nach die Hühnerbrühe dazugießen, alles kurz aufkochen und dabei ununterbrochen umrühren. Die Sauce 20–30 Minuten köcheln lassen, bis sie eingedickt und aromatisch konzentriert ist. Die Sauce durch ein Haarsieb streichen und bis zum Servieren zugedeckt warm halten.

Vor dem Servieren das Brustfleisch des Truthahns vom Knochen lösen, um das Tranchieren zu erleichtern. Die Keulen in Scheiben schneiden und mit dem Brustfleisch, der Sauce und den Beilagen auftischen.

FÜR DIE FÜLLUNG

· 1 kleine Zwiebel, klein gehackt
· ein paar Zweige Thymian, Blätter abgezupft
· 20 g Butter plus Butter für überschüssige Füllung
· 200 g Wurstbrät
· 90 g getrocknete Aprikosen, klein gehackt
· 150 g vakuumierte Maronen, klein gehackt
· 1 Truthahnleber, gesäubert und klein gehackt
· 90 g frische weiße Semmelbrösel

FÜR DIE BRATENSAUCE

· Knochen und Gurgel vom Truthahn, grob gehackt
· 1 Zwiebel, klein gehackt
· 2 Möhren, klein gehackt
· 1 Stange Staudensellerie, klein gehackt
· 200 ml trockener Weißwein
· 1 Knoblauchzehe, grob gehackt
· ein paar Zweige Thymian
· 1 Zweig Rosmarin
· 1 Lorbeerblatt
· 10 Pfefferkörner

RÖSTKARTOFFELN

Die Kartoffeln in kaltes Salzwasser geben, aufkochen und etwa 5 Minuten kochen. Die Kartoffelwürfel anschließend im Durchschlag abtropfen lassen, den Dampf ein paar Minuten entweichen lassen und den Durchschlag über dem Spülbecken hin und her schütteln, um die Oberfläche der Kartoffeln aufzurauen. Die Kartoffeln danach in eine große Schüssel geben.

Ein tiefes Backblech zum Vorwärmen in den Backofen unter den Bräter schieben. Entenschmalz in einer kleinen Kasserolle zerlassen, Knoblauch und Thymianblätter untermischen und alles zusammen über die Kartoffeln gießen. Die Schüssel so lange schütteln, bis die Kartoffeln vom Fett überzogen sind. Die Kartoffeln auf dem Backblech verteilen und 30–40 Minuten im Backofen rösten. Gelegentlich wenden, bis sie von allen Seiten gleichmäßig gebräunt sind, und nach Geschmack würzen.

FÜR 8–10 PERSONEN
- 10 große Kartoffeln, z.B. King Edward oder Maris Piper, geschält und in große Würfel geschnitten
- 2–3 EL Entenschmalz
- 5 Knoblauchzehen, abgezogen und leicht zerdrückt
- ein paar Zweige Thymian, Blättchen abgezupft

MIT HONIG GLASIERTE PASTINAKEN

Die Pastinaken in kaltes Salzwasser geben, aufkochen, etwa 10 Sekunden blanchieren und danach im Durchschlag abtropfen lassen. Die Pastinaken auf einem tiefen Backblech verteilen, die Butter als Flöckchen darauf verteilen, Zimtstange, Sternanis und Orangenschale dazugeben und das Backblech zum Truthahn in den Backofen schieben. Die Pastinaken so lange garen, bis sie ein wenig Farbe bekommen, dann den Honig über das Gemüse träufeln und es erneut in den Ofen schieben, bis es gleichmäßig glasiert ist. Nach Geschmack würzen.

FÜR 8–10 PERSONEN
- 10 Pastinaken, längs halbiert oder geviertelt und den harten Strunk aus der Mitte entfernt
- 30 g Butter
- 1 Zimtstange
- 1 Sternanis
- 3 Streifen Orangenschale
- 1 EL Honig

FORTNUM'S
CHRISTMAS
1958
CATALOGUE

PÜREE VON KOHLRÜBEN UND MÖHREN

Die Kohlrüben und die Karotten getrennt voneinander weich kochen oder dämpfen und danach abtropfen lassen. Beide Gemüse zusammen pürieren, die Butter untermischen und mit Salz und Pfeffer würzen.

FÜR 8–10 PORTIONEN

- 700 g Kohlrüben, grob gehackt
- 700 g Möhren, grob gehackt
- 100 g Butter

ROSENKOHL MIT SPECK

Den Rosenkohl kochen oder dämpfen, bis er zwar gar ist, aber immer noch ein wenig Biss hat und danach abtropfen lassen. Den Speck in der Spanne knusprig braten, Rosenkohl, Butter und Petersilie dazugeben und mit Salz und Pfeffer abschmecken.

FÜR 8–10 PERSONEN

- 750 g Rosenkohl, geputzt
- 150 g Frühstücksspeck, klein gehackt
- 100 g Butter
- 15 g Petersilie, klein gehackt

REHBRATEN, SELLERIE-DAUPHINOISE UND SCHOKOLADENSAUCE

Auf den ersten Blick vielleicht etwas ungewöhnlich, aber die bittere Schokolade verleiht der Sauce eine wundervoll samtige Note, die perfekt mit dem Wildfleisch harmoniert. Einfach ein paar Wacholderbeeren und etwas Fond dazugeben, und schon entsteht eine so außergewöhnlich aromatische Sauce, dass Sie vermutlich heimlich den Topf auslecken werden.

& dazu passt:
1 Flasche Fortnum's Pauillac Rotwein

FÜR 4 PERSONEN
- 4 × 150 g Rehrückenfilets
- 2 Knoblauchzehen, zerdrückt
- ein paar Zweige Thymian
- 4 EL Olivenöl plus Öl zum Frittieren
- 15 g Butter

FÜR DEN SELLERIE
- 250 ml süße Sahne
- 250 ml Vollmilch
- 5 Salbeiblätter
- 2 große Knoblauchzehen, zerdrückt
- 20 g Butter
- 1 Knolle Sellerie, geschält und in hauchdünne Scheiben gehobelt
- 125 g Cheddar-Käse, gerieben

FÜR DIE SAUCE
- ein paar Rehknochen, grob zerhackt
- 2 EL Olivenöl
- 1 Schalotte, gewürfelt
- 2 Knoblauchzehen, klein gehackt
- 1 Sternanis
- 5 Wacholderbeeren
- 5 schwarze Pfefferkörner
- 250 ml Rotwein
- 500 ml Rinderfond
- 250 ml Geflügelfond
- ein paar Zweige Thymian
- 30 g dunkle Schokolade (mindestens 70% Kakaoanteil)

ZUM SERVIEREN
- 1 Bund Brunnenkresse
- 1 Handvoll Brombeeren

Die Rehfilets nebeneinander in einen tiefen Teller legen. Knoblauch, Thymianblätter und Olivenöl darübergeben und das Fleisch mindestens 6 Stunden marinieren.

Für die Dauphinoise Sahne, Milch, Salbeiblätter und Knoblauch in einem Topf aufkochen. Den Topf vom Herd nehmen und alles 10 Minuten ziehen lassen, danach mit Salz und Pfeffer würzen und durch ein Sieb in einen Krug gießen. Mit etwas Butter eine Auflaufform einfetten und die Selleriescheiben alternierend mit dem geriebenen Käse und der Sahnemischung in die Form schichten. Die oberste Schicht mit etwas Käse bestreuen, Butterflöckchen darauf verteilen und mit Alufolie abgedeckt im auf 170 °C (Gas Stufe 3) vorgeheizten Backofen etwa eine Stunde backen, bis der Sellerie weich ist, wenn man ihn mit einem Messer einsticht. 15 Minuten vor Ende der Garzeit die Alufolie entfernen, damit eine hübsche goldbraune Kruste entsteht.

Für die Sauce die Knochen (falls sie verwendet werden) im 200 °C (Gas Stufe 6) heißen Backofen von allen Seiten goldbraun rösten. Das Öl in einem Schmortopf erhitzen und Schalotten, Knoblauch und Gewürze darin goldbraun anbraten. Mit dem Rotwein ablöschen und um zwei Drittel einkochen lassen. Die gerösteten Knochen (falls verwendet), die beiden Fonds und den Thymian dazugeben und alles so lange köcheln, bis die Flüssigkeit so weit eingedickt ist, dass eine Sauce entsteht. Die Sauce durch ein Sieb streichen, mit dem Schneebesen die Schokolade unterrühren und mit Salz und Pfeffer abschmecken.

Für das Fleisch 1 Spritzer Olivenöl in einer ofenfesten Pfanne sehr stark erhitzen und das Fleisch darin von beiden Seiten scharf anbraten. Die Butter dazugeben und das Fleisch 2–3 Minuten lang mit dem eigenen Bratensaft beträufeln. Sobald das Fleisch gleichmäßig gebräunt ist, die Pfanne für 5 Minuten in den auf 180 °C (Gas Stufe 4) vorgeheizten Backofen stellen. Das Fleisch sollte am Ende in der Mitte noch rosa sein. Das Fleisch vor dem Servieren 5 Minuten ruhen lassen.

Die Dauphinoise in einzelne Portionen teilen und auf vier Tellern anrichten. Die Rehfilets jeweils in 5 Scheiben schneiden, mit Salz und Pfeffer würzen und ebenfalls auf den Tellern anrichten. Mit einem Sträußchen Brunnenkresse und nach Geschmack mit ein paar Brombeeren garnieren und etwas Schokoladensauce um das Fleisch herumgießen.

GEBRATENE GANS MIT APFELKOMPOTT UND SCHWARZKOHL

Eine ganze gebratene Gans ist eine wunderbare Sache, allerdings verliert sie beim Braten gehörig an Gewicht, das heißt Sie erhalten wunderbares Gänsefett, in dem Sie Kartoffeln rösten können. Hier wird die Gans mit Gewürznelken, Zimt, Sternanis und Pfefferkörnern besonders weihnachtlich gewürzt, daher sollte das Apfelkompott aus säuerlichen Äpfeln zubereitet werden, das dann geschmacklich einen wunderbaren Kontrast zum würzig-saftigen Fleisch bildet.

& dazu passt:
1 Flasche Meursault
Weißwein

FÜR 6 PERSONEN
· 1 × 4,5–5 kg Gans
· 1 TL Meersalzflocken
· 8 Gewürznelken
· 2 Zimtstangen
· 2 Sternanis
· 8 schwarze Pfefferkörner
· 2 kleine Orangen
· 1 kleines Bund Thymian
· 3 EL Honig

FÜR DAS APFELKOMPOTT
· 50 g Butter
· 4 säuerliche Äpfel (z.B. Bramley), geschält, entkernt und das Fruchtfleisch klein gehackt
· 50 g Zucker
· 1 Zweig Thymian

FÜR DEN SCHWARZKOHL
· 4 Köpfe cavolo nero (Schwarzkohl)
· 40 g getrocknete Cranberrys, grob gehackt
· 100 ml Wasser
· 50 g Butter

Die Gans ein paar Stunden vor dem Rösten aus dem Kühlschrank nehmen. Das Salz mit der Hälfte der Gewürze in der Gewürzmühle mahlen.

Die Innereien und überschüssiges Fett aus der Bauchhöhle entnehmen. Die Haut rundherum mit einer Gabel einstechen, die Gans auf einen Ofenrost über ein tiefes Backblech setzen und mit der gemahlenen Würzmischung einreiben. Die Orangen mit einer Gabel einritzen, mit den restlichen Gewürznelken spicken und mit dem Thymian, dem zweiten Sternanis, der zweiten Zimtstange und den Pfefferkörnern in die Bauchhöhle der Gans stopfen.

Die Gans mit der Brustseite nach oben eine halbe Stunde lang im auf 220 °C (Gas Stufe 7) vorgeheizten Backofen braten, danach die Temperatur auf 180 °C (Gas Stufe 4) senken und die Gans eine weitere Stunde braten. Anschließend den Vogel aus dem Ofen nehmen. Das aufgefangene Fett zum Braten von Röstkartoffeln beiseitestellen. Die Gans von allen Seiten mit Honig bestreichen und erneut für eine halbe Stunde in den 160 °C (Gas Stufe 3) heißen Ofen schieben. Anschließend das Fleisch an der dicksten Stelle mit einem Spieß einstechen. Die Gans ist gar, wenn der austretende Bratensaft durchsichtig ist. Nach dem Braten die Gans eine halbe Stunde lang, locker mit Alufolie bedeckt, ruhen lassen.

In der Zwischenzeit alle Zutaten für das Apfelkompott in einen Topf geben und bei niedriger Temperatur 15–20 Minuten garen. Gelegentlich umrühren, bis die Äpfel weich, aber noch als Stücke erkennbar sind.

Für den Schwarzkohl die einzelnen Blätter vom Strunk lösen, die Mittelrippen herausschneiden und entfernen und die Blätter gründlich waschen und klein hacken. Die Cranberrys in einem Topf Wasser aufkochen, erst Butter, dann den Schwarzkohl dazugeben und das Gemüse 10–15 Minuten zugedeckt weich kochen. Zum Schluss mit Salz und Pfeffer abschmecken.

Die Gans tranchieren und mit Apfelkompott und cavolo nero servieren.

PORTOBELLO-PILZE À LA WELLINGTON

Ein wunderbares Weihnachtsmahl für Vegetarier, dessen Herzstück der in Teig gewickelte, würzig-aromatische Riesenchampignon ist. Das Rezept wirkt auf den ersten Blick recht umfangreich, die Sauce und die karamellisierten Zwiebeln können jedoch im Voraus zubereitet werden.

& dazu passt:
1 Glas Fortnum's Margaux Rotwein

FÜR 4–6 PERSONEN
- 8 große Portobello-Pilze
- 2 Knoblauchzehen, fein gewürfelt
- 1 TL Thymianblätter
- 1 EL Marsala Dessertwein
- 2 EL extra natives Olivenöl
- 100 g Blattspinat
- ⅛ Muskatnuss, gerieben,
- 3 Eigelb, verquirlt
- 1 × 320 g fertig ausgerollter Blätterteig
- 1 TL schwarzer Zwiebelsamen

FÜR DIE KARAMELLISIERTEN ZWIEBELN
- 100 g Butter
- 2 EL extra natives Olivenöl
- 4 weiße Zwiebeln, in Scheiben geschnitten
- 1 TL Thymianblätter
- 2 Knoblauchzehen, in Scheiben geschnitten
- 1 EL Marsala Dessertwein

FÜR DIE PFANNKUCHEN
- 3 Eier
- 100 g Weizenmehl
- 300 ml Vollmilch
- 1 TL klein gehackte Rosmarinnadeln
- Sonnenblumenöl zum Braten

Die Pilze mit feuchtem Küchenkrepp gründlich abwischen und die Stiele rausdrehen und entfernen. Die Pilzköpfe mit dem Knoblauch, dem Thymian, dem Marsala, dem Öl und Salz und Pfeffer auf ein tiefes Backblech geben, kurz mit dem Knoblauchöl einreiben und danach das Backblech mit Alufolie abdecken. Das Backblech für 15 Minuten in den auf 180 °C (Gas Stufe 4) vorgeheizten Backofen stellen, bis die Pilze etwas geschrumpft und sehr weich sind. Die Alufolie entfernen, Kochflüssigkeit abgießen und die Pilze während der anderen Vorbereitungen abkühlen lassen.

Für die Zwiebeln Butter und Öl in einer mittelgroßen Pfanne bei mittlerer Temperatur zerlassen. Erst danach die Zwiebeln mit 1 Prise Salz dazugeben und unter regelmäßigem Rühren anschwitzen, bis sie weich und glasig sind. Thymian, Knoblauch und Marsala dazugeben und weitere 15 Minuten garen, dabei alle 2 Minuten umrühren, bis die Zwiebeln hellbraun und rundherum karamellisiert sind. Die Zwiebeln auf einem mit Küchenkrepp ausgelegten Teller abkühlen lassen, damit überschüssiges Fett aufgesogen wird.

Als Nächstes die Pfannkuchen zubereiten und dafür in einer großen Rührschüssel mit dem Schneebesen Mehl und Eier verrühren und unter ständigem Rühren langsam die Milch dazugießen. So lange weiterrühren, bis sich etwaige Klümpchen aufgelöst haben, danach das klein gehackte Rosmarin dazugeben und mit Salz und Pfeffer würzen. Den Teig mit Küchenfolie abgedeckt 10 Minuten ruhen lassen, bis sich Bläschen an der Oberfläche bilden.

In einer 26 cm großen beschichteten Pfanne 1 Spritzer Sonnenblumenöl auf mittlere Temperatur erhitzen. Eine halbe Kelle Pfannkuchenteig hineingießen und die Pfanne schwenken, bis sich der Teig gleichmäßig auf dem Pfannenboden verteilt hat. Die Pfannkuchen jeweils eine Minute von jeder Seite hellbraun ausbacken und danach wenden. Die Teigmenge sollte für 6–8 dünne Pfannkuchen reichen.

Den Spinat mit je 1 Prise Salz und frisch geriebener Muskatnuss in einer Bratpfanne erhitzen, bis er zusammenfällt. Den Spinat in ein Sieb geben, um so viel Feuchtigkeit wie möglich herauszudrücken, danach auf Küchenkrepp trocknen lassen.

> Fortsetzung Seite 169

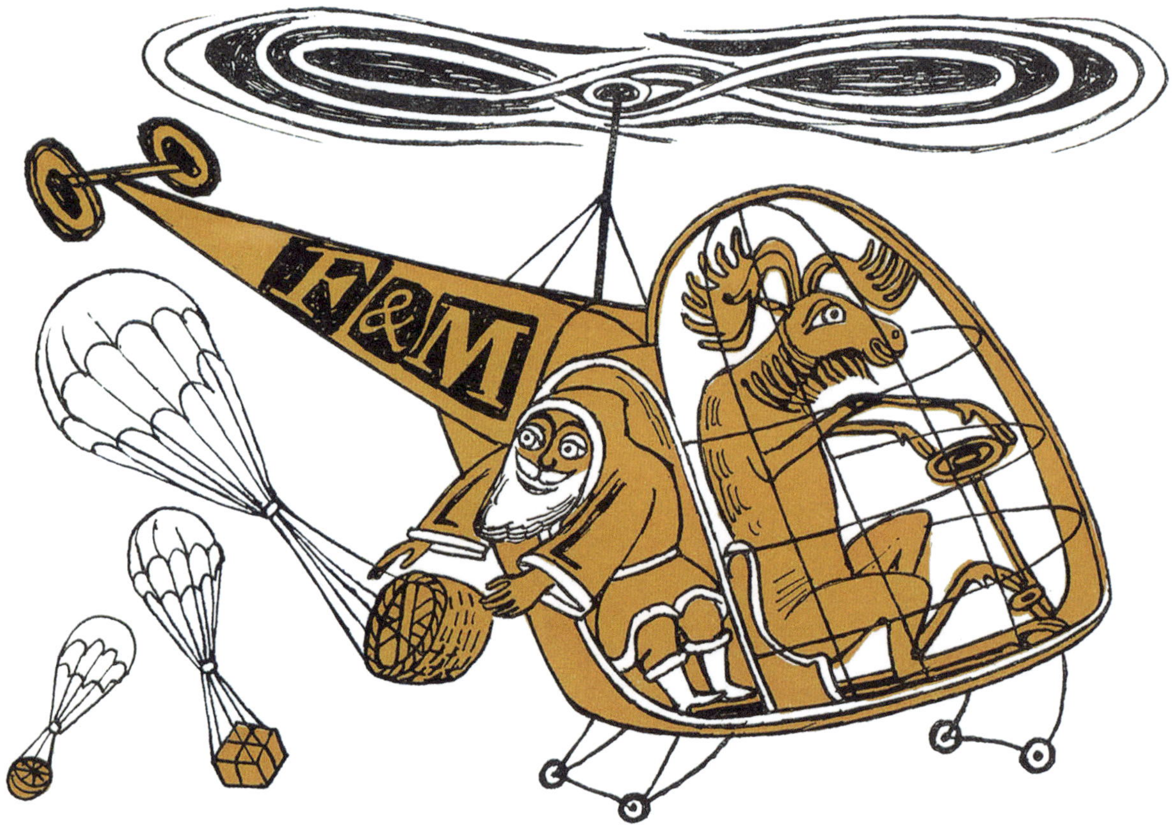
F&M

> Fortsetzung von Seite 167

Portobello-Pilze à la Wellington

Ein 30 cm großes Stück Küchenfolie auf der sauberen Arbeitsfläche ausbreiten und darauf 4 abgekühlte Pfannkuchen längs die Mitte herab nebeneinanderlegen, sodass sie sich jeweils etwas überlappen. Die Pfannkuchen mit etwas Eigelb bestreichen und dann den Spinat in der Mitte so verteilen, dass auf beiden Seiten ein Rand ohne Spinat bleibt. 4 Pilze in einer Reihe auf die Mittellinie setzen und darauf eine zweite Reihe aus den restlichen 4 Pilzen setzen. Die Pilze mit den karamellisierten Zwiebeln garnieren, mit der Küchenfolie die Pfannkuchenseiten auf beiden Seiten anheben, an beiden Enden einschlagen und weiterrollen, bis eine feste Rolle entsteht. Falls Lücken entstehen, können diese mit den restlichen Pfannkuchen geschlossen werden, die jedoch auch mit Eigelb bepinselt werden sollten. Die Pfannkuchenrolle fest in Küchenfolie gewickelt 20 Minuten im Kühlschrank ruhen lassen.

Den Blätterteig ausrollen und mit Eigelb bepinseln. Die Pfannkuchenrolle aus dem Kühlschrank nehmen, aus der Folie wickeln, auf die Mitte des Blätterteigs setzen und darin komplett einwickeln. Den Teig an den Seiten zusammendrücken und rundherum mit Eigelb bepinseln. Mit schwarzem Zwiebelsamen bestreut 25–30 Minuten im auf 180 °C (Gas Stufe 4) vorgeheizten Backofen backen, bis der Blätterteig rundherum goldbraun ist.

Parallel den Café au lait mit Estragon zubereiten und dafür das Olivenöl in einem kleinen Stieltopf auf mittlere Temperatur erwärmen und Schalotten und Knoblauch mit 1 Prise Salz vermischt 5 Minuten weich und glasig schwitzen. Thymian und trockenen Sherry untermischen, aufkochen, 3 Minuten einkochen und dann den Fond dazugeben. Die Sauce so lange kochen, bis sich die Flüssigkeit um die Hälfte reduziert hat, anschließend die Sahne unterrühren und die Temperatur auf die niedrigste Stufe senken. Die Sauce weitere 5 Minuten köcheln und dann mit Salz und Pfeffer abschmecken.

Den Estragonwaschen und trocknen. Die Blättchen abzupfen, fein hacken und in den Café au lait rühren.

Den Café au lait mit Estragon in einen Krug gießen und zu dem Portobello à la Wellington reichen. Fortnum & Mason serviert zu diesem Gericht gedämpften, langstieligen Brokkoli und Grünkohl.

FÜR DEN CAFÉ AU LAIT MIT ESTRAGON

- 2 EL Olivenöl
- 2 Schalotten, fein gewürfelt
- 2 Knoblauchzehen, fein gewürfelt
- 1 TL klein gehackte Thymianblätter
- 50 ml trockener Sherry (Manzanilla oder Fino)
- 200 ml Gemüsefond
- 250 ml süße Sahne
- 150 g Estragon

ZUM SERVIEREN

- Stängelkohl (italienischer Brokkoli)
- Grünkohl

F M
take pleasure
in presenting the
good things of life
for Christmas 1956

Ein großer Knall

Am Anfang gab es keinen Knall, sondern erst mal ein Bonbon. Doch die Erfindung des Knallbonbons, das in England bei keinem Weihnachtsfest fehlen darf, ließ nicht lange auf sich warten. Die kleine in Seidenpapier gewickelte Süßigkeit wurde von Tom Smith erfunden, einem sehr talentierten Zuckerbäcker, der in den 1830er Jahren in London arbeitete und allerhand Zuckerwerk und wundervolle Pralinen und Pastillen herstellte. Die französisch inspirierten Bonbons verkauften sich gut. Doch Tom Smith war ehrgeizig, kreativ und erfindungsreich ... und strebte wortwörtlich nach einem Knalleffekt.

1847 macht sich Tom Smith mit einer eignen Confiserie in Clerkenwell Green selbstständig, dem fiktionalen Jagdgelände von Fagin in Charles Dickens' *Oliver Twist,* der als Fortsetzungsroman zwischen 1837 und 1839 erschien. Dickens war damals Kunde der Finsbury Savings Bank in unmittelbarer Nachbarschaft der Confiserie, daher ist es gut möglich, dass der große Romancier einer der Ersten war, der Tom Smiths Bonbons gekostet hat.

Bis heute erzählt man sich jedenfalls, dass Smith kurz vor Weihnachten in seinem Sessel vor dem offenen Feuer saß, um darüber nachzudenken, was er tut könne, um als Zuckerbäcker aus der Menge herauszustechen, als ein brennendes Holzscheit laut knallend im Ofen zerbarst und ihn ein Geistesblitz durchzuckte. Bis heute feiert man dieses Ereignis als Geburtsstunde des Knallbonbons, obwohl die Erfindung in Wirklichkeit viel prosaischer vonstatten ging. Vielmehr kaufte der Zuckerbäcker 1850 dem experimentierfreudigen Chemiker Tom Brown, der im Süden Londons in Brock's Feuerwerksfabrik arbeitete, den Prototyp eines Knallbonbons ab, das in der Mitte einen mit Salpeter ummantelten Streifen enthielt, der riss, wenn man von beiden Seiten daran zog. Der Streifen befand sich zusammen mit einem Bonbon in einer kleinen Pappröhre, die mit Seidenpapier umwickelt war. Bislang nicht gerade ein Verkaufsschlager, doch dann entdeckte Tom Smith, dass es sich im Zusammenhang mit dem Weihnachtsfest perfekt vermarkten ließ. Und so kam 1860 das erste weihnachtliche Knallbonbon unter der Bezeichnung »Bang of Expectation« (Knall der Erwartung) auf den Markt, und das Geschäft florierte.

Mit der Zeit wurde das Bonbon durch ein kleines Geschenk ersetzt und mit einem Liebesspruch versehen. Tom Smith starb 1869, doch seine Söhne (vor allem Walter Smith) tüftelten weiter an dem Knallbonbon herum. Aus den Liebessprüchen wurden kleine Rätsel, Zeichnungen und Kommentare zum Zeitgeschehen (egal ob zu orientalischer Kunst, Tutanchamun, der Riviera oder Jazz), bevor man schließlich bei den wirklich dämlichen Sprüchen und Witzen hängenblieb, die wir heute kennen. Außerdem entwickelten sie die lustigen Papierhütchen, die damals noch von Hutmachern aus feinstem Seidenpapier gefertigt wurden.

Und auch die kleinen Geschenke waren einst sehr extravagant, denn Walter Smith reiste um den Globus auf der Suche nach hübschem Plunder und neumodischem Tand – glitzernde Armbänder, kleine Broschen, hübsche Puderdöschen.

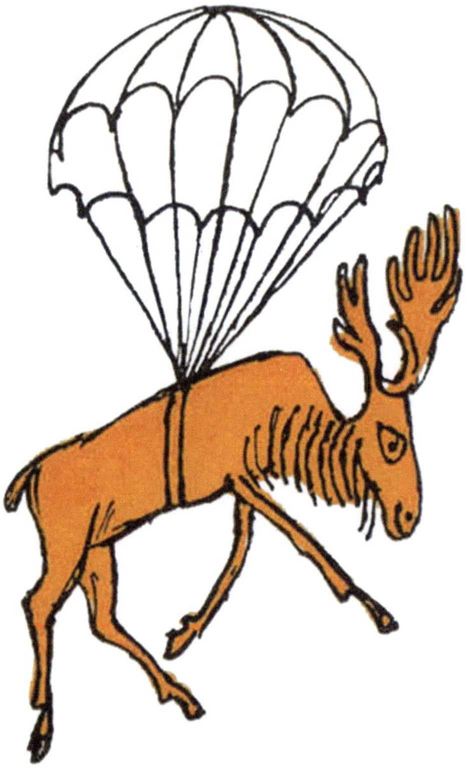

Mit Sicherheit besser als das Plastikzeugs, was uns heute aus den Knallbonbons entgegenfliegt.

Und wie immer setzte Fortnum & Mason noch einen drauf, denn ihre Knallbonbons waren einfach phänomenal in jeder Hinsicht bzw. der »Fetisch der Firma«, wie der britische *Observer* 1912 schrieb. Zum ersten Mal tauchten sie 1910 in einem Weihnachtskatalog auf und bekamen sogar eine eigene Abteilung, die von Oktober bis Dezember geöffnet war. Und sie wurden nicht von Tom Brown, sondern von der in Holborn ansässigen Firma Mead & Field gefertigt. Viele Knallbonbons wurden exklusiv für Fortnum & Mason gefertigt, und in den 1920er und 1930er Jahren entwickelte man dort sogar eine Selektion von Knallbonbons, neben denen heute selbst die schönsten Geschenkpackungen ziemlich alltäglich wirken.

Diese kleinen Kunstwerke aus Seidenpapier gab es in drei Variationen. Zunächst einmal das Knallbonbon zum Ziehen, wie wir es bis heute kennen. Allerdings wurde es in den wundervollsten Formen gestaltet – als Truthahn, Backwerk, Champagnerflasche, Bierfass, Fisch, Obst, Weihnachtskuchen und sogar als ein Stück Hochzeitskuchen, was darauf hindeutet, dass man es nicht nur an Weihnachten knallen ließ. Außerdem gab es verschiedene Knallbonbons für Damen und Herren sowie für Knaben und Mädchen, die so ziemlich alles enthalten konnten, angefangen von kleinen Puppen und Glastierchen bis hin zu seidenen Taschentüchern, Zimmerfeuerwerk, Musikinstrumenten und Spielen. Geschenke, die man gerne aufbewahrte, anstatt sie mit der aufgerissenen Banderole wegzuschmeißen.

Noch aufregender war jedoch das aufrecht stehende, lebensecht bis zu 1,80 Meter große

Knallbonbon in der Form von Beefeatern, Gardisten des britischen Königshauses (laut Katalog »sehr gutaussehend und bereit, würdevoll zu explodieren«), Zwergen, Krokodilen, Bulldoggen, Riesenfröschen, Weihnachtsmännern, Piraten, Prinzessinnen, Prinzen, Clowns und Schweinen. In einem Jahr wurde sogar ein riesiger Teufel mit elektrisch rot leuchtenden Augen verkauft. Es gab sogar Modelle bekannter Bühnen- und Filmschauspieler. Sobald man an den Schnüren zog, explodierte die Figur und ließ eine gewaltige Menge kleiner Knallbonbons auf die Umstehenden niederregnen.

Und dann gab es noch eine Art Tischfeuerwerk, z.B. in der Form eines von Rentieren gezogenen Schlittens, der mit kleinen Knallbonbons gefüllt war. Oder in der Form von Aschenbrödels Schuh, einem riesigen Weihnachtskuchen, einer Bombe, einem großen Kürbis oder einer Windmühle mit sich drehenden Flügeln. Wenn sie explodierten, fielen Spielzeug und kleine Geschenke in Hülle und Fülle heraus. Heutzutage ist die Auswahl deutlich eingeschränkter, dafür ist die Qualität echter, traditionell hergestellter Knallbonbons mindestens genauso gut. Und es gibt immer wieder neue Erfindungen, z.B. das sternförmige Super-Knallbonbon, das sechs Leute gleichzeitig zum Explodieren bringen können, oder die luxuriösen Imperial Crackers, die im Original-Weidenkorb von Fortnum & Mason verpackt sind und Designer-Accessoires enthalten. Und all diese besonderen Knallbonbons sind eine wunderbare Mischung aus Handwerkskunst und charmanter Unterhaltung, eben Knallbonbons nach Art des Hauses Fortnum & Mason!

SCHOKOLADEN-TRIFLE MIT KANDIERTEN FRÜCHTEN

Ein so köstliches Dessert, dass man es fast schon als dekadent bezeichnen möchte. Amarettini-Mandelmakronen als knusprige Basis, Griottines-Kirschen für das gewisse Extra, ein Hauch Kirschkonfitüre, köstlich samtige Schokoladensauce und eine Garnitur aus kandierten Früchten – Vorsicht, der Trifle hat magische Kräfte, und ein Löffel davon ist nie genug!

& dazu passt:
1 Glas Fortnum's
Cherry Likör

FÜR 6 PERSONEN

FÜR DIE SCHOKOLADENSAUCE

- 3 Eigelb
- 50 g Zucker
- 45 g Weizenmehl
- 350 ml Milch
- 100 g dunkle Schokolade (70 % Kakaoanteil), klein gehackt

- 170 g Kirschkonfitüre
- 100 g Amarettini Mandelmakronen
- 4 EL Marsala Dessertwein plus etwas mehr, falls nötig
- 75 g kandierte Ananas, klein gehackt
- 150 g Griottines (in Kirschwasser eingelegte Sauerkirschen)
- 350 ml süße Sahne
- 220 g gemischte kandierte Früchte, z.B. Kirschen, Melonen, Orangen, Kiwis und Feigen, klein gehackt
- 1 EL Mandelblättchen, ohne Zusatz von Fett in der Pfanne leicht geröstet

Zuerst die Schokoladensauce zubereiten und dafür in einer Schüssel Eigelb, Zucker und Mehl mit einem Holzlöffel oder einem Schneebesen aufschlagen und nach und nach die Hälfte der Milch unterrühren. Die restliche Milch in einem Stieltopf aufkochen und unter ständigem Rühren nach und nach über die Eiermischung gießen. Diese Sauce in den Topf geben und 5–8 Minuten unter ständigem Rühren sanft erwärmen. Sobald die Sauce eindickt, wird sie klumpig, doch die Klumpen lösen sich wieder auf, wenn man konstant weiterrührt. Die Sauce durch ein Sieb in eine hitzebeständige Schüssel gießen und die Schokolade einrühren, bis diese vollständig geschmolzen ist. Während des Abkühlens ein Stück Küchenfolie auf die Saucenoberfläche legen, damit sich keine Haut bildet.

Für den Trifle die Hälfte der Kirschkonfitüre auf den Boden einer Glasschüssel streichen, die Amerettinis darauf verteilen und diese mit dem Marsala beträufeln. Etwa 5 Minuten ruhen lassen, bis die Makronen den Wein aufgesogen haben und dann die klein gehackte Ananas und die Griottines darüberstreuen. Die Schokoladensauce noch einmal umrühren und falls sie zu dickflüssig ist, mit etwas Marsala oder Wasser verdünnen. Die Sauce über die Früchte streichen und die Schüssel für 5 Minuten in den Kühlschrank stellen.

Die Sahne steif schlagen und behutsam über die Schokoladensauce streichen. Die restliche Kirschkonfitüre mit etwas Marsala oder Wasser verdünnen und über die Schlagsahne gießen. Mit den Mandelblättchen und den klein gehackten kandierten Früchten bestreuen und vor dem Servieren 1 Stunde kalt stellen.

MANDELTARTE MIT ORANGENMARMELADE

In diesem Mandelkuchen vereinen sich leicht bittere, süße und säuerliche Aromen auf das Feinste. Dank der Orangenschale und den Birnen wird der Kuchen nicht zu schwer. Die Orangenmarmelade sorgt für eine bittersüße Note, und die Mandeln geben einen warmen nussigen Geschmack. Reichen Sie dazu Crème double.

& dazu passt:
1 Glas Fortnum's Tokaji Aszu Weißwein oder 1 Tasse Countess Grey Tee

Für den Teig Butter und Zucker schaumig rühren, das Mehl darübersieben und das Ei dazugeben. Alles zu einem Teig verrühren, den Teig zu einer 3 cm dicken, runden Scheibe platt drücken und in Küchenfolie gewickelt mindestens 1 Stunde kalt stellen.

Den Backofen auf 180 °C (Gas Stufe 4) vorheizen und eine 25 cm große Tarteform mit losem Boden einfetten. Die Arbeitsfläche mit Mehl bestauben, den kalten Teig 0,5 cm dick ausrollen und die Tarteform damit auslegen. Mit einer Lage Backpapier abdecken, mit Backbohnen beschweren und den Kuchenboden 15 Minuten blind backen, danach Bohnen und Backpapier entfernen und den Tarteboden weitere 10 Minuten backen. Den Kuchenboden anschließend abkühlen lassen und die Backofentemperatur auf 160 °C (Gas Stufe 3) senken.

Für die Füllung Butter, Zucker und Orangenschalenabrieb schaumig schlagen und dann die Eier einzeln gründlich unterrühren. Mit einem Spatel die gemahlenen Mandeln, das Mehl und das Backpulver unterheben.

Die Hälfte der Marmelade auf den abgekühlten Tarteboden streichen und dann die Mandelmischung darübergeben. Die Birnenviertel darauf verteilen, mit den Mandelblättchen bestreuen und den Kuchen 55–60 Minuten im Ofen backen, bis die Oberfläche hübsch gebräunt ist und ein Spieß sauber bleibt, wenn man ihn in den Kuchen sticht.

Die restliche Orangenmarmelade in einem kleinen Stieltopf erwärmen und den noch heißen Kuchen damit bestreichen. Den Kuchen eine halbe Stunde abkühlen lassen und dann in 8 Stücke schneiden.

ERGIBT 8 STÜCKE

FÜR DEN MÜRBETEIG

- 100 g Butter, auf Raumtemperatur erwärmt plus Butter zum Einfetten der Form
- 75 g Zucker
- 200 g Weizenmehl plus etwas mehr zum Bestauben
- 1 mittelgroßes Ei, verquirlt

FÜR DIE FÜLLUNG

- 120 g Butter, auf Raumtemperatur erwärmt
- 120 g Zucker
- Schalenabrieb von 1 Orange
- 2 mittelgroße Eier
- 90 g gemahlene Mandeln
- 20 g Weizenmehl
- ¼ TL Backpulver
- 225 g qualitativ hochwertige Orangenmarmelade
- 2 Birnen, geschält und geviertelt
- 20 g Mandelblättchen

CHRISTMAS PUDDING SOUFFLÉS MIT ORANGENEIS

Eine köstliche Art, die Reste eines Christmas Pudding aufzubrauchen und so selbst mich von den Tugenden des Christmas Puddings zu überzeugen. Reichen Sie dazu *brandy snaps* (mit Sahnecreme gefülltes Hippengebäck).

& dazu passt:
1 Gals Fortnum's Picolit Weißwein oder 1 Tasse Royal Blend Tee und *brandy snaps*

FÜR 6 PERSONEN

FÜR DAS ORANGENEIS

- 300 ml Vollmilch
- 300 ml süße Sahne
- 1 EL Vanillepaste
- 40 g flüssige Glukose
- Schalenabrieb und Saft von 1 großen Orange
- 160 g Zucker
- 6 Eigelb (Eiweiß für später aufheben)

FÜR DEN SOUFFLÉBODEN

- 300 g Christmas Pudding, in Stücke gebrochen
- 150 ml Wasser
- 30 g Zucker
- 25 g Maismehl

FÜR DIE SOUFFLÉMASSE

- 4 Eiweiß
- 90 g Zucker
- weiche Butter zum Einfetten

Für das Eis in einer Kasserolle Milch, Sahne, Vanille, Glucose, Orangenschale und Saft bis kurz vorm Siedepunkt erhitzen und dabei umrühren.

In einer sauberen Schüssel Zucker und Eigelb schaumig rühren. Sobald die Sahnemischung köchelt, eine Kelle davon zu der Eimischung geben und mit dem Schneebesen unterrühren. Die Eimischung zu der Sahnemischung in den Topf geben und die Temperatur auf eine mittlere bis niedrige Stufe zurückschalten. Alles unablässig mit einem Holzlöffel verrühren, bis die Mischung etwas eindickt und die Unterseite des Löffels überzieht.

Die Mischung in einen sauberen Behälter füllen und mit Küchenfolie abdecken, damit sich keine Haut bildet. Nach dem Abkühlen entweder in einer Eismaschine nach Anleitung des Herstellers gefrieren oder die Mischung in einem kältebeständigen Behälter ins Eisfach stellen und die angefrorene Oberfläche alle 20 Minuten mit einer Gabel aufbrechen, damit sich keine Klümpchen bilden, bis die Mischung nach etwa 3–4 Stunden gleichmäßig durchgefroren ist.

Christmas Pudding und Wasser in einem Topf auf mittlere Temperatur erhitzen und die Kuchenstücke dabei mit einem Holzlöffel auseinanderbrechen. Sobald sich der Kuchen aufgelöst hat und die Früchte sich vom Teig getrennt haben, die Mischung in der Küchenmaschine zu einer glatten Paste pürieren, zurück in den Topf geben und auf mittlere Temperatur erhitzen. Zucker und Maismehl einrühren, bis die Mischung dunkel und eingedickt ist. Anschließend auf niedrigster Stufe warm halten.

Für das Soufflé Eiweiß mit der Hälfte des Zuckers steif schlagen und bei laufendem Motor des elektrischen Handrührgeräts den restlichen Zucker untermischen, bis das Eiweiß so steif ist, dass es nicht mehr zusammenfällt, wenn man die Schneebesen herauszieht. Die warme Christmas-Pudding-Mischung in eine saubere Schüssel gießen und ein Viertel des Eischnees so lange unterrühren, bis sich etwaige Klümpchen vollständig aufgelöst haben. Den restlichen Eischnee gleichmäßig unterheben.

Die Mischung auf 6 mit Butter eingefettete Ramekin- oder Souffléförmchen aufteilen und im auf 180 °C (Gas Stufe 4) vorgeheizten Backofen backen, bis sich ihr Volumen verdoppelt hat und sie nicht wackelt, wenn man sie in der Mitte berührt. Die fertigen Soufflés mit einer Kugel Orangeneis servieren. Sie sollten direkt aus dem Backofen auf den Tisch kommen, da sie abgekühlt schnell einfallen.

PROFITEROLES GEFÜLLT MIT BANANEN-SCHOKOLADEN-EIS UND HEISSER SCHOKOLADENSAUCE

Die mit Eis gefüllten Profiteroles sind zweifellos sehr gehaltvoll, aber unwiderstehlich köstlich. Dank der Bananen wird das Schokoladenaroma nicht zu intensiv. Die Zubereitung der kleinen Windbeutel ist gar nicht so kompliziert, wie es vielleicht den Anschein hat, und der Teig lässt sich gut im Voraus zubereiten und im Kühlschrank aufbewahren.

Für das Eis die Bananen in 2 cm große Stücke schneiden und diese in einem Gefrierbeutel ins Eisfach legen. Den Schokoladenkuchen ebenfalls grob zerkleinern und im Gefrierbeutel ins Eisfach legen. Nach 2 Stunden beides in der Küchenmaschine pürieren, bis es die Konsistenz von Softeis hat. Das Eis bis zum Servieren in einem kältebeständigen Behälter im Eisfach aufbewahren.

Milch, Butter und Wasser in einem Stieltopf erwärmen, bis die Butter geschmolzen ist. Den Topf vom Herd nehmen und das Mehl darübersieben. Den Topf zurück auf den Herd stellen und alles unter ständigem Rühren mit einem Holzlöffel 2 Minuten erwärmen. Den Topf vom Herd nehmen und 5 Minuten abkühlen lassen. Mit einem elektrischen Handrührgerät die Eier in 3 Portionen untermischen, bis ein dickflüssiger und glänzender Teig entsteht. Den Teig in einen Spritzbeutel mit einer 1 cm großen Tülle (ersatzweise in einen Plastikbeutel mit abgeschnittener Ecke) füllen.

18–20 etwa 3 cm große Kugeln auf ein mit Backpapier ausgelegtes Backblech spritzen und im auf 200 °C (Gas Stufe 6) vorgeheizten Backofen 20–25 Minuten backen, bis die Kugel aufgegangen und goldbraun sind. Die Profiteroles zunächst 5 Minuten abkühlen lassen und dann auf einem Kuchenrost vollständig auskühlen lassen.

Die kalten Profiteroles mit einem Brotmesser halbieren, jeweils einen kleinen Löffel Eis auf die untere Hälfte geben, die obere Hälfte daraufsetzen und die gefüllten Profiteroles auf einem Tablett mindestens eine Stunde ins Gefrierfach stellen.

Die Sahne mit dem Puderzucker und der Vanillepaste in einer Schüssel steif schlagen.

Für die Schokoladensauce die Sahne in einer kleinen Kasserolle bis kurz vor dem Siedepunkt erhitzen und dann mit einem Schneebesen die Schokolade unterrühren, bis eine glänzende, glatte Sauce entsteht.

Zum Servieren jeweils 3–4 Profiteroles auf einem Dessertteller anrichten, mit ein paar EL Schokoladensauce beträufeln und mit der Schlagsahne und den gerösteten Mandeln garnieren.

& dazu passt:
1 Glas Fortnums Madeira Wein
oder 1 Tasse Assam Tee

FÜR 6 PERSONEN

FÜR DAS BANANEN-SCHOKOLADEN-EIS
· 3 reife Bananen
· 200 g Schokoladenbiskuitkuchen oder weihnachtlicher Schokoladen-Baumstammkuchen

FÜR DIE PROFITEROLES
· 50 ml Vollmilch
· 50 g Butter, gewürfelt
· 50 ml Wasser
· 70 g Weizenmehl
· 2 Eier, leicht verquirlt
· 100 ml süße Sahne
· 1 TL Puderzucker
· 1 TL Vanillepaste
· 40 g Mandelblättchen, geröstet

FÜR DIE SCHOKOLADENSAUCE
· 50 ml süße Sahne
· 50 g dunkle Schokolade (70 % Kakaoanteil), klein gehackt

GEDÄMPFTER INGWERKUCHEN

Ein Fortnum & Mason-Klassiker, der zum ersten Mal 1903 erwähnt wird. Der eingelegte Ingwer und sein Sirup sorgen hier für ein wunderbar würzig-warmes Aroma.

& dazu passt:
1 Glas Fortnum's Tokaji Aszu Weißwein oder 1 Tasse schwarzer Tee mit Zitrone

FÜR 6 PERSONEN

- 200 g Butter, gewürfelt
- 200 g Zucker
- 4 Eier, getrennt
- 200 g Weizenmehl
- ¼ TL Salz
- 100 g in Sirup eingelegter Ingwer, gewürfelt plus etwas mehr zum Garnieren
- 75 ml Ingwersirup

Butter und Zucker schaumig schlagen, danach Eigelb, Mehl, Salz und zum Schluss den Ingwer unterrühren.

Eiweiß steif schlagen und unter den Teig heben.

Eine 1 Liter fassende Puddingform (oder kleine Gugelhupfform) mit Butter auspinseln und ihren Boden zusätzlich mit Backpapier auslegen, damit sich der Kuchen später besser aus der Form löst. Den gewürfelten Ingwer für die Garnitur auf das Backpapier geben, den Sirup darübergießen und dann den Teig in die Form geben, sodass 2 cm Rand frei bleiben, denn der Kuchen geht etwas auf.

Die Oberfläche mit Backpapier abdecken, die Schüssel in ein Musselintuch wickeln, zubinden und anderthalb Stunden in einem Dampfeinsatz über kochendem Wasser dämpfen.

Tuch und Backpapier entfernen, mit einer Palette den Teig vom Rand der Form lösen, einen Teller auf die Form legen und den Kuchen schnell stürzen, sodass der Sirup an ihm herabläuft.

Bei Fortnum & Mason reicht man dazu eine hausgemachte Vanillesauce.

F
M

BOXING DAY

—

DER ZWEITE WEIHNACHTS-FEIERTAG

Der Morgen nach der großen Bescherung

Zur Einstimmung empfehle ich die Lektüre von P.G. Wodehouses wunderbar witzigen *Jeeves*-Romanen, denn sein Protagonist Bertie Wooster leidet am Morgen des zweiten Weihnachtsfeiertags an einem fürchterlichen Kater, worauf ihm sein Diener Jeeves äußerst souverän einen Zaubertrank aus verquirltem rohen Ei mit rotem Pfeffer und Worcestershiresauce zusammenmixt. »Ich habe mir von Gentlemen sagen lassen, dass sie dieses Getränk nach einer langen Nacht als besonders stärkend empfänden«, schnurrt Jeeves, als sich sein Herr errötend unter der gestärkten Bettdecke verkriecht. Der Zauber setzt ein, sobald dieses Getränk, das übrigens eng mit dem amerikanischen Anti-Kater-Cocktail *Prairie Oyster* verwandt ist, die Kehle hinabläuft. »Plötzlich kommt alles wieder ins Lot«, seufzt Bertie. »Die Sonne schien durchs Fenster hinein, Vögel zwitscherten in den Baumwipfeln, und ganz allgemein schien es wieder Hoffnung zu geben.«

Wenn es doch immer so einfach wäre, einen Kater zu vertreiben. Dann wären diese Morgen, an denen das Gehirn funktionsgestört und wie weich gekocht erscheint, leichter zu ertragen. Wer wüsste das besser als der englische Schriftsteller und große Fortnum & Mason-Fan Kingsley Amis. Bekannt für seine regelmäßige Teilnahme an abendlichen Trinkgelagen, dem Aufwachen auf kalten Fliesen und den Leiden danach, beschrieb er die Folgen für seinen namengebenden Helden in *Glück für Jim* folgendermaßen: »Alle Glieder von sich gestreckt lag er wie eine Spinnenkrabbe, zu träge, sich zu bewegen, auf dem Straßengeröll des Morgens … Sein Mund war während der Nacht von einer kleinen Kreatur erst als Latrine und dann als ihr Mausoleum benutzt worden.

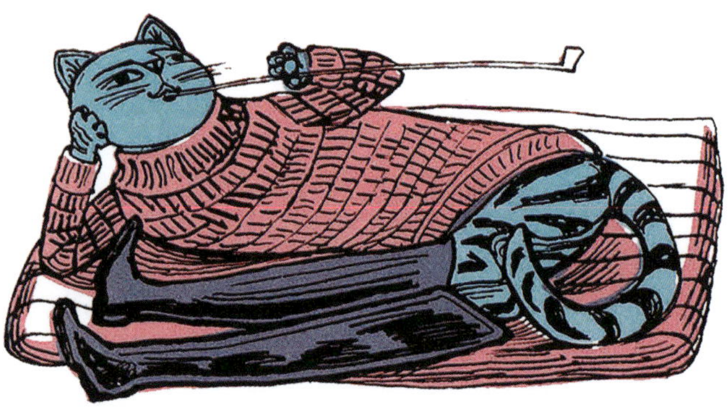

Während der Nacht hatte er zudem einen Dauerlauf übers Land absolviert und war von einer Geheimpolizei fachmännisch zusammengeschlagen worden. Er fühlte sich furchtbar.«

Sein Kollege P.G. Wodehouse geht in seinem *Jeeves*-Roman *Jeeves wirkt Wunder* einen Schritt weiter und schildert sechs verschiedene Varianten des Katers: Den »zerbrochenen Kompass« (Orientierungslosigkeit), die »Nähmaschine« (Zittern), den »Kometen« (Übelkeit), die »Atombombe« (fürchterlichste Kopfschmerzen), die »Zementmischmaschine« (wenn die Gedärme involviert sind) und den »Gremlin Boogie« (in der eigenen Trunkenheit schwelgen, gekoppelt mit dem Drang, weiterzutrinken). Ich denke, ich habe sie alle schon durchlebt und kenne auch die letzte Stufe nur allzu gut. Und ich habe so ziemlich alle angeblichen Kater-Heilmittel ausprobiert – von fettigem Frittiertem über literweise Wassertrinken, schachtelweise Aspirin bis hin zum »schwarzen Doktor« (eine Flasche Coca-Cola in einem Zug trinken). Ein Schnapsglas voll Fernet Branca (auf Empfehlung des Chefkochs Fergus Henderson, der ein Stück Mohnkuchen dazu serviert), eine Schüssel Sizilianischer Kutteleintopf (bäh), Mexikanischer Menudo (noch mehr Kutteln), ein Big-Mac-Menü (verschafft nur sehr kurz Erleichterung), merkwürdige koreanische Brühen (geht gar nicht), ein erfrischendes Bad im Meer (von durchaus eigenem Charme) und sogar eine Runde Workout (wird keinesfalls wiederholt).

Seit die Menschheit Saufgelage veranstaltet, gibt es für die Folgen angebliche Heilmittel. Die Mongolen behalfen sich mit eingelegten Schafsaugen, während Doktoren im Mittelalter rohen Aal mit bitteren Mandeln verschrieben. Assyrer schworen auf zerstoßene Vogelschnäbel mit Myrrhe, während man auf Sizilien an die Wirkung von getrocknetem Stierhoden glaubte.

Im Grunde genommen gibt es jedoch nur zwei Mittel gegen Kater. Erstens, aber nur mit Vorsicht zu genießen, sollte man das Haar eines Hundes schlucken, der einen zuvor gebissen hat. Und eine brutal scharfe Bloody Mary trinken, um wieder etwas Farbe ins Gesicht zu zaubern. Oder ein Bullshot-Cocktail, also eine Rinderbrühe, gemixt mit Wodka, Zitronensaft und Gewürzen – geschüttelt und eisgekühlt serviert. Der erste Schluck ist meist ungewohnt, aber der Rest fließt wie von selbst die Kehle hinab. Ein Gibson Martini mit eingelegten Zwiebeln oder ein mexikanischer Michelada-Cocktail aus Bier, Limettensaft, Salz und scharfer Sauce können ebenfalls Wunder bewirken. Nach drei dieser Drinks ist man gewillt, sich dem neuen Tag zu stellen, wobei man damit im Grunde nur den Schmerz verzögert.

Das zweite Heilmittel gegen Kater ist deutlich einfacher, denn es besteht darin, von Anfang an nichts zu trinken. Doch wo bleibt dann der Spaß? Weihnachten ist eine Zeit der Exzesse, natürlich nicht ohne Sinn und Verstand. Ein Arzt hat mir mal gesagt, dass man am nächsten Morgen weniger leidet, wenn man abends doppelt so viel Wasser wie Wein trinkt. Weise Worte, aber nicht immer praktikabel. Genau wie Mason auf Fortnum folgt, so folgt der Schmerz auf übermäßigen Genuss. Entweder weniger trinken oder sich der Tatsache stellen, dass man am nächsten Morgen leiden wird.

GESCHMORTER OCHSENSCHWANZ MIT KLÖSSEN

Ich liebe Ochsenschwanz, dieses günstige, auf den ersten Anblick nicht sehr ansprechende Fleisch, das sich jedoch in Scheiben geteilt, mariniert und lange geschmort in ein wahrhaft königliches Rindergericht von intensivem Aroma verwandelt. Zusammen mit ein paar Klößen bildet es ein perfektes Mittagsmahl für den zweiten Weihnachtsfeiertag.

FÜR 6 PERSONEN

- 1,6 kg Ochsenschwanzscheiben
- 40 g Weizenmehl
- 2 EL Pflanzenöl
- 1 EL Tomatenmark
- 1,5 l dunkle Rinderbrühe
- 30 g Butter
- 1 Zwiebel, klein gehackt
- 2 Möhren, gewürfelt
- 1 kleine Kohlrübe, gewürfelt
- 1 kleiner Knollensellerie, gewürfelt
- 1 TL klein gehackte Petersilie

FÜR DIE MARINADE

- 600 ml Guinness-Bier
- 2 Knoblauchzehen, zerdrückt
- 1 TL frische Thymianblätter
- 1 TL klein gehackte Rosmarinnadeln
- 1 Lorbeerblatt

FÜR DIE KLÖSSE

- 185 g Weizenmehl
- 1 TL Backpulver
- 1 gute Prise Selleriesalz
- 90 g Butter, gewürfelt
- 1 TL klein gehackte Petersilie

Die Ochsenschwanzscheiben mit allen Zutaten für die Marinade in einer Edelstahlschüssel vermengen, mit Küchenfolie abdecken und 24–48 Stunden im Kühlschrank marinieren lassen.

Das Fleisch in einen Durchschlag geben und die Marinade auffangen und beiseitestellen. Die Ochsenschwanzscheiben mit Küchenkrepp trocken tupfen, mit 15 g Mehl bestauben und mit Salz und Pfeffer bestreuen. Das Pflanzenöl in einem großen Schmortopf erhitzen und die Ochsenschwanzscheiben darin portionsweise scharf anbraten, bis sie rundum gleichmäßig gebräunt sind. Tomatenmark, Brühe und die Hälfte der Marinade dazugeben und unterrühren, alles aufkochen und den Topf dann zugedeckt für 2–2,5 Stunden in den auf 150 °C (Gas Stufe 2) vorgeheizten Backofen stellen, bis das Fleisch sehr weich ist. Die exakte Garzeit hängt von der Größe der Ochsenschwanzscheiben ab. Nach dem Schmoren sollte sich das Fleisch leicht vom Knochen lösen.

Den Schmortopf aus dem Ofen nehmen und das Fleisch etwas abkühlen lassen. Das Fett an der Oberfläche mit einer Kelle leicht nach unten drücken, damit es sich zum Topfrand hin bewegt und sich dort gut abschöpfen lässt.

In einem Stieltopf die Butter zerlassen und die Zwiebel darin weich schwitzen. Das restliche Wurzelgemüse hinzugeben und 5 Minuten garen, danach das restliche Mehl bei niedriger Temperatur eine Minute unterrühren. Die restliche Marinade langsam dazugießen und dabei ständig weiterrühren, damit sich keine Klümpchen bilden. Alles aufkochen und so lange köcheln, bis die Flüssigkeit auf die Hälfte eingekocht ist. Die Mischung zum Ochsenschwanz in den Schmortopf geben und alles zusammen erneut köcheln lassen.

Parallel die Klöße zubereiten und dafür das Mehl und das Backpulver in eine Schüssel sieben, Selleriesalz dazugeben und die Butter mit den Fingerspitzen unterkneten, bis der Teig Semmelbröseln gleicht. Die Petersilie untermischen und so viel Wasser dazugeben, bis der Teig relativ fest wird. Aus dem fertigen Teig 12 Klöße formen.

Die Klöße auf die Ochsenschanzscheiben legen und den Schmortopf erneut für 15 Minuten in den Backofen stellen, bis die Klöße aufgegangen und gar sind. Mit der restlichen Petersilie bestreut servieren.

FORTNUMS RINDERBOUILLON MIT GEMÜSE

Eine konzentrierte Version der Bouillon, die Königin Victoria der Krankenschwester Florence Nightingale in Form von Brühwürfeln auf die Krim schicken ließ, weil sie überzeugt war, die wohltuende Suppe wäre das perfekte Stärkungsmittel für die verwundeten Soldaten. Und sie hatte recht, denn die gehaltvolle Bouillon ist auch heute noch ein wunderbares Getränk. Nach einem langen Winterspaziergang lässt sie sich mit etwas Ochsenschwanzfleisch oder Ochsenbäckchen im Handumdrehen in eine kräftige Suppe verwandeln. Gesiebt, des Gemüses entledigt und mit Wodka, Zitronensaft, Tabasco und Worcestershiresauce gemixt, ist sie die Basis für einen heißen Bullshot-Cocktail – das beste Mittel, den Winter aus den Knochen zu vertreiben.

Möhre, Lauch, Sellerie, Schalotte und Zucchini putzen, schälen und in kleine Würfel schneiden. In einer Kasserolle Butter zerlassen und das Gemüse mit dem Knoblauch, dem Thymian und 1 Prise Salz etwa 10 Minuten sanft anschwitzen, bis das Gemüse fast weich ist, aber keine Farbe angenommen hat. Das Wasser dazugießen, aufkochen und 5 Minuten kochen, bis das Gemüse weich ist.

Parallel die Bohnen oder Kaiserschoten 1–2 Minuten in kochendem Salzwasser blanchieren und danach in kaltem Wasser abschrecken.

Ausreichend Rinderbrühe-Konzentrat in die Suppe einrühren, dass die Bouillon einen kräftigen Geschmack bekommt und mit Salz und Pfeffer abschmecken. Die abgetropften Bohnen oder Kaiserschoten und die Petersilie untermischen und beim Servieren dicke Scheiben Sauerbrot dazureichen.

FÜR 4 PERSONEN

- 1 Möhre
- 1 Lauch
- 1 Stange Staudensellerie
- 1 Schalotte
- 1 kleine Zucchini
- 30 g Butter
- 1 Knoblauchzehe, gehackt
- abgezupfte Blätter von 4 Zweigen Thymian
- 800 ml Wasser
- 100 g grüne Bohnen, in kleine Stücke geschnitten oder Kaiserschoten, in diagonale Streifen geschnitten
- 1-2 EL Fortnum & Mason Rinderbrühe-Konzentrat oder 1 Rinderbrühwürfel
- 2 TL klein gehackte Petersilie
- Sauerteigbrot zum Servieren

ENTERTAINING
A LA CARTE

EISBEIN IN SÜLZE

Mit seinen günstigen Zutaten ein schmackhaftes Gericht mit ausgewogenen Aromen. Die in Essig eingelegten Schalotten und der Dijon-Senf sorgen für den nötigen Kick, während frischer Estragon ein subtile Note beisteuert. Reichen Sie dazu saure Gürkchen und gebutterten Toast.

& dazu passt:
hochwertiger, grobkörniger Senf

FÜR 6–8 PERSONEN

- 1 Schweinshaxe
- 1 Zwiebel, geviertelt
- 2 Möhren, grob gehackt
- 2 Stangen Staudensellerie, jeweils geviertelt
- ½ Knoblauchknolle, geschält
- 2 Lorbeerblätter

FÜR DIE SÜLZE

- 1 kleine Möhre, gewürfelt
- 75 g Schalotten, klein gehackt
- 50 ml Weißweinessig
- 25 ml Weißwein
- 50 ml Wasser
- 1 kleines Bund glatte Petersilie, klein gehackt
- 2 TL klein gehackter Estragon
- 1 EL Dijon-Senf
- 3 Blatt Gelatine

Die Schweinshaxe in einen Topf geben und mit Wasser auffüllen, bis sie bedeckt ist. Zwiebeln, Möhren, Sellerie, Knoblauch und Lorbeerblätter dazugeben, das Wasser aufkochen und immer wieder den Schaum von der Oberfläche entfernen und so viel Wasser nachgießen, dass die Haxe bedeckt bleibt. Etwa 2,5 Stunden köcheln, bis das Fleisch gar und zart ist. Zur Überprüfung der Garzeit die Haxe aus dem Topf nehmen und an dem kleineren der beiden Knochen ziehen. Sobald sich dieser leicht lösen lässt, ist das Fleisch gar. Den Herd ausschalten und die Haxe mindestens eine Stunde in der Garflüssigkeit abkühlen lassen.

Das abgekühlte Eisbein aus der Brühe heben, die Schwarte entfernen und das Fleisch abzupfen. Etwaiges Fett entfernen und das Fleisch in bissgroße Stücke zerteilen.

Die Garflüssigkeit durch ein Haarsieb in einen sauberen Topf abseihen. Ein paar Kellen davon in einen kleinen Topf geben und die gewürfelte Möhre darin etwa 5 Minuten kochen, bis sie weich wird. Die Möhrenwürfel abtropfen lassen und beiseitestellen. In einem weiteren Topf Schalotten, Weißweinessig, Weißwein und Wasser kochen, bis die Schalotten weich sind und die Flüssigkeit verdampft ist. Abkühlen lassen und das Fleisch mit den Möhrenwürfeln, den Essigschalotten, der Petersilie, dem Estragon und dem Senf vermengen und mit schwarzem Pfeffer abschmecken (vermutlich ist die Mischung salzig genug).

In der Zwischenzeit die restliche Garflüssigkeit kochen, bis sie um etwa zwei Drittel reduziert ist (etwa 600 ml). Den Herd ausschalten. Die Gelatine in kaltem Wasser 5 Minuten einweichen, danach leicht ausdrücken und in die heiße Brühe einrühren, bis sie sich vollständig aufgelöst hat. Die Brühe etwas abkühlen lassen, bis sie leicht eindickt.

Die Fleischmischung locker in eine 1 Liter fassende Puddingform füllen. Nach und nach mit der Brühe aufgießen und dabei die Form leicht hin und her schwenken, damit genügend Zwischenraum entsteht. Die Form für 30–40 Minuten in den Kühlschrank stellen, bis die Sülze fest ist. Um sicherzugehen, dass sich das Fleisch gleichmäßig in der Sülze verteilt, kann man auch Fleisch und Brühe portionsweise in die Form geben und diese immer wieder in den Kühlschrank stellen, bis die Schicht geliert ist.

Entweder in der Form servieren oder den Boden der Form kurz unter heißes Wasser halten und dann die Sülze auf einen großen Teller stürzen und mit Petersilie und Gürkchen garnieren.

GEGRILLTE AUBERGINEN MIT KICHERERBSEN

Dieses magische orientalische Gericht vereint kühles Joghurt, wärmende Gewürze, fruchtige Granatapfelkerne, grüne Kräuter und jede Menge Zitronensaft, um die Geschmacksnerven anzuregen, ohne den Magen zu belasten. Die Auberginen sollten behutsam gegrillt werden, denn wenn die Haut außen fast verbrennt, ist das Fruchtfleisch besonders saftig und entfaltet ein wunderbar rauchiges Aroma.

Harissa ist eine scharfe Chilipaste aus dem Maghreb, die inzwischen auch bei uns in gut sortierten Lebensmittelabteilungen erhältlich ist.

& dazu passt:
1 Glas Fortnum & Mason
Stellenbosch Rotwein
(ein Wein für Vegetarier)

Eine Grillpfanne auf höchste Temperatur mindestens 5 Minuten vorwärmen. Währenddessen den Blattansatz der Auberginen abschneiden und die Auberginen halbieren. Jede Hälfte der Länge nach in drei Spalten schneiden.

Die Auberginen nacheinander je drei Minuten von jeder Seite grillen, bis die Grillpfanne dunkle Streifen auf ihnen hinterlässt. Anschließend jeweils sofort mit Olivenöl beträufeln und mit Salz und Pfeffer würzen. Die Auberginen nebeneinander auf ein Backblech legen und im auf 200 °C (Gas Stufe 6) vorgeheizten Backofen ein paar Minuten garen, bis sie weich sind. Den Backofen ausschalten und die Auberginen darin warm halten.

Die Kichererbsen abtropfen lassen und in der Küchenmaschine grob zerkleinern. Harissa, Zitronensaft, Knoblauch, Salz und Pfeffer dazugeben, erneut kurz pürieren, abschmecken und eventuell nachwürzen.

Für die Raita die Kräuter fein hacken und mit dem Zitronensaft unter das Joghurt mischen. Mit Salz und Pfeffer abschmecken und kalt stellen.

Für den Puffreis in einer kleinen Pfanne das Öl auf 180 °C erwärmen (oder bis ein Stückchen Brot darin in 20 Sekunden kross wird) und einen mit Küchenkrepp ausgelegten Teller bereitstellen. Den Reis in die Pfanne geben, ein paar Sekunden warten, bis er aufgeplatzt ist und ihn dann mit einem Schaumlöffel herausheben und auf dem Küchenkrepp abtropfen lassen. Mit Cayennepfeffer und Salzflocken bestreuen.

Unmittelbar vor dem Servieren den Brokkoli in kochendem Salzwasser 3 Minuten blanchieren, abtropfen lassen und mit den Kichererbsen auf einer Servierplatte anrichten. Die Auberginen darauf verteilen und mit der Hälfte der Raita beträufeln. Die andere Hälfte in einer kleinen Schüssel dazureichen. Die Auberginen mit Granatapfelkernen, Kräutern, Frühlingszwiebel und optional auch mit Puffreis bestreuen.

FÜR 4–6 PERSONEN
- 3 große Auberginen
- extra natives Olivenöl zum Beträufeln
- 1 Dose (660 g) Kichererbsen in Lake
- 1 EL Harissa
- Saft von ½ Zitrone
- 1 Knoblauchzehe, gerieben

FÜR DIE RAITA
- ½ Bund Koriander, Blätter abgezupft und Stiele entfernt
- ½ Bund frische Minze, Blätter abgezupft und Stiele entfernt
- 6 EL Naturjoghurt
- Saft von ½ Limette

FÜR DEN WILDEN PUFFREIS (OPTIONAL)
- 100 ml Pflanzenöl oder Sonnenblumenöl
- 30 g Wildreis
- 1 Prise Cayennepfeffer
- Meersalzflocken

ZUM SERVIEREN
- 400 g Stängelkohl (italienischer Brokkoli)
- Kerne von ½ Granatapfel
- 1 Handvoll Korianderblätter, grob gehackt
- 1 Handvoll Minzeblätter, grob gehackt
- ½ Bund Frühlingszwiebeln, diagonal in Ringe geschnitten

SALAT VON GERÖSTETEM KÜRBIS, FETA UND PINIENKERNEN MIT EINGELEGTEM FENCHEL

Wenn ich für jedes angeblich »wirklich schnell und einfach zuzubereitende« Rezept, das sich in Wahrheit als sehr zeitaufwendig herausstellt, ein Pfund bekäme, hätte ich schnell genug beisammen, um mir einen wunderbaren Geschenkkorb bei Fortnum & Mason zu leisten. Die Zubereitung dieses Salats ist jedoch wirklich ein Kinderspiel, und mit seinem erdigen und dennoch frischen Aroma passt er zum Beispiel wunderbar zu kaltem Truthahn oder Schinken. Vermengt mit etwas Quinoa oder Couscous ergibt er ein großartiges vegetarisches Hauptgericht.

& dazu passt:
Picadilly Salatdressing
und 1 Glas Fortnums Chablis Weißwein

FÜR 6 PORTIONEN

FÜR DEN EINGELEGTEN FENCHEL
- ½ Fenchelknolle, mit einer Mandoline in hauchdünne Scheiben geschnitten
- 1 kleine rote Zwiebel, mit einer Mandoline in hauchdünne Scheiben geschnitten
- 1 EL Apfelessig
- Saft von ½ Zitrone
- ½ TL Salz
- ½ TL Zucker
- 1 Prise Fenchelsamen

FÜR DEN SALAT
- 1 Butternusskürbis, geschält und gewürfelt
- 2 EL Olivenöl
- 100 g Rucola
- 2 Salatherzen
- 260 g Fetakäse
- 30 g Pinienkerne, geröstet

FÜR DAS DRESSING
- 1 Knoblauchzehe, zerdrückt
- 1 Zweig Thymian, Blättchen abgezupft
- Schalenabrieb und Saft von ½ Zitrone
- 1,5 EL Weißweinessig
- 80 ml extra natives Olivenöl
- 1 TL Dijon-Senf

Für den eingelegten Fenchel in einer Schüssel sämtliche Zutaten mit den Händen vermengen und dabei Salz und Zucker gut in das Gemüse einarbeiten. Das Fenchel-Zwiebel-Gemisch mit einem Teller abdecken, diesen mit einem Weckglas beschweren und alles eine halbe Stunde marinieren lassen.

Die Kürbiswürfel mit Olivenöl vermengen, bis sie ganz davon überzogen sind und mit etwas Salz und Pfeffer bestreuen. Eine Pfanne auf mittlere Temperatur vorheizen und den Kürbis darin etwa 10 Minuten rösten. Die Kürbiswürfel dabei regelmäßig wenden, bis sie rundherum goldbraun sind und sich mit einer Messerspitze ganz leicht einstechen lassen.

Für das Dressing Knoblauch, Thymian, Zitronenschale, Zitronensaft, Essig, Öl und Senf in einer kleinen Schüssel verrühren und mit Salz und Pfeffer abschmecken. Die Hälfte des Dressings unter den noch warmen Kürbis heben.

Den Kürbis mit dem Rucolasalat und den Salatherzen und dem restlichen Dressing anmachen und in einer Servierschale anrichten. Den Feta darüberkrümeln und die Hälfte des eingelegten Fenchels darauf verteilen. Die andere Hälfte in einer kleinen Schale dazureichen. Die gerösteten Pinienkerne darüberstreuen und alles behutsam unterheben. Möglichst servieren, solange der Kürbis noch lauwarm ist.

LACHS IN BLÄTTERTEIG AN EINER SCHNITTLAUCH-BUTTERSAUCE

Ein französischer Klassiker, der hier mit einer verführerisch samtigen Schnittlauch-Buttersauce serviert wird. Die Zubereitung ist ein wenig aufwendig. Wer Zeit sparen möchte, kann hier tiefgefrorenen Lachs verwenden.

& dazu passt:
1 Glas Fortnum's Chablis oder Saint Véran Weißwein

Zunächst die Pfannkuchen zubereiten und dafür das Mehl in eine Schüssel sieben, Salz und Zucker untermischen und in die Mitte eine Mulde drücken. Die Eier in die Mulde geben, mit einem Holzlöffel verrühren und dabei immer mehr Mehl von den Seiten untermischen. Unter ständigem Rühren langsam die Milch dazugießen und so lange weiterrühren, bis ein glatter, dünnflüssiger Teig entsteht, der ein paar Bläschen an der Oberfläche bildet. Zum Schluss den Schnittlauch untermischen.

In einer beschichteten Pfanne etwas Butter zerlassen und auf mittlere Temperatur erhitzen. Sobald die Butter schäumt eine kleine Kelle Pfannkuchenteig hineingießen und die Pfanne schwenken, bis sich der Teig gleichmäßig auf dem Pfannenboden verteilt hat. Den Pfannkuchen jeweils 1–2 Minuten von jeder Seite hellbraun ausbacken und danach wenden. Den fertigen Pfannkuchen auf eine Lage Backpapier geben und den restlichen Teig ebenso ausbacken. Die fertigen Pfannkuchen können aufeinandergestapelt werden. Die Menge ergibt mehr Pfannkuchen als für das Rezept benötigt werden, manchmal kann man damit aber Lücken schließen, die beim Einwickeln des Lachses entstehen.

Den Spinat putzen, zu große Blätter und Stiele entfernen, den Rest 10 Sekunden in kochendem Salzwasser blanchieren, danach in einem Durchschlag unter fließend kaltem Wasser abschrecken, abkühlen lassen und behutsam so viel Feuchtigkeit wie möglich herausdrücken. Die Spinatblätter auf Küchenkrepp ausbreiten und trocknen lassen.

Ein Stück Küchenfolie auf der Arbeitsfläche ausbreiten und einen Pfannkuchen darauflegen. Ein Viertel des Spinats darauf verteilen und ein Lachsfilet darauflegen. Den Fisch mit Salz und Pfeffer würzen, eine Seite des Pfannkuchens mit verquirltem Ei bepinseln, den Lachs in den Pfannkuchen einwickeln und dabei die Enden einschlagen, sodass das Ergebnis einer Frühlingsrolle ähnelt. Das Lachspäckchen fest mit Küchenfolie umwickeln, damit es seine rechteckige Form behält, und mit den restlichen Zutaten ebenso verfahren.

FÜR 4 PERSONEN

FÜR DIE PFANNKUCHEN
- 100 g Weizenmehl plus etwas mehr zum Bestauben
- je 1 kleine Prise Salz und Zucker
- 2 Eier
- 200 ml Milch
- 2 TL Schnittlauchröllchen
- etwas Butter zum Ausbacken

FÜR DIE FÜLLUNG
- 100 g Spinatblätter
- 4 Lachsfilets à 70 g ohne Haut
- 1 Eigelb, leicht verquirlt
- 225 g Blätterteig

FÜR DIE SCHNITTLAUCH-BUTTERSAUCE
- 2 Schalotten, gewürfelt
- 1 Knoblauchzehe, zerdrückt
- 4 Zweige Thymian
- 50 ml Weißwein
- 50 ml Weißweinessig
- 50 ml süße Sahne
- 100 g kalte Butter, gewürfelt
- Saft von ½ Zitrone
- 2 TL Schnittlauchröllchen

> Fortsetzung Seite 201

> Fortsetzung von Seite 199

Lachs in Blätterteig an einer Schnittlauch-Buttersauce

Den Blätterteig in 4 Teile schneiden und die einzelnen Teile so dünn auf einer leicht mit Mehl bestaubten Arbeitsfläche ausrollen, dass die Lachspäckchen darin eingewickelt werden können. Den Blätterteig mit verquirltem Ei bepinseln, jeweils ein Lachspäckchen aus der Küchenfolie auswickeln und in den Blätterteig einschlagen, dabei die Teigränder fest zusammendrücken und die Oberfläche mit Ei bepinseln. Die fertigen Päckchen im Kühlschrank ruhen lassen, bis die Sauce fertig ist.

Für die Sauce Schalotten, Knoblauch, Thymian, Weißwein und Weißweinessig in einem Topf 5–10 Minuten köcheln, bis die Flüssigkeit sirupartig eingedickt ist: Die Sahne einrühren und so lange mit köcheln, bis sie um die Hälfte reduziert ist. Die Temperatur auf die niedrigste Stufe schalten und die kalte Butter portionsweise mit dem Schneebesen unterrühren, bis eine glatte, gebundene Sauce entsteht. Den Topf dabei gelegentlich vom Herd ziehen, damit die Sauce nicht überhitzt. Zitronensaft und Schnittlauch unterrühren, den Topf vom Herd nehmen und die Sauce mit Küchenfolie abdecken.

Den Fisch in Blätterteig 10–12 Minuten im auf 190 °C (Gas Stufe 5) vorgeheizten Backofen goldbraun backen.

Zum Servieren, die Teigenden der Fischpäckchen abschneiden, jedes Päckchen halbieren und auf einem Teller anrichten. Etwas Sauce außen herum träufeln und die restliche Sauce in einer Sauciere dazu reichen.

Fortnums & Mason serviert dazu in Butter geschwenkten Stängelkohl (italienischer Brokkoli).

BUBBLE AND SQUEAK MIT STILTON

Ein typisch englisches Resteessen aus Kartoffeln und übrig gebliebenem Gemüse, das hier durch den Stilton-Käse aufgewertet wird. Dazu ein paar Scheiben vom Weihnachtsschinken – und der Tag ist gerettet.

Dieser Klassiker der Resteverwertung verdankt seinen Namen den Umständen, dass beim Karamellisieren Blasen (»Bubbles«) entstehen und der Pfannenwender beim Rühren in der Pfanne quietscht (»squeak«).

& dazu passt:
1 Glas Fortnum's Burgunder Rotwein

In einer großen Bratpfanne 2 EL Öl und 20 g Butter erhitzen und die Zwiebeln darin etwa 10 Minuten schwitzen, bis sie leicht karamellisiert sind. Den Lauch und 1 Prise Salz dazugeben und so lange garen, bis er ebenfalls weich und leicht karamellisiert ist. Zwiebeln und Lauch mit einem Schaumlöffel aus der Pfanne heben und beiseitestellen.

Das restliche Öl und die verbliebene Butter in der Pfanne erhitzen und die Kartoffeln bei mittlerer Temperatur so lange rösten, bis sie auf der Unterseite eine hübsche goldbraune Kruste bekommen.

Die Kartoffeln wenden, Möhrengemüse und Rosenkohl dazugeben, alles weiterbraten und gelegentlich wenden, bis die Kartoffeln rundherum goldbraun sind und das Gemüse anfängt zu karamellisieren. Petersilie, Zwiebeln und Lauch dazugeben und gründlich unterheben. Nach Geschmack würzen, den zerkrümelten Stilton unterrühren und servieren, sobald der Käse schmilzt.

FÜR 4 PERSONEN

- 3 EL Pflanzenöl
- 50 g Butter
- 1 Gemüsezwiebel (200 g), in dünne Scheiben geschnitten
- 2 Stangen Lauch, in dünne Ringe geschnitten
- etwa 250 g gekochte Kartoffeln, gewürfelt
- etwa 200 g übrig gebliebenes Möhrengemüse
- etwa 200 g fertig gegarter Rosenkohl, halbiert
- 3 TL frisch gehackte Petersilie
- 125 g Stilton-Käse, grob zerkrümelt

GLASIERTE PASTINAKEN IN EINER BLÄTTERTEIGPASTETE AN EINER MORCHEL-SAHNESAUCE

Der bescheidenen Pastinake verhilft hier eine Honigglasur zu ungeahntem Glanz. Dazu wird sie in Blätterteig gebettet und mit einer perfekt cremigen Morchelsauce serviert. Traditionelles Gemüse trifft auf traditionelle zfranzösische Haute Cuisine.

& dazu passt:
1 Glas Fortnum's Upper Yarra Chardonnay Weißwein oder 1 Tasse Ceylon Orange Pekoe Tee

FÜR 4 PERSONEN

- 50 g getrocknete Morcheln
- 200 ml warmes Wasser
- 320 g fertig ausgerollter Blätterteig
- 1 Eigelb, verquirlt
- 600 g Pastinaken, geschält und in 3 cm große Stücke geschnitten
- 150 g Butter
- 75 ml flüssiger Honig
- 200 g cavalo nero (italienischer Schwarzkohl), geputzt, Blattrippen entfernt und Blätter klein geschnitten
- 1 Schalotte, gewürfelt
- ¼ Bund Oregano (wilder Majoran), Blätter und Stiele getrennt
- 150 ml trockener Weißwein
- 100 ml süße Sahne

Die getrockneten Pilze im Wasser einweichen und beiseitestellen.

Den Blätterteig ausrollen, in 4 längliche Rechtecke schneiden und diese auf ein mit Backpapier bedecktes Backblech legen. Den Teig mit dem Ei bepinseln und etwa 12 Minuten im auf 180 °C (Gas Stufe 4) vorgeheizten Backofen backen, bis der Teig aufgegangen und goldbraun ist.

Den gebackenen Blätterteig etwas abkühlen lassen und dann aus der Mitte einen Deckel ausschneiden. Etwaigen weichen Teig darunter wegkratzen und die Blätterteigpasteten bis zum Servieren warm halten.

Die Pastinaken in kochendem Salzwasser 7 Minuten blanchieren, danach mit einem Schaumlöffel herausheben und in einem Durchschlag abtropfen lassen. Das Salzwasser für den Schwarzkohl weiterkochen lassen.

So lange warten, bis die Pastinaken nicht mehr dampfen und sie dann mit der Hälfte der Butter und dem Honig auf ein kleines, tiefes Backblech geben. Mit Salz und Pfeffer würzen und etwa 15 Minuten im heißen Backofen goldbraun rösten.

Parallel den cavolo nero 2 Minuten im kochenden Salzwasser blanchieren und danach in einer mit Eiswasser gefüllten Schüssel abschrecken, damit er seine wunderbare schwarzgrüne Farbe behält.

In einem Stieltopf die restliche Butter zerlassen und Schalotten und Oreganostiele darin glasig, weich und aromatisch duftend schwitzen, ohne dass sie Farbe annehmen. Mit dem Wein ablöschen und so lange kochen, bis er auf die Hälfte reduziert ist. Die Sahne dazugießen, mit Salz und Pfeffer würzen und köcheln, bis sie um ein Drittel eingekocht ist. Die Sauce durch ein Sieb in einen sauberen Topf streichen, Oreganoblätter und die gut abgetropften Pilze untermischen und die Sauce auf niedrigster Stufe warm halten.

Die Pastinaken in einer Pfanne erwärmen, den Kohl dazugeben und ein paar Minuten mit erwärmen. Das erhitzte Gemüse auf die Blätterteigpasteten aufteilen. Die Blätterteigdeckel aufsetzen und mit der warmen Morchelsauce garniert servieren.

WINTERLICHES GEMÜSECURRY

Ein Curry, das von innen heraus wärmt und uns mit seiner außergewöhnlichen Gewürzmischung graue Wintertage einfach vergessen macht.

FÜR 6 PERSONEN

FÜR DIE CURRYSAUCE

- 4 EL Pflanzenöl
- 2 große weiße Zwiebeln, gewürfelt
- 1 daumengroßes Stück frischer Ingwer, geschält und gerieben
- 2 Knoblauchzehen, gewürfelt
- 1 EL Currypulver
- 1 TL gemahlener Kreuzkümmel
- 1 TL Garam Masala
- 1 TL gemahlener Koriander
- ½ TL gemahlenes Kurkuma
- 2 TL Kashmiri Chilipulver
- 2 Möhren, gewürfelt
- 2 mittelgroße Kartoffeln, gewürfelt
- ½ Kohlrübe, gewürfelt
- ½ Hokaido-Kürbis, gewürfelt
- 100 g Grünkohl, Blattrispen und Stengel entfernt und klein geschnitten
- 1 kleines Bund Koriander, grob gehackt
- 100 g geröstete Cashewkerne, Erdnüsse und Mandelkerne
- 50 g Sultaninen

Für die Sauce das Öl in einem großen Topf erhitzen und die Zwiebeln mit 1 Prise Salz bei mittlerer Temperatur und unter ständigem Rühren 3 Minuten glasig und weich schwitzen. Ingwer und Knoblauch dazugeben und weitere 2 Minuten garen. Die Gewürze etwa eine Minute einrühren, bis die Mischung angenehm duftet. Die Tomaten dazugeben und alles zusammen bei mittlerer Temperatur 10–15 Minuten köcheln lassen.

Die Mischung in der Küchenmaschine zu einer glatten Paste pürieren, zurück in den Topf geben und die Kokosmilch dazugeben. Die Dose mit Wasser füllen und das Wasser ebenfalls unterrühren.

Möhren, Kartoffeln, Kohlrübe, Kürbis und 1 gute Prise Salz in die Sauce geben und aufkochen. Die Temperatur etwas senken und das Gemüse 15 Minuten lang sanft köcheln lassen, bis es sich mit einem Messer leicht einstechen lässt. Den Grünkohl und die Hälfte des Korianders untermischen.

Das Curry in vorgewärmte Suppenschalen füllen und mit dem restlichen Koriander, den Sultaninen und den gerösteten Nüssen bestreuen. Dazu Naan-Brot oder Reis reichen.

ANANAS TARTE TATIN

»Ananas ist die eleganteste aller Früchte«, seufzte Sir Matthew Decker Ende des 17. Jahrhunderts entzückt, denn seinem Gärtner war es als einem der Ersten gelungen, die Frucht auch in England anzubauen. Um Mitte des 18. Jahrhunderts gab es kaum noch einen Vertreter der noblen Oberschicht, der nicht ein spezielles Gewächshaus für Ananaspflanzen besessen hätte. Die Früchte galten eher als Statussymbol denn als tropische Gaumenfreude, und sie zu verschenken, wurde als überaus großzügig angesehen.

Puristen mögen sich sträuben, doch die Ananas ist in dieser Tarte Tatin ein würdiger Ersatz für den traditionellen Apfel. Ihre säuerliche Süße ist die perfekte Ergänzung zum gehaltvollen, mit süßem Karamell vollgesogenen Blätterteig und der exotischen Note von Vanille und Sternanis.

& dazu passt:
1 Glas Fortnum's Sauternes Süßwein oder
1 Tasse Vanille-Nougat-Tee

FÜR 4 PERSONEN

- 1 große, reife Ananas
- 300 g Blätterteig (vorzugsweise mit Butter hergestellt)
- Weizenmehl zum Bestauben
- 200 g Zucker
- 1 Sternanis
- 1 Vanilleschote, längs aufgeschlitzt
- 1 Zimtstange
- 50 ml dunkler Rum
- 100 g Butter, gewürfelt

Die Ananas schälen, die Augen ausstechen und das Fruchtfleisch längs vierteln. Aus den Vierteln den harten Strunk herausschneiden und den Rest in gleichmäßig 2,5 cm dicke Scheiben schneiden.

Den Blätterteig auf einer leicht mit Mehl bestaubten Arbeitsfläche 4–5 mm dick ausrollen und einen Kreis mit einem Durchmesser von 24 cm ausstechen (einen Teller oder eine Tarteform als Maß zur Hilfe nehmen). Die Teigscheibe auf ein Backblech legen, einige Male mit einer Gabel einstechen und kalt stellen, bis das Karamell fertig ist.

Den Boden eines großen Schmortopfes mit dem Zucker bestreuen und bei niedriger Temperatur erwärmen, bis dieser sich aufgelöst hat. Dabei nicht umrühren, sondern lediglich den Topf leicht schwenken, damit sich der Zucker gleichmäßig verteilt. Sobald der Zucker flüssig ist, die Temperatur etwas erhöhen und weitererhitzen, bis der Zucker karamellisiert. Diesen Prozess ständig beobachten, denn Zucker verbrennt sehr schnell. Sobald das Karamell eine schöne braune Farbe hat, den Herd ausschalten und die Ananasscheiben, den Rum und die Gewürze hineingeben, ohne dass der Karamell hochspritzt, da dies üble Verbrennungen verursachen kann. Alles 30 Sekunden köcheln lassen und dann die gewürfelte Butter dazugeben. Alles bei niedriger Temperatur 3–4 Minuten weiterköcheln lassen, bis die Ananas ganz leicht gebräunt ist. Aus Backpapier zwei Kreise ausschneiden und damit eine Tarte-Tatin-Form oder eine runde Auflaufform auslegen und die Ananasscheiben gleichmäßig auf dem Boden der Form verteilen. Etwa die Hälfte des Karamells mit einem Löffel darüberträufeln und das restliche Karamell zum Servieren beiseitestellen.

Die Ananasscheiben mit dem Blätterteig bedecken und dabei den Teigrand nach unten einschlagen. Die Tarte im auf 200 °C (Gas Stufe 6) vorgeheizten Backofen etwa 30 Minuten backen, bis der Blätterteigboden goldbraun und durchgebacken ist. Die Tarte zunächst 10 Minuten ruhen lassen und dann mit einem scharfen Messer innen um den Rand fahren. Einen Teller mit einem hohen Rand auf die Tarteform legen und den Kuchen auf den Teller stürzen. Behutsam die Tarteform entfernen und die fertige Tarte Tatin sofort servieren. Das restliche Karamell und wahlweise etwas Vanilleeis oder leicht gesüßte Crème fraîche dazu reichen.

LIMETTENTARTE MIT MASCARPONECREME UND PISTAZIEN

Dies ist Fortnum & Masons Variation der berühmten Limettentarte aus Florida. Die Limettencreme sorgt für eine angenehme Säure, zusätzlich verleihen die Pistazien der Tarte ein gewisses orientalisches Flair.

& dazu passt:
1 Glas Fortnum's Honig-Wodka
oder 1 Glas Picolit Dessertwein
oder 1 Tasse Earl Grey Tee

ERGIBT 12 STÜCKE

FÜR DEN MÜRBETEIG
- 200 g Weizenmehl
- 120 g Butter, gewürfelt plus Butter zum Einfetten der Form
- 80 g Zucker
- 1 Ei
- 1 EL kaltes Wasser

FÜR DIE FÜLLUNG
- 180 g Kirschkonfitüre
- 200 g Zucker
- 200 g Butter, auf Raumtemperatur erwärmt, gewürfelt
- 4 Eier
- 50 g Weizenmehl
- 100 g gemahlene Mandeln
- 100 g Pistazien, in der Küchenmaschine gemahlen
- 1 TL Vanillepaste
- 1 Glas (300 g) Lime Curd (englische Limettencreme)
- 50 g Pistazien, klein gehackt

FÜR DIE MASCARPONECREME
- 300 g Mascarpone
- 50 g Puderzucker
- 50 ml süße Sahne
- 1 TL Vanillepaste

In der Küchenmaschine Mehl, Butter und Zucker zu einem Teig verarbeiten, der groben Semmelbröseln gleicht. Bei laufendem Motor erst das Ei und dann das Wasser untermischen, bis ein Teig entsteht, der sich zu einer Kugel formen lässt. Die Teigkugel in Küchenfolie gewickelt eine Stunde kalt stellen.

Den Teig kreisförmig 0,5 cm dick ausrollen und eine mit Backpapier ausgelegte Tarteform damit auskleiden. Den Tarteboden mit Backpapier und Backbohnen belegt im auf 180 °C (Gas Stufe 4) vorgeheizten Backofen 15 Minuten blind backen, Backpapier und Bohnen entfernen und den Boden weitere 15 Minuten im Ofen backen.

Den Tarteboden abkühlen lassen und dann den Boden mit der Kirschkonfitüre bestreichen. Mit einem elektrischen Handrührgerät Butter und Zucker schaumig schlagen und nacheinander die Eier untermischen. Mehl, gemahlene Mandeln und Vanille unterheben und diese Füllung mit einer Palette gleichmäßig auf der Kirschkonfitüre verteilen.

Den Kuchen eine Stunde im auf 160 °C (Gas Stufe 3) heißen Backofen backen, bis ein Spieß sauber bleibt, wenn man ihn hineinsticht. Die Tarte anschließend 15 Minuten abkühlen lassen und dann mit der Lime Curd bestreichen.

Mascarpone, Puderzucker, Sahne und Vanille aufschlagen, die Hälfte davon in einen Spritzbeutel füllen und den Kuchen damit dekorieren. Zum Abschluss die klein gehackten Pistazien darüberstreuen. Die fertige Tarte eine Stunde kalt stellen.

Die Limettentarte in 12 Stücke schneiden und die restliche Mascarponecreme dazu reichen.

MANDELKUCHEN MIT PFLAUMEN

Ein klassischer französischer Kuchen mit saftigen und in Cognac eingeweichten Dörrpflaumen aus Agen und einer Frangipane-Creme.

Sind keine Agen-Pflaumen erhältlich, kann man sie natürlich durch andere Dörrpflaumen ersetzen.

& dazu passt:
1 Glas Fortnum's Takaji Aszu Trockenbeerenauslese oder
1 Tasse Rose Pouchong Tee

ERGIBT 8 STÜCKE

FÜR DEN KUCHENTEIG

- 215 g Weizenmehl plus etwas mehr zum Bestauben
- 60 g Zucker
- 130 g kalte Butter, gewürfelt
- 1 Ei, leicht verquirlt

FÜR DIE PFLAUMEN UND DIE CREME

- 10 Agen-Dörrpflaumen, halbiert
- 2 EL Cognac
- 165 g Butter, auf Raumtemperatur erwärmt, gewürfelt
- 165 g Zucker
- 165 g gemahlene Mandeln
- 60 g Weizenmehl
- 3 Eier
- 30 g Mandelblättchen

Für den Teig Mehl, Zucker und Butter in der Küchenmaschine vermischen und nach und nach das Ei unterrühren, bis ein Teig entsteht. Der Teig sollte nicht zu klebrig werden, daher eventuell nicht das ganze Ei verwenden. Den Teig zu einer flachen Scheibe formen und diese in Küchenfolie gewickelt eine Stunde kalt stellen.

Den Teig auf einer leicht mit Mehl bestaubten Arbeitsfläche ausrollen und damit eine 25 cm große, runde Kuchenform mit losem Boden auslegen. Überstehenden Rand wegschneiden. Die Form 30 Minuten in den Kühlschrank stellen, danach den Kuchenboden mit Backpapier abdecken und mit Backbohnen beschweren. Den Kuchenboden im auf 180 °C (Gas Stufe 4) vorgeheizten Backofen 15 Minuten blind backen, danach Backpapier und Bohnen entfernen und weitere 5 Minuten backen, bis der Kuchenboden trocken und an den Rändern leicht gebräunt ist.

In einem kleinen Topf die Pflaumen und den Cognac leicht erwärmen und danach ruhen lassen, bis die Pflaumen den Alkohol aufgesogen haben. Für die Creme Butter, Zucker, gemahlene Mandeln und Mehl in der Küchenmaschine zu einer Creme vermischen und zum Schluss die Eier unterrühren.

Die fertige Frangipane-Creme auf dem Kuchenboden verstreichen und die Cognac-Pflaumen hineinsetzen. Den Kuchen mit den Mandelblättchen bestreut etwa 30 Minuten im 170 °C (Gas Stufe 3) heißen Backofen backen, bis er aufgegangen und goldbraun ist. Zur Garprobe den Kuchen mit einem Spieß einstechen, der beim Herausziehen sauber sein sollte. Den Kuchen nach dem Backen abkühlen lassen und mit Crème fraîche servieren.

CHERRILOSSUS SUNDAE EISBECHER

Schokolade, Kirschen, Schlagsahne und Lebkuchen sind die perfekte Kombination. Fortnum & Masons Cherrilossus biscuits sind kleine Schokoladenlebkuchen mit Kirschfüllung, die sich hier auch durch kleine Schokoladenlebkuchen oder durch Ihre Lieblingskekse ersetzen lassen.

& dazu passt:
1 Glas Fortnum's
Pedro Ximénez Sherry
oder 1 Tasse Chai

Für die Schokoladensauce Sahne und Milch in einem kleinen Stieltopf aufkochen. Den Topf vom Herd nehmen und die Schokolade so lange einrühren, bis eine glatte Sauce entsteht.

Für die Schlagsahne Sahne, Puderzucker und Vanillepaste in eine Schüssel geben und steif schlagen.

Mit etwas Schokoladensauce Kringel über den Boden eines Eisbechers ziehen und die drei Eiskugeln daraufsetzen. Die restliche Schokoladensauce über das Eis gießen und mit den Kirschen und der klein gehackten Schokolade garnieren. Die Schlagsahne mit einem Löffel oder einem Spritzbeutel darübergeben. Bei Fortnum & Mason wird dieser Eisbecher mit einem zerbrochenen Cherrilossus biscuit dekoriert.

Kirscheis ist im Nu selbst hergestellt. Dafür einfach 350 g tiefgefrorene Kirschen und 1 Dose (397 ml) Kondensmilch in der Küchenmaschine pürieren. 150 ml süße Sahne mit 50 g Puderzucker steif schlagen und gleichmäßig unter die Kirschmischung heben. Die Kirschmasse in einem kältebeständigen Gefäß mindestens 5 Stunden einfrieren.

ERGIBT 1 SUNDAE

FÜR DIE SCHOKOLADENSAUCE
· 50 ml süße Sahne
· 15 ml Vollmilch
· 50 g dunkle Schokolade (mindestens 60 % Kakaoanteil), klein gehackt

FÜR DIE SCHLAGSAHNE
· 50 ml süße Sahne
· ¼ TL Vanillepaste
· ½ TL Puderzucker

FÜR DAS SUNDAE
· 1 Kugel Schokoladeneis
· 1 Kugel Kirscheis
· 1 Kugel Vanilleeis
· 1 EL in Kirschwasser oder Cognac eingelegte Kirschen
· 15 g dunkle Schokolade, klein gehackt
· 15 g weiße Schokolade, klein gehackt
· 1 Cherrilossus biscuit (wahlweise ein kleiner Schokoladenlebkuchen oder ein anderer Keks Ihrer Wahl)

SCHWARZWÄLDER KIRSCHTORTE ALS BÛCHE DE NOËL

Biskuitrollen in der Form von Holzscheiten haben in vielen nordischen Ländern und in Frankreich eine lange Tradition als Weihnachtskuchen und können nach Belieben weihnachtlich mit Stechpalmenzweigen, Marzipanrosetten usw. dekoriert werden.

Eine 30 cm × 40 cm große Biskuitkuchenbackform mit Backpapier auslegen. Mehl und Kakaopulver in eine Schüssel sieben und beiseitestellen. Eier, Zucker und Vanille in eine Schüssel geben und diese so über einen Topf mit kochendem Wasser hängen, dass das Wasser die Schüssel nicht berührt. Mit einem elektrischen Handrührgerät die Mischung mindestens 5 Minuten lang rühren, bis sie blass, schaumig und ein wenig fest ist.

Die Schüssel aus dem Wasserbad nehmen und die Mehlmischung nach und nach darübersieben und mit einem großen Metalllöffel unterheben. Dabei darauf achten, dass der Teig so schaumig wie möglich bleibt. Den Teig in die vorbereitete Form gießen, glatt streichen und im auf 180 °C (Gas Stufe 4) vorgeheizten Backofen etwa 10 Minuten backen und dann den Biskuit zur Garprobe mit einem Spieß einstechen, der beim Herausziehen sauber sein sollte. Den gebackenen Teig mit einem feuchten Geschirrtuch abdecken und abkühlen lassen.

Für die Füllung 1 EL Kirschwasser unter die zerkleinerten Kirschen mischen und diese beiseitestellen. Die Sahne mit dem herausgekratzten Vanillemark, dem Zucker und dem restlichen Kirschwasser so steif wie möglich schlagen.

Den Biskuit auf ein mit Puderzucker bestaubtes Backpapier legen und das alte Backpapier vorsichtig ablösen. Den Biskuit mit der Schlagsahne bestreichen und darauf die zerkleinerten Kirschen verteilen. Den Teig mit Hilfe des Backpapiers zu einer Rolle formen und dann in Küchenfolie gewickelt eine Stunde lang kalt stellen.

Für die Ganache die Sahne mit der Glukose in einem kleinen Stieltopf bis zum Siedepunkt erhitzen. Die Schokolade in eine kleine Schüssel geben und über die heiße Sahne streuen. So lange rühren, bis die Schokolade vollständig geschmolzen ist. Etwas abkühlen lassen und dann energisch rühren, bis die Ganache streichfest wird. Die Ganache über die Biskuitrolle gießen und mit einer Palette glatt streichen. Den fertigen Kuchen bis zum Servieren kalt stellen.

& dazu passt:
1 Glas Fortnum's Vintage Portwein oder 1 Tasse Royal Blend Tee

FÜR 10–12 PERSONEN
- 80 g Mehl
- ½ TL Backpulver
- 20 g Kakaopulver
- 4 große Eier
- 100 g Zucker
- 1 TL Vanilleextrakt
- Puderzucker zum Bestauben

FÜR DIE FÜLLUNG
- 2 EL Kirschwasser
- 140 g Kirschen aus dem Glas, klein gehackt
- 300 ml süße Sahne
- 1 Vanillestange, längs aufgeschlitzt
- 1 EL Zucker

FÜR DIE SCHOKOLADENGANACHE
- 200 ml süße Sahne
- 40 g flüssige Glukose
- 160 g dunkle Schokolade (mindestens 55 % Kakaoanteil), klein gehackt

MUSKATELLERTRAUBEN IN EINEM PORTWEIN-APFEL-GELEE

Muskatellertrauben schmecken besonders intensiv, süß und blumig. Hier sind sie eingebettet in ein süßes, leicht beschwipstes Gelee, das nicht nur hübsch aussieht, sondern auch köstlich schmeckt.

& dazu passt:
1 Glas Fortnum's
LBV Portwein

FÜR 6 PERSONEN

- 300 g Muskatellertrauben
- 300 ml Portwein
- 150 g Zucker
- 500 ml Apfelsaft
- 9 Blatt Gelatine

Die Trauben etwa 3 Minuten im Portwein köcheln und dann den Zucker unterrühren, bis er sich aufgelöst hat. Den Apfelsaft zugießen und bis knapp unter den Siedepunkt erhitzen. Parallel die Blattgelatine 5 Minuten in kaltem Wasser einweichen, bis sie weich wird.

Die Gelatine aus dem Wasser nehmen und behutsam ausdrücken. Den Topf mit den Trauben vom Herd nehmen und die Gelatine mit dem Schneebesen einrühren, bis sie sich vollständig aufgelöst hat. Die Mischung abkühlen lassen, bis sie nur noch lauwarm ist und dann in eine 1 Liter fassende Puddingform oder in 6 individuelle Puddingförmchen gießen und einige Stunden lang, am besten über Nacht, kalt stellen, bis das Gelee fest ist.

Zum Stürzen den Boden der Puddingform 15 Sekunden in heißes Wasser tauchen, mit einem Finger vorsichtig testen, ob sich das Gelee vom Schüsselrand gelöst hat und das Gelee auf einen Teller stürzen.

NICHTS VERSCHWENDEN, RESTE VERWENDEN

Nichts verschwenden, Reste verwenden

Wo es Lebensmittel gibt, da gibt es auch Verschwendung. Denn wie sehr man sich auch bemüht, alles zu recyceln, etwas bleibt immer übrig, sei es zu Hause oder in Geschäften der Größe von Fortnum & Mason. Wir alle kaufen zu viel, vor allem in Supermärkten, wo wir zumeist geblendet dem verführerischen Zauber von »eins kaufen, eins gratis dazu« oder anderen leeren Versprechen erliegen, und das, obwohl wir eigentlich schon die erste Plastiktüte mit vorgewaschenen Salatblättern gar nicht brauchten.

In diesem Fall war tatsächlich früher alles besser. Während der Lebensmittelrationierungen des Zweiten Weltkriegs (die erst 1954, also neun Jahre nach Kriegsende vorbei waren) lebten wir so sparsam, dass wir auch das letzte Fitzelchen Fleisch und Fett vom Knochen abschabten und selbst Gemüseschalen verwerteten. Warum? Weil die Not uns dazu zwang, jeden noch so kleinen Rest kreativ zu verwenden. Erst in den 1980er und 1990er Jahren, den Zeiten des absoluten Überflusses, begann die Verschwendung von Lebensmitteln grauenhafte Ausmaße anzunehmen. Und dieser Trend hält bis heute an. 2015 wurden in England 7,3 Millionen Tonnen Lebensmittel vernichtet.

Manches davon ist unvermeidlich, denn schließlich sind all diese Apfelkerngehäuse, Kaffeebohnenreste und Eierschalen eigentlich nicht genießbar. Allerdings bereitet es durchaus Magenschmerzen, dass 4,4 Tonnen dieser Lebensmittel sehr wohl essbar gewesen wären. Umgekehrt beschert es Glücksgefühle, ein schmackhaftes Gericht aus sogenannten Resten zuzubereiten und so wenig Lebensmittel wie möglich zu verschwenden. Zum Beispiel aus einer Geflügelkarkasse und den letzten, schon etwas weichen Möhren und Selleriestangen aus dem Kühlschrank eine gehaltvolle Brühe zuzubereiten. Oder Chutneys, Tomatensaucen (je reifer und weicher die Tomaten, umso besser), Pasteten, Suppen, Schmor- und Pfannengerichte. Und das ist erst der Anfang.

Wir sollten lernen, unserem gesunden Menschenverstand zu trauen. Wenn es fragwürdig riecht, dann weg damit. Es sei denn, es handelt sich um Epoisses-Käse, *natto* oder *kimchi*, deren Gestank ihre Anziehungskraft erst so richtig ausmacht. Doch das ist ein anderes Thema. Ein Verfallsdatum sollte stets bindend sein, denn der Verzehr verdorbener Fleisch-, Fisch- oder Milchprodukte kann schnell unsere Gesundheit gefährden. Ein Mindesthaltbarkeitsdatum ist hingegen eine ganz andere Geschichte und eher ein Qualitätsmerkmal als eine Sicherheitsvorschrift. Denn dieses Datum besagt erst einmal nur, dass die Zutaten nach Ablauf dieses Zeitraums eventuell an Geschmack und Aroma einbüßen. Wenn sich auf einem Stück Hartkäse ein wenig Schimmel bildet, kann man ihn einfach abschneiden (bei Weichkäse ist Schimmelbildung hingegen manchmal gesundheitsgefährdend). Generell gilt, dass gezuckerte, gesalzene, fermentierte und getrocknete Lebensmittel lange haltbar sind.

Ein Teil der Verschwendung ist auch sprachlich begründet: während »abgelaufene« oder gar »gammelige« Lebensmittel eher nach vergessenen Stullen in der Butterbrotdose klingen und schmallippiges, kritisches Schweigen hervorrufen, ist die »Resteverwertung« durchaus positiv besetzt, denn sie verheißt, dass aus Altem Neues entsteht. Letztendlich zählt nur der Geschmack. Und dieses Kapitel möchte zeigen, wie befriedigend es sein kann, aus dem Mittagessen des Vortags ein Abendessen für den kommenden Tag vorzubereiten, sei es eine Truthahnsuppe, eine improvisierte Gemüsepfanne, ein Fischauflauf oder karamellisierter Rosenkohl. Diese Art zu kochen bereitet nicht nur Freude, sondern nutzt all jene Lebensmittel, die sich noch im Kühlschank oder in der Vorratskammer befinden.

Eine gute Restaurantküche erkennt man daran, dass sie möglichst wenig Lebensmittel verschwendet. Ich habe Geschichten über bekannte Köche gehört, die das Essen für die Mitarbeiter ausschließlich aus den Resten und Verschnitten zubereitet haben, was natürlich zumindest die Kreativität beeinträchtigt. Doch wo auch immer frische Lebensmittel verkauft werden, bleiben am Ende eines Tages Produkte übrig, die sich nicht verkauft haben und die laut Gesetz weggeworfen werden müssen, obwohl sie noch vollkommen genießbar sind. Eine echte Schande und eine geradezu kriminelle Verschwendung. Seit 2016 arbeitet Fortnum & Mason mit dem Felix-Projekt zusammen, einem Londoner Wohltätigkeitsverein, der ähnlich wie die deutschen Tafeln funktioniert. Ehrenamtliche Helfer sammeln Lebensmittel von Supermärkten, Großhändlern und anderen Lebensmittelanbietern ein – absolut frische und nahrhafte Lebensmittel, die aus verschiedenen Gründen nicht mehr verkauft werden dürfen – und beliefern damit Wohltätigkeitsunternehmen, die Mahlzeiten, Snacks oder Lebensmittelpakete für Bedürftige, z.B. Obdachlose, Flüchtlinge, Asylanten, kinderreiche Familien, psychisch Kranke usw. bereitstellen.

Dies wirkt dem Nahrungsmittelmangel Bedürftiger entgegen und unterstützt lokale Gemeinschaften und Wohltätigkeitsorganisationen. Das Felix-Projekt sammelt frische Lebensmittel bei Fortnum & Mason ein – ein tolle Win-win-Situation in puncto Verschwendung, finde ich. Doch im Grunde genommen müssen wir bei uns selbst beginnen. Mehr Sorgfalt auf den Einkauf verwenden, mehr Wissen über die Zubereitung erlangen und vor allem nicht gedankenlos alles wegwerfen, was das Mindesthaltbarkeitsdatum überschritten hat. Wobei ich hier bestimmt keine Predigten halten will, denn auch ich kaufe immer noch viel zu oft viel zu viel ein. Hier ist auch nicht der richtige Platz, um mahnend den Zeigefinger zu erheben, dennoch bitte ich darum, das Beste aus dem zu machen, was wir haben. Und mit gutem Gewissen schmeckt ein Resteessen gleich doppelt lecker.

EIN PAAR VORSCHLÄGE ZUR RESTEVERWERTUNG:

Gebratener Truthahn mit all seinen Beilagen: Fleischreste vom Knochen lösen und für die Truthahnsuppe mit Klößen (Seite 224), für die Schottischen Eier mit Truthahn (Seite 226) oder für die Truthahn-Käse-Kroketten (Seite 228) verwenden. Bleiben Keulen übrig, sollten Sie den Truthahn mit Rotkohl und Maronenpastete (Seite 239) probieren. Übrig gebliebener Rosenkohl schmeckt als karamellisierter Rosenkohl zu der Rosenkohltarte auf Seite 240 hervorragend.

Fisch: Egal ob Sie den Heilbutt auf Seite 150 zubereitet haben oder noch rohen oder geräucherten Lachs übrig haben (Seite 148 und 198) – eine Fischpastete mit Möhren-Pastinaken-Püree (Seite 230) ist ein wunderbares Rezept, um diese Reste zu verarbeiten.

Moorhuhn: Cassoulet ist das wohl beliebteste Rezept, übrig gebliebenen Entenbraten zu verwenden, aber dafür eignet sich Moorhuhn mindestens genauso gut (Seite 232).

Blutwurst oder Brot: Wie wäre es mit gebratener Blutwurst auf geröstetem Rosmarinbrot mit gebratenem Entenei und einer Tomatenkonfitüre (Seite 236)?

Würstchen im Schlafrock: Reste davon sind die perfekte Basis für Toad-in-the-Hole mit Salbei (Seite 234).

TRUTHAHNSUPPE MIT KLÖSSEN

Diese Restesuppe aus Knochen, Gemüse und Kräutern ist schnell gemacht und unglaublich lecker und an einem kalten Wintertag nach dem üppigen Essen der Feiertage stärkend und wohltuend.

FÜR 6 PERSONEN

FÜR DIE BOUILLON

- die Truthahn-Karkasse vom Weihnachtsessen (siehe Seite 157)
- 1 Zwiebel, grob gehackt
- 1 Möhre, grob gehackt
- 2 Stangen Staudensellerie, grob gehackt
- 2 Knoblauchzehen, klein gehackt
- ein paar Zweige Thymian
- ½ TL weiße Pfefferkörner
- 1 Lorbeerblatt
- 100 ml trockener Weißwein

ZUR FERTIGSTELLUNG DER SUPPE

- 1 Möhre, gewürfelt
- 100 g Staudensellerie, gewürfelt
- 100 g Kohlrübe, gewürfelt
- 200 g Lauch, gewürfelt
- 1 TL klein gehackte glatte Petersilie

FÜR DIE KLÖSSE

- 125 g Weizenmehl plus etwas mehr zum Bestauben
- ½ TL Backpulver
- 1 große Prise Salz
- 1 TL klein gehackte Petersilie
- 60 g Rindertalg
- 1 Eiweiß

Die Karkasse so zerbrechen, dass sie in eine große Kasserolle passt. Die restlichen Zutaten für die Bouillon hinzugeben und so lange köcheln, bis der Wein fast verdampft ist. Wasser zugeben, bis die Zutaten bedeckt sind und erneut aufkochen. Den Topf mit Deckel für eine Stunde in einen auf 160 °C (Gas Stufe 3) vorgeheizten Backofen stellen.

Anschließend die Flüssigkeit durch ein feines Sieb abgießen und das Gemüse entfernen. Sobald die Karkasse ausreichend abgekühlt ist, das restliche Fleisch von den Knochen lösen, mit der Bouillon zurück in den Topf geben und erneut köcheln. Nach Geschmack würzen, das gewürfelte Gemüse zugeben und den Topf mit Deckel erneut für 10 Minuten in den Backofen stellen.

Währenddessen die Klöße zubereiten und dafür in einer Schüssel Mehl, Backpulver, Salz, Petersilie und Talg vermischen. Das Eiweiß zunächst mit einer Gabel verquirlen und dann unter den Rest mischen. Alles mit einer abgerundeten Messerklinge verrühren, bis ein recht fester Teig entsteht. Eventuell 1–2 Tropfen Wasser untermischen.

Den Teig auf einer leicht mit Mehl bestaubten Arbeitsfläche mit den Händen zu einer Wurst rollen, diese in 12 Stücke teilen und die Stücke zu Klößen formen.

Die Klöße in die Suppe geben und den Topf dieses Mal ohne Deckel für 10–15 Minuten in den Backofen stellen, bis die Klöße ihr Volumen verdoppelt haben und an die Oberfläche gestiegen sind. Mit der klein gehackten Petersilie bestreut sofort servieren.

SHEFFIELD STAINLESS STEEL

SCHOTTISCHE EIER MIT TRUTHAHN

Der Erfinder der Schottischen Eier präsentiert … ein Weihnachtsreste-Spezialrezept! Der Truthahn hätte es nicht besser treffen können, denn er bekommt hier Gesellschaft von würzigem Schweinefleisch. Der Trick besteht darin, die Eier so zu garen, dass sie gerade noch ein wenig flüssig sind.

& dazu passt:
1 Glas Portugiesischer Vinho Verde (junger Weißwein)

ERGIBT
5 SCHOTTISCHE EIER

- 6 Eier
- 270 g grobe Bratwürste oder hochwertiges Wurstbrät
- 130 g weißes Truthahnfleisch, klein gehackt (z.B. Reste vom Gericht auf Seite 157)
- ½ TL getrockneter Oregano
- 1 TL klein gehackte, glatte Petersilie
- 20 ml Olivenöl
- 70 g Weizenmehl
- 75 g Semmelbrösel
- Pflanzenöl zum Frittieren

5 Eier in köchelndem Wasser 6 Minuten garen, danach unter fließend kaltem Wasser abschrecken und vollständig abkühlen. Anschließend die Eier pellen.

Die Haut der Würste entfernen und das Wurstbrät mit dem Truthahnfleisch, den Kräutern, Olivenöl, und reichlich Salz und Pfeffer in einer Schüssel vermengen. Zum Abschmecken einen Teelöffel davon in der Pfanne gar braten und probieren. Danach eventuell nachwürzen.

Die Mischung in 5 gleich große Portionen aufteilen – jede Portion sollte etwa 80 g wiegen. Die Portionen jeweils zwischen zwei Lagen Küchenfolie ausrollen, bis sie so groß sind, dass man ein Ei darin einwickeln kann. Die Eier mit ein wenig Mehl bestauben und gleichmäßig in die Truthahnmischung wickeln, ohne die äußere Küchenfolie zu entfernen. Die Enden der Küchenfolie zusammenzwirbeln, sodass die Eier eng in die Folie eingewickelt sind.

Das restliche Ei in einer tiefen Schale gut verquirlen. Das restliche Mehl und die Semmelbrösel jeweils in eine eigene Schale geben. Die Eier aus der Folie wickeln und zunächst im Mehl, dann im verquirlten Ei und zuletzt in den Semmelbröseln wälzen. Die Semmelbrösel mit den Händen gut festdrücken. Die Eier für mindestens eine Stunde kalt stellen, bis die Panade fest ist.

Das Öl in einer Fritteuse oder in einem hohen Topf (den Topf nur bis zu einem Drittel mit Öl füllen, da es leicht überkocht) auf 170 °C erhitzen und die Eier portionsweise (sie sollten frei im Fett schwimmen können) 4–5 Minuten goldbraun frittieren. Die fertigen Eier auf Küchenkrepp abtropfen lassen und warm servieren.

(Sollten die Eier schon braun werden, bevor die Wurst durch ist, kann man sie nach dem Frittieren für 2–3 Minuten im auf 170 °C (Gas Stufe 3) vorgeheizten Backofen fertig garen.)

TRUTHAHN-KÄSE-KROKETTEN

Diese knusprigen mit geschmolzenem Gruyère-Käse und Béchamel gefüllten Kroketten sind ein weiterer Vorschlag, Truthahnfleischreste und übrig gebliebene geröstete Kartoffeln (optional) zu verwerten.

& dazu passt:
Fortnum's scharfes Pfirsich-Chutney und 1 Glas Saint Véran Chardonnay Weißwein

ERGIBT 16 KROKETTEN

- 230 ml Milch
- 1 Lorbeerblatt
- 50 g Butter
- 50 g Weizenmehl
- 120 g Gruyère Käse, gerieben
- 150 g Truthahnfleischreste, klein gehackt (siehe Seite 157)
- 4–5 übrig gebliebene Röstkartoffeln (etwa 250 g), klein gehackt
- frisch geriebene Muskatnuss
- Pflanzenöl zum Frittieren

FÜR DIE PANADE

- 2 Eier
- 50 g Weizenmehl
- 80 g helle Semmelbrösel

In einer kleinen Kasserolle Milch und Lorbeerblatt bis zum Siedepunkt erhitzen und anschließend den Topf vom Herd nehmen. In einem zweiten Topf die Butter zerlassen und das Mehl für eine Mehlschwitze unterrühren. Nach und nach und unter ständigem Rühren die heiße Milch unterrühren, danach zugedeckt bei niedriger Temperatur ein paar Minuten köcheln und gelegentlich umrühren. Den geriebenen Käse untermischen, dann das Truthahnfleisch und die Kartoffeln zugeben und mit Salz, Pfeffer und frisch geriebener Muskatnuss abschmecken.

Die Mischung gleichmäßig auf ein kleines, mit Küchenfolie ausgelegtes Backblech streichen und mindestens eine Stunde im Kühlschrank ruhen lassen, bis sie ein wenig fest geworden ist. Kurz vor dem Ausbacken der Kroketten die Mischung auf ein Holzbrett stürzen, die Küchenfolie entfernen und die Mischung in 16 längliche Stücke schneiden. Die Hände mit ein wenig Mehl bestauben und die Stücke zu zylinderförmigen Kroketten formen.

Die Eier in einer Schüssel leicht verquirlen. Mehl und Semmelbrösel in zwei weitere Schüsseln füllen. Die Kroketten jeweils erst im Mehl wälzen, überschüssiges Mehl abschütteln, dann in den Eiern und zum Schluss in den Semmelbröseln. Die Semmelbrösel gut festdrücken.

In einem tiefen Schmortopf 3–4 cm hoch Öl erhitzen, bis ein Brotkrumen darin innerhalb von 30 Sekunden braun wird. Die Kroketten portionsweise (nicht mehr als 3–4 Kroketten auf einmal) etwa 2–3 Minuten goldbraun frittieren und anschließend auf Küchenkrepp abtropfen lassen. Mit etwas Salz bestreut sofort servieren.

FISCHAUFLAUF MIT MÖHREN-PASTINAKEN-PÜREE

Ein großartiger Fischauflauf, der selbst Neptun munden würde und der einfach perfekt ist, wenn man noch Fisch- oder Krabbenreste vom Weihnachtsessen übrig hat. Schmeckt wunderbar mit Brokkoli oder grünen Bohnen als Beilage.

& dazu passt:
Fortnums Ketchup und 1 Glas gut gekühlter Chablis Weißwein

FÜR 6 PERSONEN

- 1 Lachsfilet (etwa 200 g)
- 1 geräuchertes Schellfisch-filet (etwa 200 g)
- 500 ml Vollmilch
- 1 TL weiße Pfefferkörner
- ½ Bund Thymian
- 100 g Butter
- 100 g Weizenmehl
- 200 g Babyspinat
- ⅛ Muskatnuss, gerieben
- 100 g Räucherlachs, in Stücke gezupft
- 150 g rohe Garnelen
- 150 g weißes und braunes Krebsfleisch
- 200 g Parmesankäse, gerieben
- 2 TL klein gehackte Petersilie

FÜR DAS MÖHREN-PASTINAKEN-PÜREE

- 250 g Möhren, gewürfelt
- 250 g Pastinaken, gewürfelt
- etwas Butter

Den frischen Lachs und den geräucherten Schellfisch mit den Pfefferkörnern und dem Thymian 4–10 Minuten bei mittlerer Temperatur in der Milch pochieren, bis der Lachs fast zerfällt.

Parallel Möhren und Pastinaken in einem Topf mit kaltem Wasser bedecken. Das Wasser aufkochen und das Gemüse etwa 25 Minuten darin weich kochen, bis es sich mit einem Messer leicht einstechen lässt. Das Wasser abgießen und das Wurzelgemüse mit einem kleinen Stück Butter und etwas Salz und Pfeffer glatt pürieren.

Lachs und Schellfisch aus dem Topf heben, die Flüssigkeit durch ein Sieb gießen und aufbewahren.

In einem Topf die Butter auf mittlere Temperatur zerlassen und das Mehl ein paar Minuten unterrühren. Nach und nach die beiseite gestellte Milch einrühren, bis die Mischung kocht. Etwa 5–8 Minuten weiterrühren, bis die Sauce eingedickt ist. Mit Salz und Pfeffer abschmecken.

Den Spinat in einem Topf kurz erhitzen, bis er zusammenfällt und anschließend abtropfen lassen und behutsam überschüssiges Wasser herausdrücken. Den Spinat mit Salz, Pfeffer und Muskatnuss würzen.

Lachs und Schellfisch in große Stücke zupfen und mit dem Krabbenfleisch und den Garnelen in eine 30 cm × 20 cm große Auflaufform geben. Die Sauce darübergießen, mit dem Spinat bedecken und zum Schluss das Püree darauf verteilen. Das Püree mit einer Gabel etwas auflockern und mit dem Parmesan bestreuen.

Den Auflauf 30 Minuten im auf 200 °C (Gas Stufe 6) vorgeheizten Backofen backen, bis die Oberfläche golden und knusprig ist. Mit etwas klein gehackter Petersilie bestreut servieren.

GÄNSE-CASSOULET

Diese Fortnum & Mason-Version eines traditionellen Rezepts aus dem Südwesten Frankreichs eignet sich wunderbar, etwaige Reste von Moorhuhn oder Ente zu verwerten, sollte vom Braten tatsächlich etwas übrig geblieben sein. Wer es eilig hat, verwendet 2 Dosen vorgegarte weiße Bohnen.

Die Bohnen abtropfen, unter kaltem Wasser abspülen und dann mit Sellerie, Möhren, Zwiebeln, Kräutern und Speckschwarte (optional, allerdings erhalten die Bohnen dadurch noch mehr Aroma) in einen Topf geben. Mit reichlich Wasser aufgießen und aufkochen. Die Bohnen etwa eine Stunde sanft garen, bis sie weich sind, aber noch ein wenig Biss haben, und dann in ihrer Garflüssigkeit abkühlen lassen.

Das Gänseschmalz in einem großen Schmortopf zerlassen und die Würste darin von allen Seiten braten. Die Würste beiseitestellen, den Pancetta knusprig braten und zu den Würsten geben. Das klein gehackte Gemüse etwa 10–15 Minuten schmoren, bis es weich ist, aber keine Farbe angenommen hat. Knoblauch und Rosmarin untermischen und weitere 10 Minuten garen. Überschüssiges Fett abgießen, Brühe und Tomaten zugeben und alles 15–20 Minuten köcheln, bis die Mischung ein wenig reduziert und eingedickt ist. Die Würste in dicke Scheiben schneiden und mit dem Pancetta hinzufügen. Das Gänsefleisch ebenfalls dazugeben, die Bohnen abtropfen und dabei das Gemüse entfernen und mit dem Rest vermischen. Mit Salz und Pfeffer würzen und erneut erhitzen, bis die Mischung leicht köchelt.

In der Küchenmaschine Weißbrot und 3 TL Petersilie zu feinen Bröseln verarbeiten und diese als dicke Schicht über den Eintopf streuen. Den Topf für 30–40 Minuten in den auf 180 °C (Gas Stufe 4) vorgeheizten Backofen stellen, bis das Brot eine goldbraune Kruste bildet und die Sauce am Rand etwas blubbert. Die fertige Cassoulet etwa 5 Minuten ruhen lassen und dann mit der restlichen Petersilie bestreut servieren.

& dazu passt:
1 Glas Nuits-Saint-Georges Rotwein

FÜR 6–8 PERSONEN

- 2 EL Gänseschmalz
- 5 Saucisses de Toulouse (rohe Bratwürste aus Schweinefleisch, im Feinkosthandel in Dosen erhältlich)
- 150 g Pancetta oder geräucherter Speck, klein gehackt
- 1 große Zwiebel, gewürfelt
- 2 Stangen Staudensellerie, gewürfelt
- 2 Möhren, gewürfelt
- 3 Knoblauchzehen, klein gehackt
- 2 TL klein gehackter Rosmarin
- 600 ml Hühnerbrühe
- 2 Dosen (je 400 g) klein gehackte Tomaten
- 150–300 g Reste der gebratenen Gans, gewürfelt (siehe Seite 165)

FÜR DIE BOHNEN

- 400 g getrocknete weiße Bohnenkerne, über Nacht in kaltem Wasser eingeweicht
- 1 Stange Staudensellerie, halbiert
- 1 Möhre, halbiert
- 1 große Zwiebel, halbiert
- 1 Lorbeerblatt
- ein paar Zweige Thymian
- 1 Zweig Rosmarin
- 1 Speckschwarte (optional)

FÜR DIE KRUSTE

- 250 g Weißbrot, Rinde entfernt
- 4 TL Petersilienblätter

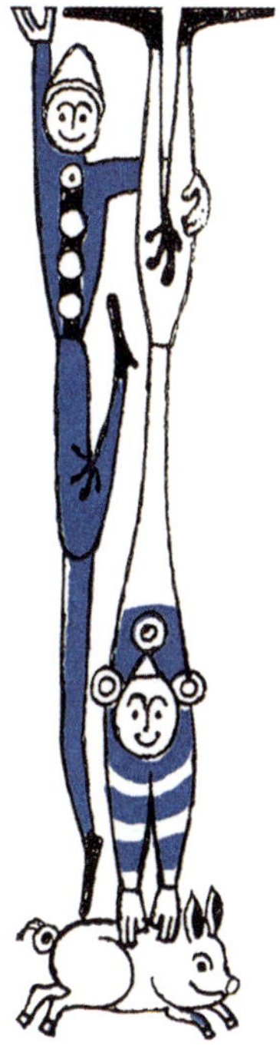

TOAD-IN-THE-HOLE MIT WÜRSTCHEN IM SCHLAFROCK UND ZWIEBELSAUCE

Würstchen im Schlafrock sind in England während der Weihnachtsfeiertage sozusagen ein Grundnahrungsmittel. Hier werden sie in einen ebenfalls sehr traditionellen Auflauf eingebettet und mit einer würzigen Zwiebelsauce serviert.

Für die Sauce Öl und Butter in einem Topf erhitzen und die Zwiebeln darin 25 Minuten weich schwitzen. Die Temperatur ein wenig erhöhen, bis die Zwiebeln hellbraun und leicht karamellisiert sind. Senf und Mehl etwa eine Minute unterrühren, danach mit dem Rotwein ablöschen. Die Temperatur weiter erhöhen und den Wein um Dreiviertel seines Volumens einkochen lassen. Den Rinderfond dazugießen und so lange köcheln, bis eine konzentrierte, leicht eingedickte Sauce entsteht. Nach Geschmack mit Salz und Pfeffer würzen.

Für den Teig Mehl und Salz in eine große Schüssel sieben, in der Mitte eine Mulde formen und die Eier einzeln mit einem Holzlöffel untermischen. Nach und nach Milch und Wasser zugeben, bis ein glatter Teig entsteht. Salbei unterrühren und mit Salz und Pfeffer würzen. Den fertigen Teig etwa 15 Minuten ruhen lassen. Wenn keine fertigen Würstchen im Schlafrock mehr übrig sind, einfach die kleinen Cocktail-Würstchen in jeweils einen halben Streifen Schinkenspeck einwickeln und in der Pfanne braten, bis der Speck goldbraun ist.

Den zerlassenen Speck oder das Pflanzenöl in eine 20 cm × 30 cm große und 3 cm tiefe Auflaufform geben und für 5–10 Minuten in den auf 200 °C (Gas Stufe 6) vorgeheizten Backofen stellen, denn es ist wichtig, dass das Fett richtig heiß ist. Die Form kurz aus dem Ofen nahmen, den Teig hineingießen, die Würstchen darauf verteilen und alles 35 Minuten im Ofen backen, bis der Teig aufgegangen und braun geworden ist. Sofort servieren und die Zwiebelsauce dazu reichen.

& dazu passt:
Fortnum's 181 Sauce und 1 Glas Yarra-Pinot-Noir Rotwein

FÜR 4 PERSONEN

FÜR DIE ZWIEBELSAUCE

- 1 EL Pflanzenöl
- 15 g Butter
- 1 Gemüsezwiebel, in Scheiben geschnitten
- 1 TL englischer Senf
- 1 TL Weizenmehl
- 150 ml Rotwein
- 300 ml Rinderfond

- 115 g Weizenmehl
- 1 große Prise Salz
- 3 Eier
- 150 ml fettarme Milch
- 150 ml Wasser
- 5 große Salbeiblätter, fein gehackt
- 9 Streifen Schinkenspeck
- 18 kleine Cocktailwürstchen
- 3 EL zerlassener Speck oder Pflanzenöl plus etwas mehr zum Braten der Würstchen

GEBRATENE BLUTWURST AUF FRITTIERTEM BROT MIT ENTENEI UND TOMATENKONFITÜRE

Knusprig gebratene Blutwurst und ein fast noch flüssiges Spiegelei sind eine perfekte Kombination. Dazu eine Scheibe frittiertes Rosmarinbrot und ein Löffel Tomatenkonfitüre – und fertig ist das perfekte Resteessen. Die Enteneier lassen sich auch durch Hühnereier ersetzen, und von der Tomatenkonfitüre bleibt so viel übrig, dass man Schinkensandwichs, Burger oder die Welsh Rarebit Toasts auf Seite 87 damit garnieren kann.

& dazu passt:
1 Glas Fortnum's
India Pale Ale

FÜR 4 PERSONEN

FÜR DIE TOMATENKONFITÜRE

· 2 EL Olivenöl
· 4 Schalotten, klein gehackt
· 2 Knoblauchzehen, klein gehackt
· 500 g reife Tomaten, gehäutet und klein gehackt
· Schalenabrieb und Saft von ½ Zitrone
· 1 EL Rotweinessig
· ½ rote Chilischote, entkernt und klein gehackt (optional, für den gewissen Kick)
· 200 g Zucker

· Pflanzenöl zum Frittieren
· 2 Zweige Rosmarin
· 4 Scheiben Sauerteigbrot
· 50 g Butter
· 250 g Blutwurst in 1 cm dicke Scheiben geschnitten
· 4 Enteneier

Für die Tomatenkonfitüre das Olivenöl in einem Topf auf mittlere Temperatur erhitzen und die Schalotten etwa 3 Minuten darin weich schwitzen, bis sie ein wenig Farbe bekommen. Den Knoblauch dazugeben und beides weitere 2 Minuten garen. Tomaten, Zitronenschale, Zitronensaft, Essig, und eventuell Chili dazugeben, aufkochen und ein paar Minuten köcheln. Den Zucker einrühren, bis er sich aufgelöst hat, und dann die Mischung 25–30 Minuten bei mittlerer Temperatur einkochen lassen. Gelegentlich umrühren, bis die Flüssigkeit fast vollständig verdampft ist, und danach abkühlen lassen. Die fertige Konfitüre bis zur weiteren Verwendung in einem luftdicht verschließbaren Gefäß oder in sterilisierten Weckgläsern aufbewahren.

Für das frittierte Brot in einer großen Pfanne so viel Olivenöl erhitzen, dass der Pfannenboden vollständig bedeckt ist. Die Rosmarinnadeln von den Zweigen lösen und ins heiße Öl geben. Die Brotscheiben im heißen Öl 2–3 Minuten frittieren, bis die Unterseiten goldbraun sind. Die Brotscheiben wenden, die Hälfte der Butter hinzugeben und so lange frittieren, bis das Brot von beiden Seiten goldbraun und knusprig ist. Das Brot auf Küchenkrepp trocknen lassen und dann auf 4 Tellern warm halten. Das Öl abgießen und die Pfanne wieder stark erhitzen. Die Blutwurstscheiben mit Salz und Pfeffer würzen und 2–3 Minuten von beiden Seiten in der Pfanne knusprig braten.

In einer zweiten Pfanne ein paar EL Olivenöl und die restliche Butter erhitzen, bis sie schäumt. Die Enteneier darin bei niedriger bis mittlerer Temperatur braten, bis das Eiweiß gestockt ist, das Eigelb aber immer noch recht flüssig ist.

Die frittierten Brotscheiben mit der Blutwurst belegen und mit jeweils einem gebratenen Ei garnieren. Dazu jeweils 1 gehäuften EL Tomatenkonfitüre geben und servieren.

TRUTHAHN-PIE MIT ROTKOHL UND MARONEN

Truthahn-Curry aus den Resten vom gebratenen Truthahn war gestern, denn dieser überbackene Auflauf mit dem rauchigen Aroma des Pancetta und den gehaltvollen Maronen ist ungleich köstlicher. Sollte kein fertig gekochter Rotkohl mehr übrig sein, einfach schnell das Rezept auf den Seiten 54/55 zubereiten.

& dazu passt:
Cranberry- oder Preiselbeerkonfitüre und 1 Glas Fortnum's Margaux Rotwein

FÜR 4 PERSONEN

FÜR DEN TEIGDECKEL

- 320 g dunkles Weizenmehl plus etwas mehr zum Bestauben
- 55 g Butter, gewürfelt
- ½ TL Salz
- 135 ml Wasser
- 65 g Speck, gewürfelt
- 1 Ei, leicht verquirlt zum Glasieren

- etwa 200 g fertig gegarter Rotkohl (Rezept Seite 54–55)
- 50 g Butter
- 100 g geräucherte Pancettaspeckstreifen
- 2 Knoblauchzehen, geschält und mit der flachen Messerklinge platt gedrückt
- ein paar Zweige Thymian
- 50 g vorgegarte Maronen, geviertelt
- 40 g Weizenmehl
- 600 ml dunkler Geflügelfond
- etwa 400 g Truthahnfleischreste, grob gehackt (siehe Seite 157)
- 1 TL klein gehackte Petersilie

Zunächst den Teig zubereiten und dafür das Mehl in eine Schüssel sieben und Butter und Salz mit den Fingerspitzen gründlich untermischen. In einem kleinen Topf Wasser und Speck auf mittlere Temperatur erhitzen, bis der Speck zerlassen ist und das Wasser kurz gekocht hat. Die Mischung über das Mehl gießen und mit einem Mixer mit Knethaken auf niedrigster Stufe verrühren, bis der Teig abgekühlt ist. Den Teig in Küchenfolie gewickelt mindestens eine Stunde kalt stellen.

Den Rotkohl in einem Topf sanft einkochen lassen, bis er die Konsistenz klebriger süßsaurer Marmelade hat. Anschließend abkühlen lassen.

10 g Butter in einer kleinen Pfanne zerlassen, Pancetta, Knoblauch und Thymian hineingeben und den Pancetta knusprig und braun braten. Die Temperatur auf die niedrigste Stufe zurückschalten, die Maronen hinzugeben und ein paar Minuten garen, danach die Pfanne vom Herd nehmen und Thymian und Knoblauch entfernen.

Die restliche Butter in einer Kasserolle zerlassen und das Mehl für eine Mehlschwitze ein paar Minuten gründlich unterrühren. Unter ständigem Rühren nach und nach den Hühnerfond dazu gießen und dabei Klümpchenbildung vermeiden. Die Sauce kurz aufkochen und ein paar Minuten sanft köcheln lassen, bis sie etwas eindickt. Truthahnfleisch, gebratenen Pancetta und Maronen zugeben und alles zusammen noch ein paar Minuten köcheln lassen. Mit Salz und Pfeffer abschmecken, die klein gehackte Petersilie untermischen und beiseitestellen.

Den Boden einer 1–1,2 l fassenden Auflaufform mit dem eingekochten Rotkohl bestreichen und die Truthahnmischung darauf verteilen. Den Teig auf einer leicht mit Mehl bestaubten Arbeitsfläche 4–5 mm dick ausrollen und einen langen Streifen abschneiden, der auf den äußeren Rand der Auflaufform passt. Den Rand mit ein wenig Wasser befeuchten, den Teigstreifen darauf festdrücken und mit etwas verquirltem Ei bestreichen. Mit dem restlichen ausgerollten Teig die Form bedecken. Überstehenden Teig abschneiden und die Teigränder zwischen Daumen und Zeigefinger fest zusammendrücken. Den Teigdeckel in der Mitte kreuzweise einritzen, dass Dampf entweichen kann und den Teig mit dem verquirlten Ei bestreichen. Den Teigdeckel nach Belieben mit überschüssigem Teig dekorieren. Den fertigen Pie im auf 200 °C (Gas Stufe 6) vorgeheizten Backofen etwa 30 Minuten backen, bis der Teig goldbraun ist.

ROSENKOHL-TARTE MIT GRÜNKOHL UND EINER SCHALOTTENSAUCE MIT THYMIAN

Übrig gebliebenem Rosenkohl wird hier große Ehre zuteil, denn er wird mit Grünkohl und Granatapfelsirup in süßsäuerliche kleine Tartes verwandelt, die man gut im Voraus backen und als leichtes Mittagessen oder als Vorspeise für ein üppiges Abendessen aufwärmen kann.

& dazu passt:
Fortnum's Chianti
Rotwein

Für den Teig Mehl und Butter mit den Fingerspitzen zu feinen Bröseln verreiben. Petersilie, Salz und Milch hinzugeben und alles mit den Händen zu einem Teig verkneten. Den Teig zu einer Kugel formen und diese mit Küchenfolie umwickelt für mindestens eine Stunde in den Kühlschrank legen.

Die Topinambur in Salzwasser 10–12 Minuten kochen, bis sie sich leicht mit einem Messer einstechen lassen, danach mit einem Schaumlöffel herausheben und mit einem kleinen Stück Butter in einer Pfanne bei mittlerer Temperatur braten, bis sie Farbe bekommen. Anschließend die Topinambur mit einer Gabel oder einem Kartoffelstampfer in einer Schüssel pürieren und mit Salz und Pfeffer abschmecken.

Den Rosenkohl kurz im Topinambur-Kochwasser blanchieren, mit einem Schaumlöffel herausheben und unter fließend kaltem Wasser abschrecken. Den Rosenkohl längs halbieren und ebenfalls mit einem kleinen Stück Butter in der Pfanne goldbraun braten. Zum Schluss den Grünkohl blanchieren, mit einem Schaumlöffel herausheben, unter fließend kaltem Wasser abschrecken, gut ausdrücken und mit einem scharfen Messer in feine Streifen schneiden.

ERGIBT 6 KLEINE TARTES

- 250 g Weizenmehl
- 75 g kalte Butter, gewürfelt
- ½ Bund glatte Petersilie, klein gehackt
- 1 TL Salz
- 90 ml Vollmilch

FÜR DIE FÜLLUNG

- 150 g Topinambur, geschält und grob zerkleinert
- 3 × 25 g Butter plus etwas mehr zum Einfetten
- 300 g Rosenkohl, geputzt und Hüllblätter entfernt
- 200 g Grünkohl, dicke Blattrippen entfernt
- 6 TL Granatapfelsirup

FÜR DIE SAUCE

- 25 g Butter
- 4 Schalotten, in Scheiben geschnitten
- ein paar Zweige Thymian
- 100 ml Weißwein
- 100 ml süße Sahne

> Fortsetzung Seite 242

> Fortsetzung von Seite 241

Rosenkohl-Tarte mit Grünkohl und einer Schalottensauce mit Thymian

Sechs 12 cm große Tartelette-Förmchen einfetten, den Teig ausrollen, 14 cm große Kreise ausstechen und die Förmchen damit auslegen. Den Teig mit Backpapier abdecken, Backbohnen darauf verteilen und die kleinen Tarteböden im auf 170 °C (Gas Stufe 3) vorgeheizten Backofen 15 Minuten blind backen. Anschließend Backbohnen und Backpapier entfernen und die Böden weitere 10 Minuten goldbraun und knusprig backen.

Für die Schalottensauce die Butter in einer kleinen Pfanne zerlassen. Schalotten, Thymian und 1 Prise Salz hineingeben und die Schalotten unter ständigem Rühren weich und glasig schwitzen. Danach mit dem Weißwein ablöschen und diesen um die Hälfte einkochen lassen. Die Sahne dazugießen und alles bei niedriger Temperatur ein paar Minuten köcheln lassen. Zum Schluss mit Salz und Pfeffer abschmecken.

Die abgekühlten Tarteböden mit dem Topinamburpüree bestreichen und zum Aufwärmen erneut in den Backofen stellen. Parallel die restliche Butter in einer Pfanne zerlassen und darin Grünkohl und Granatapfelsirup stark erhitzen. Die Kohlmischung auf die Tartelettes aufteilen und mit dem Rosenkohl garnieren. Warm mit der Schalottensauce servieren.

F&M

SILVESTER

SCHOTTISCHE KAISERGRANATE AN SAFRAN-AIOLI

Schlicht und zugleich sensationell köstlich! Am besten fangfrische Kaisergranate beim Fischhändler Ihres Vertrauens erstehen, denn ihr süßes, saftiges Fleisch ist das Geheimnis dieses Rezepts.

FÜR 6 PERSONEN
(3 STÜCK PRO PERSON)

FÜR DIE AIOLI
- 1 Prise Safranfäden
- 1 TL kochend heißes Wasser
- 1 Zitrone, halbiert
- 1 Knoblauchzehe, gewürfelt
- 1 ½ TL Dijon-Senf
- 1 Eigelb
- 125 ml Pflanzenöl

FÜR DIE KAISERGRANATE
- 3 grüne Baby-Zucchini, geschält und längs mit dem Gemüsehobel in dünne Streifen geschnitten
- 18 Kaisergranatschwänze, vorgegart und geschält

ZUM SERVIEREN
- 1 Prise Chiliflocken
- Limettenschnitze

Die Safranfäden in einem kleinen Glas im kochenden Wasser einweichen und beiseitestellen.

Eine Rührschüssel innen mit einer Zitronenhälfte auswischen und einen Schneebesen ebenfalls von allen Seiten mit der Zitrone einreiben. Danach Knoblauch, Senf und Eigelb mit dem Schneebesen in der Schüssel verrühren und nach und nach 50 ml Öl unterrühren, bis die Mischung eindickt. Das restliche Öl dazugießen und so lange weiterrühren, bis die Aioli fertig ist (sie sollte die Konsistenz von Mayonnaise haben). Langsam das Safranwasser unterrühren und nach Geschmack mit Zitronensaft, Salz und Pfeffer würzen.

Die Zucchinistreifen in einem großen Topf mit kochendem Salzwasser ganz kurz blanchieren und sofort mit einem Schaumlöffel herausheben und unter fließend kaltem Wasser abschrecken, um den Garprozess zu stoppen. Die Zucchinistreifen mit Küchenkrepp trocken tupfen. Jeweils einen kleinen Klecks Aioli auf die Kaisergranate geben und mit einem Zucchinistreifen umwickeln (überzählige Zucchinistreifen für einen Salat oder für einen Sandwichbelag verwenden, und das Aioli schmeckt hervorragend zu Fisch und Bratkartoffeln). Die Röllchen jeweils mit einem Zahnstocher fixieren.

Die fertigen Röllchen auf einer Servierplatte anrichten, mit 1 Prise Chiliflocken bestreuen und Limettenschnitze außen herum garnieren.

GRAVADLAX MIT GIN, ORANGE UND KORIANDER

Diese Beize macht keinen Schwips, sondern durchzieht den Lachs mit eleganten Aromen von Wacholder und der säuerlichen Schärfe der Orange. Lassen Sie sich nicht von der langen Zubereitungszeit abschrecken, die meiste Zeit davon verbringt der Fisch im Kühlschrank.

Der gebeizte Lachs hält sich in Küchenfolie gewickelt auch ein paar Wochen im Kühlschrank, was sich bei den vielen bevorstehenden unangekündigten Familienbesuchen oft als ganz nützlich erweist.

& dazu passt:
Fortnum's Brut Rosé Champagner

FÜR 6–8 PERSONEN

- 500 g grätenfreies Lachsfilet
- 40 g Zucker
- 60 g Meersalzflocken
- 1 EL Koriandersamen, im Mörser grob zerstoßen
- 100 g Wacholderbeeren
- ½ kleines Bund Koriander
- Schalenabrieb von 2 Orangen
- Schalenabrieb von 1 Zitrone
- 100 ml London Dry Gin

FÜR DEN PAPRIKA-MÖHREN-SALAT

- 2 Möhren
- 1 grüne Paprika
- 1 gelbe Paprika
- 3 EL extra natives Olivenöl
- 3 EL Weißweinessig
- 5 g frischer Koriander

Zwei große Streifen Küchenfolie auf der Arbeitsfläche ausbreiten und das Lachsfilet mit der Hautseite nach unten in die Mitte legen. In der Küchenmaschine Zucker, Salz, Koriandersamen, Wacholderbeeren, frischen Koriander und Zitronenschale zu einer Paste zerkleinern und diese als Beize gleichmäßig auf dem Lachs verteilen. Den Gin darübergießen und die Küchenfolie über dem Lachs zusammenschlagen, den Fisch in einen luftdichtverschließbaren Behälter legen, mit etwas Gewicht beschweren und für 48 Stunden in den Kühlschrank geben. In dieser Zeit den Fisch alle 12 Stunden wenden.

Möhren putzen, schälen und mit dem Gemüsehobel in dünne Juliennestreifen schneiden. Die Paprikaschoten halbieren, die Kerne herauskratzen und die Hälften in 0,5 cm dünne Streifen schneiden. Die Gemüsestreifen mit dem extra nativen Olivenöl und dem Weißweinessig anmachen, mit Salz und Pfeffer abschmecken und wer Gin mag, kann auch hier 1 Spritzer Gin untermischen. Zum Schluss den Koriander unterheben.

Das Lachsfilet auswickeln und überschüssige Marinade behutsam abwischen. Anschließend den Lachs diagonal dünn aufschneiden (so wie man Räucherlachs aufschneiden würde) und mit dem Paprika-Möhren-Salat servieren oder mit etwas Meerrettich auf Roggentoasts reichen.

RINDERFILET MIT SAUCE BÉARNAISE

Klassischer geht es nicht: auf den Punkt gegrilltes, zartes Rinderfilet mit cremiger Estragon-Sauce. Als Canapés serviert sind diese kleinen Häppchen vermutlich schneller verputzt, als Sie gucken können.

& dazu passt:
1 Glas Fortnum's
Margaux Rotwein

ERGIBT 12 STÜCK

- 1 × 240 g Rinderfilet
- ein wenig Pflanzenöl

FÜR DIE SAUCE BÉARNAISE

- 200 g Butter
- 2 Schalotten, in Scheiben geschnitten
- 50 ml Weißweinessig
- 50 ml Weißwein
- 5 schwarze Pfefferkörner
- 1 Lorbeerblatt
- 4 Zweige Estragon, Blätter abgezupft
- 4 Eigelb
- 1 Spritzer Zitronensaft

Für die Sauce Béarnaise die Butter klären. Die Butter zunächst sanft zerlassen und dann durch ein Sieb in ein kleines Kännchen gießen (die weißen, festen Bestandteile entfernen). In einem kleinen Topf Schalotten, Essig, Wein, Pfefferkörner, Lorbeerblatt und Estragonstengel einkochen, bis etwa das Volumen eines Esslöffels übrig bleibt. Die Sauce in eine saubere Edelstahlschüssel abseihen und diese so über einen Topf mit kochendem Wasser hängen, dass der Boden der Schüssel nicht mit dem Wasser in Berührung kommt. Das Eigelb dazugeben und etwa 3 Minuten mit einem Schneebesen unterrühren, bis die Mischung eine blassgelbe und leicht dickflüssige Konsistenz bekommt.

Die geklärte Butter kurz in der Mikrowelle erneut erhitzen, bis sie lauwarm ist und nach und nach mit dem Schneebesen in die Eigelbmischung einrühren, bis die Sauce beinah fest wird. Die Sauce mit Salz und Zitronensaft abschmecken. Sollte sie zu fest geworden sind, einfach mit etwas warmem Wasser wieder auflösen. Die Estragonblätter klein hacken und unter die Sauce mischen. Den Herd ausschalten, die Sauce jedoch zum Warmhalten noch in der Schüssel über dem Wasserbad belassen.

Das Rinderfilet halbieren. Die beiden dünnen Steaks mit ein wenig Pflanzenöl einreiben und gut mit Salz und Pfeffer würzen. Eine gusseiserne Pfanne sehr stark vorheizen und dann die Steaks darin etwa 2 Minuten von beiden Seiten braten. Die fertigen Steaks auf einen Teller legen und 5 Minuten ruhen lassen.

Das Rindfleisch in mundgerechte Stücke schneiden und mit der Sauce Béarnaise zum Dippen servieren.

KLEINE ROTE-BETE-BURGER MIT APFEL UND JACKFRUIT SALSA

Kein schlichter Fleischersatz, sondern köstliches vegetarisches Fingerfood. Die intensiv und säuerlich-herb schmeckenden Jackfruits sind mittlerweile in Dosen eingelegt in gut sortierten Supermärkten erhältlich. Wer sich für die Salsa einen kleinen besonderen Kick wünscht, nimmt einfach eine Chilischote mehr und entfernt die Kerne nicht.

Für die Salsa Zucker und Wasser in einem kleinen Topf erhitzen, bis sich der Zucker aufgelöst hat, aber noch nicht kocht. Den Topf vom Herd nehmen und den Limettensaft untermischen. Die klein gehackte Jackfruit in eine Schüssel geben und mit Limettenschale, Gurke und Chili vermischen. Den Zuckersirup untermischen und die fertige Salsa mit Küchenfolie abgedeckt bis zum Servieren im Kühlschrank aufbewahren.

Quinoa in ein Sieb geben und unter fließend kaltem Wasser abspülen. Quinoa, Wasser und etwas Salz in einen Topf geben und etwa 20 Minuten kochen, bis die Samen weich sind. Quinoa abtropfen lassen und auf Küchenkrepp trocknen, damit so viel Feuchtigkeit wie möglich aufgefangen wird. Die geriebenen Roten Beten zwischen zwei Lagen Küchenkrepp geben und möglichst viel Feuchtigkeit herausdrücken.

In einer Rührschüssel Quinoa, Rote Bete und die restlichen Zutaten für die Burger (bis auf das Öl) miteinander vermischen. Die Masse zu 8 golfballgroßen Kugeln formen und diese zwischen den Handflächen ein wenig platt drücken. Die fertigen Patties auf ein mit Backpapier bedecktes Tablett legen und mindestens eine Stunde kalt stellen.

In einer großen Bratpfanne das Öl auf mittlere Temperatur erhitzen und die Patties darin 4–5 Minuten von jeder Seite braten. Eventuell portionsweise braten und vorsichtig mit einer Palette wenden. Die fertigen Burger auf Küchenkrepp abtropfen lassen.

Die Jackfruit Salsa mit dem klein gehackten Salatherz mischen. Die Brötchen aufschneiden und auf die unteren Hälften jeweils einen Löffel von der Salsa geben. Die gebratenen Burger darauf verteilen, mit der restlichen Salsa garnieren und die Brötchenoberseite fest darauf drücken und eventuell mit einem Zahnstocher fixieren.

ERGIBT 8 KLEINE BURGER

FÜR DIE SALSA

- 25 g Palmzucker oder hellbrauner Zucker
- 25 ml Wasser
- Schalenabrieb und Saft von 2 Limetten
- 1 Dose (400 g) Jackfruit, abgetropft und gewürfelt
- ¼ Salatgurke, gewürfelt
- 1 rote Chilischote, entkernt und fein gewürfelt

FÜR DIE BURGER

- 100 g Quinoa
- 300 ml Wasser
- 200 g gekochte Rote Beete, gerieben
- 1 Granny Smith Apfel, gerieben
- 1 EL Kapern, grob gehackt
- ½ Bund glatte Petersilie, grob gehackt
- 1 Ei, verquirlt
- 40 g Semmelbrösel,
- ½ TL Chiliflocken
- 4 EL Pflanzenöl

ZUM SERVIEREN

- 1 Salatherz, klein gehackt
- 8 kleine Körnerbrötchen

FM
Christmas Catalogue
1937
Fortnum & Mason

SPEISEN
IM JANUAR

Neujahrs-Wohlgefühl

Januar. Drei Silben und ein ganzer Batzen Kummer. Völlegefühl im Magen, ein leeres Konto und ein trostloser Monat puritanischer Entbehrungen liegt vor uns. Während durchs Fenster das noch junge Jahr hereinschaut, fällt es schwer, nicht in Selbstmitleid zu versinken oder auf irgendeinen Diätschwindel oder ein Heilsversprechen hereinzufallen, das uns mit »Basen«, »Steinzeit« oder einer Mischung aus Melasse und scharfer Sauce kurieren möchte.

Es stimmt schon, dass wir die letzten Wochen wie Sumoringer gegessen, literweise Alkohol getrunken und dicke Schinkenscheiben geradezu inhaliert haben. Dennoch müssen wir nicht gleich in kulinarische Depressionen verfallen und über die Exzesse der vergangenen Wochen jammern, denn der Januar ist die beste Zeit, um neu durchzustarten.

Als Genussmensch in den besten Jahren und mit einem gesunden Appetit bin ich natürlich meilenweit entfernt von jenen hohlwangigen Schönheiten mit straffen Bäuchen und frommem Lächeln, die das Grauen des »clean eating« predigen. Ich bin sicher, dass Ihnen bewusst ist, welch schändliche Überheblichkeit der Begriff des »clean eating« darstellt, denn wenn wässrige Zucchininudeln oder »Käse« aus Mandelmilch als clean, also sauber, bezeichnet werden, was ist dann wohl alles andere? Genau, Sie haben es erfasst: dreckig! Das heißt, alle anderen Lebensmittel werden gemieden oder gar verstoßen wie leprakranke Köter. Und das Mittagessen wird zur Kampfzone, zu einem Ort, wo mit jedem Mandelmilch-Smoothie auch Scham, Schuldgefühle und Abscheu verdaut werden müssen. Kein Lebensmittel ist von Hause aus sauber oder dreckig, sondern etwas, das man genießen oder an dem man sich erfreuen kann. Das Zauberwort heißt Ausgewogenheit.

Natürlich ist eine auf Fast Food basierende Ernährung ungesund, dennoch macht es mich glücklich, ab und zu einen Cheeseburger zu essen. Und eine ausschließlich auf Reiswaffeln und Hüttenkäse basierende Ernährung ist für unseren Körper ebenfalls schädlich. Experten raten zu jeder Menge Obst und frischem Gemüse, zu Proteinen, Nüssen und Samen und komplexen Kohlenhydraten, gemischt mit etwas, das uns glücklich macht. In meinem Fall brauche ich von Letzterem immer eine große Portion.

Und genau darum geht es im folgenden Kapitel. Rezepte zum Genießen, ohne dass man anschließend stöhnend auf dem Sofa liegt und sich bei einem dreistündigen Mittagsschlaf erholen muss. Gesund bedeutet nicht langweilig und selbstgefällig, sondern vielmehr bunter Genuss in großen Schüsseln: sättigende Suppen, aromatische Salatkompositionen und natürlich jede Menge Fisch und Geflügel. Der Charme einer schlichten Ofenkartoffel, ein mit Zitrone und Za'atar mariniertes Hühnchen, der verlockende Anblick einer gegrillten Seezunge, leuchtend grüne, würzige Pfannengerichte dank frischer Kräuter und frischer Chilischoten, wärmende Bouillons, spritzige Ceviches und mit Ingwer und orientalischen Gewürzen zubereitete Currys. Diese Aufzählung ließe sich unendlich verlängern. Also begrüßen Sie den Januar freudig, küssen Sie ihn auf die Wangen und starten Sie richtig durch!

MINESTRONE MIT MIESMUSCHELN

Diese würzige Suppe sollte man unbedingt im trüben Januar zubereiten, wenn Miesmuscheln besonders saftig und aromatisch sind und wir uns dank Currypulver, Chutney und Raita an einem Hauch subtropischer Wärme erfreuen können.

& dazu passt:
japanischer Sencha Tee

FÜR 4 PERSONEN
- 50 g Butter
- 1 kleine Zwiebel, gewürfelt
- ½ Zucchini, gewürfelt
- 1 Möhre (etwa 100 g), gewürfelt
- ¼ Kohlrübe (etwa 100 g), gewürfelt
- 1 kleine Lauchstange (etwa 100 g), gewürfelt
- 2 Stangen Staudensellerie, gewürfelt
- 2 TL mittelscharfes Currypulver
- 1 Lorbeerblatt
- 150 ml trockener Weißwein
- 450 ml hochwertiger Fischfond
- 500 g Miesmuscheln, gewaschen, Haftfäden entfernt und in einer Schüssel mit sauberem, kaltem Wasser beiseitegestellt
- 1 kleines Bund glatte Petersilie, klein gehackt
- 4 EL griechischer Joghurt
- 4 Scheiben Sauerteigbrot, getoastet
- 4 TL Mango Chutney
- 100 g Butter

In einer großen Kasserolle die Butter bei mittlerer Temperatur zerlassen und sobald sie köchelt, das gewürfelte Gemüse und 1 Prise Salz hineingeben. Das Gemüse 10 Minuten weich schwitzen und dabei regelmäßig umrühren, damit es keine Farbe annimmt.

Currypulver untermischen und alles weitere 2 Minuten garen, danach Lorbeerblatt, Weißwein, Fond und Wasser zugeben. Die Temperatur erhöhen, bis die Suppe kurz aufkocht und dann bei etwas reduzierter Temperatur 30 Minuten sanft köcheln lassen, bis die Suppe um ein Drittel eingekocht ist.

Kurz vor dem Essen die Temperatur erneut erhöhen, bis die Suppe wieder kocht und die abgetropften Muscheln (bereits geöffnete Muscheln aussortieren) hineingeben. Den Topf zudecken und die Muscheln 5 Minuten in der Suppe ziehen lassen, bis sie sich geöffnet haben. Die Muscheln mit einem Schaumlöffel herausheben und jene entfernen, die sich nicht geöffnet haben. Das Muschelfleisch aus den Schalen lösen und zurück in die Suppe geben.

Die fertige Minestrone in vorgewärmte Suppenteller füllen. Die Hälfte der Petersilie mit dem Joghurt vermischen, die Toasts mit Butter und Mangochutney bestreichen und Petersilie darüberstreuen und alles zusammen genießen.

WÜRZIGE PASTINAKENSUPPE

Eine erdig schmeckende, wärmende, köstliche Wintersuppe, die mit knusprigem Brot serviert werden sollte.

FÜR 6–8 PERSONEN

- 50 g Butter
- 1 Zwiebel, gewürfelt
- 2 Stangen Lauch, geputzt und fein gehackt
- 750 g Pastinaken, gewürfelt
- 2 TL gemahlener Kreuzkümmel
- 1 daumengroßes Stück frischer Ingwer (etwa 15 g), geschält und gerieben
- 1 Knoblauchzehe, zerdrückt
- ein paar Zweige Thymian, Blätter abgezupft
- 2,5 l Gemüsebrühe
- ⅛ Muskatnuss, gerieben
- 1 kleines Bund glatte Petersilie, klein gehackt
- Sauerteigbrot zum Servieren

Die Butter in einem Schmortopf bei niedriger bis mittlerer Temperatur zerlassen und darin Zwiebel und Lauch mit 1 Prise Salz etwa 5 Minuten glasig und weich schwitzen.

Pastinaken, Kreuzkümmel, Ingwer, Knoblauch und Thymianblätter untermischen und alles zusammen weitere 2–3 Minuten garen, bis die Mischung aromatisch duftet. Die Brühe dazugießen und aufkochen. Mit Salz und Pfeffer würzen, die Temperatur etwas senken und die Suppe 30 Minuten sanft köcheln lassen.

Die Suppe portionsweise im Standmixer glatt pürieren und anschließend durch ein feines Sieb in einen sauberen Topf abseihen.

Muskatnuss untermischen und die Suppe erneut abschmecken und eventuell nachwürzen. Die fertige Suppe mit Petersilie bestreut servieren und dazu frisches Sauerteigbrot reichen.

CEVICHE VON DER SEEBRASSE MIT CHILI UND BASILIKUM

Eine klassische Ceviche nach peruanischem Rezept. Wie immer ist qualitativ hochwertiger, wirklich fangfrischer Fisch dafür die wichtigste Voraussetzung. Wer es gerne scharf mag, sollte die Chilischote nicht entkernen. Eine Jalapeño wirkt hier Wunder, aber echte Chili-Liebhaber dürfen stattdessen natürlich auch eine grüne Fingerchilischote oder sogar eine Vogelaugenchilischote wählen. Denken Sie daran, dass der Fisch nicht länger als 30 Minuten marinieren sollte.

Im Rezept wird der Fisch kurz tiefgefroren, damit er sich besser schneiden lässt. Da ich den Fisch gerne so frisch wie möglich esse, lasse ich diesen Schritt aus, aber das ist jedem selber überlassen.

& dazu passt:
1 Spritzer von Fortnum's Hot Sauce und 1 Glas italienischer Gavi di Gavi Weißwein

FÜR 4 PORTIONEN

- 4 Filets von der Seebrasse (vom Fischhändler küchenfertig vorbereiten lassen)
- Saft von 5 Limetten (etwa 100 ml)
- 1 TL Meersalzflocken
- 1 EL Zucker
- 1 grüne Chilischote, entkernt und fein gewürfelt
- 1 Handvoll Basilikum als Micro Leaves

Die Fischfilets übereinander auf Küchenfolie legen und fest darin einrollen, dabei an den Seiten etwas eindrücken, bis eine Zylinderform entsteht. Die Fischrolle mindestens 12 Stunden, am besten über Nacht einfrieren.

Am nächsten Tag den Fisch aus dem Eisfach nehmen, nach einer halben Stunde die Küchenfolie entfernen und den noch gefrorenen Fisch in 5 mm dünne Scheiben schneiden. Die Scheiben auf einer Servierplatte anrichten.

Limettensaft, Salz, Zucker und Chili vermischen und als Marinade über den Fisch gießen. Mit Hilfe zweier Löffel alles ein wenig vermischen und den Fisch 30 Minuten marinieren.

Bei Fortnum & Mason garniert man den Fisch mit Micro-Basilikumblättern, doch normale Basilikumblätter, ein wenig zerkleinert, erfüllen hier auch sehr gut ihren Zweck. Zum Schluss etwas schwarzen Pfeffer aus der Mühle darübergeben und servieren.

GEGRILLTE MAKRELEN MIT STACHELBEEREN

Makrelen und Stachelbeeren passen genauso hervorragend zusammen wie Fortnum und Mason, denn der gehaltvolle und fette Fisch (möglichst nachhaltig gefischt) wird durch das säuerliche Obst abgemildert, und beide Zutaten werten einander wunderbar auf. Die Makrelen können entweder in etwas Butter und Öl in der Pfanne gebraten oder in einer Grillpfanne zubereitet werden.
Makrelen sind reich an gesunden Omega-3-Fettsäuren und daher bestens geeignet für eine ausgewogene Ernährung.

& dazu passt:
Sahnemeerrettich und
1 Glas Fortnum's Muskateller
Weißwein

Die tiefgefrorenen Stachelbeeren mit dem Honig, dem Sternanis und dem Wasser bei mittlerer Temperatur 10 Minuten garen, bis die Stachelbeeren aufplatzen und ihr Aroma intensiver wird. Den Topf vom Herd nehmen, die Spinatblätter unterrühren, bis sie zusammengefallen sind und zum Schluss die Petersilie untermischen.

Die Makrelenfilets mit Olivenöl bepinseln, mit Salz und Pfeffer würzen und von beiden Seiten ein paar Minuten unter einem heißen Grill garen.

Die Stachelbeer-Spinatmischung als Spiegel auf vier Teller verteilen und jeweils mit einem gegrillten Makrelenfilet garnieren.

FÜR 4 PERSONEN
ALS VORSPEISE

- 200 g tiefgefrorene Stachelbeeren
- 80 ml flüssiger Honig
- 4 Sternanis
- 100 ml Wasser
- 150 g Babyspinat
- 1 kleines Bund glatte Petersilie, klein gehackt
- 4 Makrelenfilets (vom Fischhändler küchenfertig vorbereitet)
- Olivenöl

LOUP DE MER MIT TOPINAMBUR UND EINER TOMATEN-SALSA-VERDE

Loup de Mer beziehungsweise Wolfsbarsch ist dank seines festen, weißen Fleisches und seines subtil-süßlichen Aromas ein ganz besonders köstlicher, wenn auch nicht ganz billiger Speisefisch. Für dieses Rezept mit intensiven Aromen von Gemüse und Kräutern darf es auch die günstigere Version aus nachhaltiger europäischer Aquazucht sein.

& dazu passt:
1 Glas eisgekühlter Fortnum's Grillo (italienischer Weißwein)

FÜR 4 PERSONEN

FÜR DEN GEFÜLLTEN LOUP DE MER

- Olivenöl zum Frittieren
- 300 g Topinambur, in Scheiben geschnitten
- 100 g Spinat oder Mangold
- ¼ Bund Basilikum
- 2 Wolfsbarsche (je 700–800 g), vom Fischhändler küchenfertig vorbereitet und so aufgeschnitten, dass die Bauchhaut nicht verletzt wird (Kanu-Schnitt)
- 2 große Lauchstangen
- 100 g Butter, zerlassen

FÜR DIE SALSA

- 2 Schalotten, gewürfelt
- 1 Knoblauchzehe, gewürfelt
- 50 g Passata (passierte Tomaten)
- Blätter von einem Stengel Petersilie
- 2 EL Weißweinessig
- 1 TL Zucker
- 1 Eiertomate
- ¾ Bund Basilikum, grob gehackt

In einer großen Bratpfanne ein paar EL Olivenöl bei mittlerer Temperatur erhitzen und die Topinamburscheiben darin braten. Gelegentlich wenden, damit sie von beiden Seiten gleichmäßig bräunen. Spinat oder Mangold zugeben und etwa 2 Minuten erhitzen, bis das Blattgemüse vollständig zusammengefallen ist. Das Gemüse mit Salz und Pfeffer würzen und mit einem Schaumlöffel herausheben und dabei gut abtropfen lassen.

Das Basilikum untermischen und die beiden Fische damit füllen. Den Lauch waschen, kurz in kochendem Salzwasser blanchieren, unter fließend kaltem Wasser abschrecken und abtropfen lassen. Den Lauch längs halbieren und die einzelnen Streifen voneinander lösen (für jeden Fisch bedarf es etwa 8–10 Lauchstreifen). Die Lauchstreifen mit der zerlassenen Butter bepinseln und nebeneinander auf ein großes Stück Küchenfolie legen. Jeweils einen Fisch darauflegen und ihn im Lauch einwickeln, ohne dass die Füllung herausquillt. Den umwickelten Fisch von der Küchenfolie lösen und auf Backpapier oder Alufolie legen und ihn darin einpacken. Die beiden Päckchen auf ein Backblech legen und im auf 180 °C (Gas Stufe 4) vorgeheizten Backofen 22 Minuten backen.

In der Zwischenzeit Schalotten, Knoblauch und Passata in einer Schüssel miteinander verrühren. Die Petersilie grob hacken und mit dem Essig und dem Zucker untermischen. Die Haut der Tomate auf der Unterseite kreuzweise einritzen und die Tomate in einer zweiten Schüssel mit kochend heißem Wasser übergießen und 10 Sekunden warten. Die Tomate anschließend in einer Schüssel mit Eiswasser abschrecken und die Schale abziehen. Die Tomate halbieren, Kerne herausdrücken, das Fruchtfleisch in 1 cm große Würfel schneiden und mit dem Basilikum unter die restlichen Zutaten mischen. Abschmecken und eventuell nachwürzen.

Die beiden gefüllten Fische auf 4 vorgewärmte Teller aufteilen, mit einem Löffel etwas Salsa darübergeben und heiß servieren.

CEVICHE VON DER JAKOBSMUSCHEL MIT FRISCHEM INGWER

Wie bei jeder Ceviche ist es wichtig, dass die rohen Zutaten – in diesem Fall die Jakobsmuscheln – absolut frisch und von bester Qualität sind. Vorzugsweise sollte man fangfrische Jakobsmuscheln kaufen und das weiße Fleisch selbst herauslösen. Zudem sollten sie nicht zu lange marinieren, damit ihr göttliches Aroma voll zur Geltung kommt.

Auch hier kann man die Jakobsmuscheln zunächst einfrieren, um sie besser schneiden zu können, ich persönlich ziehe es aber vor, sie frisch zu verarbeiten.

& dazu passt:
Fortnum's Soja und Ingwer Dressing und 1 Glas Elsässer Pinot Blanc Weißwein

Ein großes Stück Küchenfolie auf der Arbeitsplatte ausbreiten und die Jakobsmuscheln wie eine Kette in der Mitte nebeneinanderlegen. Die Jakobsmuscheln eng mit der Küchenfolie einwickeln und von den Seiten etwas zusammenschieben, damit eine zylinderförmige Rolle entsteht. Die Rolle mindestens 12 Stunden, am besten über Nacht ins Gefrierfach legen.

Die Jakobsmuscheln aus dem Gefrierfach nehmen und in der Folie eine halbe Stunde ruhen lassen, danach die Folie abwickeln und das Muschelfleisch mit einem sehr scharfen Messer in 5 mm dünne Scheiben schneiden. Das Muschelfleisch auf einer Servierplatte anrichten.

Limettensaft, Chili, Zucker und Salz vermischen und über die Jakobsmuscheln gießen. Mit zwei Löffeln die Marinade ein wenig unterheben und anschließend mit Korianderblättern und Ingwer bestreuen. Etwas schwarzen Pfeffer darübermahlen und die Jakobsmuscheln vor dem Servieren eine halbe Stunde in der Marinade ziehen lassen.

FÜR 4 PERSONEN

- 400 g Kingsize Jakobsmuscheln, der orangefarbene Rogen (Corail) entfernt
- Saft von 5 Limetten (etwa 100 ml)
- 1 große rote Chilischote, entkernt und klein gewürfelt
- 1 EL Zucker
- 1 TL Meersalzflocken
- 2 Frühlingszwiebeln, diagonal in dünne Ringe geschnitten
- 1 Handvoll junger Korianderblätter
- 40 g frischer Ingwer, gewürfelt

LAMM-KEBABS MIT COUSCOUS UND MINZEJOGHURT

Ein aromatisches und würziges nordafrikanisches Gericht. Das Lammfleisch sollte mindestens ein paar Stunden, am besten aber über Nacht marinieren dürfen und auf dem Grill oder in der Grillpfanne gebraten werden.

& dazu passt:
Minzesauce, Kräutergelee und 1 Glas Fortnum's Argentinischer Malbec Rotwein

Das Lammfleisch trimmen und in 4 cm große Würfel schneiden.

Die Rosmarinnadeln und den geschälten Knoblauch mit 1 guten Prise Salz auf einem Hackbrett so fein hacken, dass beinah eine Paste entsteht. Die Rosmarinmischung in einer Schüssel mit dem Olivenöl und etwas schwarzem Pfeffer verrühren, das Lammfleisch dazugeben, unterheben und über Nacht im Kühlschrank marinieren lassen.

Am nächsten Tag das Couscous zubereiten und dafür 30 ml Öl in einer Kasserolle erhitzen und die roten Zwiebeln darin weich schwitzen. Paprika und Zucchini untermischen und etwa 5 Minuten garen, bis das Gemüse ein wenig weich ist. Mit Salz und Pfeffer abschmecken und beiseitestellen. Das Couscous mit dem restlichen Öl in eine Schüssel geben, mit dem kochenden Wasser übergießen, mit Küchenfolie abdecken und 5 Minuten quellen lassen. Danach die Küchenfolie entfernen, das Couscous mit einer Gabel auflockern, das Gemüse unterheben und mit Salz, Pfeffer und etwas Zitronensaft abschmecken.

In einer kleinen Schüssel die Zutaten für das Minzejoghurt vermischen und mit Salz und Pfeffer würzen.

Für die Kebabs 4 Bambusholzspieße etwa 30 Minuten in kaltem Wasser einweichen. Das Lammfleisch auf die Spieße auffädeln und die Spieße in einer Grillpfanne bei hoher Temperatur etwa 8 Minuten grillen und dabei alle 2 Minuten wenden, bis das Fleisch von allen Seiten gleichmäßig gebräunt ist. Die Fleischspieße 5 Minuten ruhen lassen und danach auf dem Couscous anrichten und mit etwas Koriandersprossen garnieren. Minzejoghurt dazu reichen.

FÜR 2 PERSONEN
- 360 g entbeinte Lammkeule
- 1 großer Zweig Rosmarin
- 2 große Knoblauchzehen
- 2 EL Olivenöl
- Koriandersprossen zum Garnieren

FÜR DAS COUSCOUS
- 50 ml Olivenöl
- 1 kleine rote Zwiebel, gewürfelt
- 1 kleine rote Paprika, gewürfelt
- 1 kleine Zucchini, gewürfelt
- 160 g Couscous
- 180 ml kochendes Wasser
- 1 Spritzer Zitronensaft

FÜR DAS MINZEJOGHURT
- 4 EL griechischer Joghurt
- 1 TL klein gehackte, frische Minze
- 1 kleine Knoblauchzehe, zerdrückt

BLUMENKOHLCOUSCOUS (VEGAN)

Ein überraschend komplexes Gericht, das mit sehr unterschiedlichen Texturen und Aromen punktet: dem knusprig gerösteten Blumenkohl, der cremigen Sauce, den Röstaromen von Nüssen und Kreuzkümmel, mit fruchtiger Süße dank der getrockneten Früchte und der herben Frische der Petersilie.

Den Blumenkohl in Röschen brechen und die Hälfte davon in 5 mm dünne Scheiben schneiden. Randstücke mit dem restlichen Blumenkohl in der Küchenmaschine zu feinen Bröseln mahlen.

Die Blumenkohlscheiben auf einem Backblech verteilen, mit Olivenöl beträufeln und im auf 200 °C (Gas Stufe 6) vorgeheizten Backofen etwa 15 Minuten rösten, bis sie an den Rändern knusprig werden. Anschließend mit Salz und Pfeffer bestreuen.

In einer großen Pfanne 1 EL Olivenöl auf mittlere Temperatur erhitzen und die Schalotten mit 1 Prise Salz 6–7 Minuten weich und glasig schwitzen. Den Knoblauch und den gemahlenen Blumenkohl untermischen, die Temperatur ein wenig erhöhen und alles etwa 5 Minuten braten, bis der Blumenkohl ein wenig Farbe bekommt. Die Pfanne vom Herd nehmen und Zitronensaft und Kreuzkümmel unter den Blumenkohl mischen.

Für ein schnelles Dressing ein Viertel der Blumenkohlmischung mit dem Wasser und 1 EL Olivenöl in der Küchenmaschine zu einer glatten Sauce vermischen.

Den gerösteten Blumenkohl unter das Blumenkohlcouscous mischen und Sellerie, Nüsse, getrocknete Früchte und Edamame-Bohnen unterheben. Mit dem Dressing beträufelt und der Petersilie bestreut servieren.

FÜR 6 PERSONEN

- 1 Blumenkohl (etwa 600 g)
- Olivenöl zum Braten
- 2 Schalotten, gewürfelt
- 2 Knoblauchzehen, gewürfelt
- Saft von ½ Zitrone
- 1 TL gemahlener Kreuzkümmel
- 3 EL Wasser
- 1 Stange Staudensellerie, geschält und gewürfelt
- 25 g Pinienkerne, geröstet
- 25 g Haselnusskerne, geröstet
- 25 g Pistazienkerne, geröstet
- 25 g Rosinen
- 25 g getrocknete Aprikosen, klein gehackt
- 50 g Edamame-Bohnen, gepalt
- 1 kleines Bund glatte Petersilie, klein gehackt

VEGETARISCHES KEDGEREE

Kedgeree ist ein klassisches Gericht der anglo-indischen Küche und wurde von englischen Kolonialherren in Indien erfunden, ist aber an das indische Gericht *khichri* angelehnt, das aus Linsen, Reis, Kräutern und Gewürzen und meist auch aus Fisch zubereitet wird. Am besten schmeckt Kedgeree mit frischen Curryblättern, die in asiatischen Lebensmittelhandlungen erhältlich sind. Wer nur getrocknete Curryblätter hat, sollte die doppelte Menge verwenden.

& dazu passt:
1 Glas Spätburgunder Rotwein

FÜR 4 PERSONEN

- ½ kleiner Hokaido-Kürbis (etwa 400 g), geschält und gewürfelt
- 1 kleiner Blumenkohl, in kleine Röschen geschnitten
- 2 EL Pflanzenöl
- 1 TL gemahlene Kurkuma
- 2 TL gemahlener Kreuzkümmel
- 1 TL gemahlener Koriander
- 40 g Rosinen
- 25 g Butter
- 2 Schalotten, gewürfelt
- 2 Knoblauchzehen, in Scheiben geschnitten
- 1 daumengroßes Stück frischer Ingwer, geschält und gerieben
- 5 frische Curryblätter (oder 10 getrocknete)
- ½ TL Fenchelsamen
- 1 TL mittelscharfes Currypulver
- 1 Prise Safran
- 1 EL Tomatenmark
- 2 EL Weißweinessig
- 100 g Basmatireis
- 100 g grüne oder schwarze Linsen
- 400 ml Gemüsebrühe
- 100 ml Sahne
- 4 Eier, auf Raumtemperatur aufgewärmt

ZUM SERVIEREN

- 1 kleines Bund Koriander, klein gehackt (ein paar Zweige zum Dekorieren beiseitelegen)
- 1 grüne Chilischote, in dünne Ringe geschnitten (optional)
- 40 g Mandelblättchen, geröstet

Kürbis und Blumenkohl auf einem tiefen Backblech mit dem Pflanzenöl, Kurkuma, Kreuzkümmel, Koriander und 1 Prise Salz und Pfeffer vermengen und im auf 220 °C (Gas Stufe 7) vorgeheizten Backofen 25–30 Minuten rösten, bis das Gemüse weich und an einigen Stellen leicht verkohlt ist.

Die Rosinen in einer Schüssel in kaltem Wasser einweichen und beiseitestellen.

In einem Schmortopf die Butter zerlassen und Schalotten, Knoblauch und Ingwer darin weich, glasig und aromatisch duftend schwitzen, ohne dass sie Farbe annehmen. Anschließend Curryblätter, Fenchelsamen, Currypulver, Safran, Tomatenmark und Weißweinessig dazugeben und 2 Minuten mit garen. Regelmäßig umrühren, damit die Gewürze ein wenig rösten.

Reis und Linsen untermischen, die Gemüsebrühe dazugießen und die Temperatur leicht erhöhen. Die Mischung 20 Minuten sanft köcheln lassen, bis die Flüssigkeit fast vollständig verdampft ist. Die Sahne unterrühren und die Zutaten noch 10 Minuten bei niedriger Temperatur im zugedeckten Topf quellen lassen. Anschließend den Herd ausschalten und Linsen und Reis weitere 10 Minuten ruhen lassen, bis sie die Flüssigkeit vollständig aufgenommen haben.

Parallel in einem mittelgroßen Topf Wasser aufkochen und die Eier darin 5 Minuten garen. Die Eier anschließend sofort abschrecken, pellen und beiseitestellen.

Blumenkohl, Kürbis und die Rosinen unter die Reismischung heben, das fertige Kedgeree abschmecken, auf vier vorgewärmte Teller verteilen und mit Koriander (ein paar Blätter zum Dekorieren verwahren), Chili (falls gewünscht) und gerösteten Mandelblättchen bestreuen. Jeweils ein weich gekochtes Ei obenauf setzen, etwas schwarzen Pfeffer darübermahlen und mit einem Korianderzweig garnieren.

SCHWARZWURZELN, ROTE BETE UND MANGOLD ALS SALAT

Ein einfacher Wintersalat mit einem Hauch Meerrettich und Zimt und ein paar herrlich knackigen, gerösteten Walnusskernen.

& dazu passt:
1 Glas gut gekühlter Fortnum's Chablis Weißwein

FÜR 4 PERSONEN

- 300 g Schwarzwurzeln
- 2 EL Weißwein – oder Apfelessig
- 150 g Mangold, gewürfelt
- 150 g Rote Bete, gekocht, geschält und in Schnitze geschnitten
- 150 g Gelbe Bete, gekocht, geschält und in Schnitze geschnitten
- 1 Bund Frühlingszwiebeln, diagonal in kleine Streifen geschnitten
- 100 g Walnusskerne, geröstet und grob gehackt

FÜR DAS DRESSING

- 30 g Meerrettich, gerieben
- 100 ml Crème fraîche
- ¼ TL Zimt
- 3 EL Weißweinessig
- 2 EL Walnussöl
- 1 Prise hellbrauner Zucker

Die Schwarzwurzeln waschen, schälen, in 3 cm lange Stücke schneiden und in eine Schüssel mit Wasser und einem Schuss Weißwein- oder Apfelessig geben, damit sie nicht braun werden.

Anschließend die Schwarzwurzeln in kochendem Salzwasser 5 Minuten blanchieren, bis eine Messerklinge leicht durch sie hindurchgleitet. Die Schwarzwurzeln mit einem Schaumlöffel herausheben, in einen Durchschlag geben und unter fließend kaltem Wasser abschrecken.

Meerrettich, Crème fraîche, Zimt, Essig und Walnussöl zu einem Dressing verrühren und mit Salz, Pfeffer und Zucker abschmecken.

Schwarzwurzeln, Mangold, Rote und Gelbe Bete in eine Schüssel geben und mit Dreiviertel des Dressings anmachen. Den Salat auf einer Servierplatte anrichten, mit den Walnusskernen und den Frühlingszwiebeln bestreuen und mit dem restlichen Dressing garnieren.

BUNTER MANGOLD MIT PFIFFERLINGEN UND PARMESAN

Dieses Gericht erfreut sich bei uns seit Jahren großer Beliebtheit. Sind keine Pfifferlinge erhältlich, dürfen sie gerne durch andere Pilze ersetzt werden.

Die Pilze putzen und mit feuchtem Küchenkrepp säubern. Anschließend auf einem mit Küchenkrepp ausgelegten Teller trocknen lassen.

Die Butter in einer Bratpfanne zerlassen und die Pilze darin mit 1 Prise Salz und Pfeffer 4–5 Minuten braten, bis sie rundum glänzen. Anschließend die Pilze mit dem extra nativen Olivenöl und dem Essig in eine Schüssel geben und eine Stunde marinieren. Die Pfanne mit Küchenkrepp auswischen, um sie später weiterverwenden zu können.

Die Mangoldstiele in 2 cm lange Stücke schneiden. Mehrere Mangoldblätter übereinanderlegen, fest zusammenrollen und in 2 cm breite Streifen schneiden, bis alle Blätter aufgebraucht sind.

Das Olivenöl in der Pfanne auf mittlere bis hohe Temperatur erhitzen und darin die Mangoldstiele mit 1 Prise Salz 3–4 Minuten braten, bis sie weich und stellenweise golden sind. Die Mangoldblattstreifen in kochendem Salzwasser blanchieren, abtropfen lassen und anschließend unter fließend kaltem Wasser abschrecken.

Die Mangoldblätter in einer Salatschleuder trocknen oder gut mit den Händen ausdrücken und mit den Stielen zu den Pilzen in die Schüssel geben. Alles miteinander verrühren und mit Salz und Pfeffer abschmecken.

In einer kleinen Schüssel Rapskernöl, Pflanzenöl und Apfelessig miteinander verrühren. Den Saft einer halben Zitrone, die Estragonblätter und etwas Salz und Pfeffer dazugeben. Das Dressing abschmecken und eventuell mit Salz, Pfeffer, Essig oder Zitronensaft nachwürzen.

Das Gemüse auf vier Tellern anrichten, das Dressing darüberträufeln und Parmesan darüberhobeln.

& dazu passt:
1 Glas Fortnum's Grillo Weißwein

FÜR 4 PERSONEN

- 150 g Pfifferlinge
- 25 g Butter
- 3 EL extra natives Olivenöl
- 4 TL Weißweinessig
- 500 g buntstieliger Blattmangold, Blätter und Stiele gewaschen und getrennt
- 1 EL Olivenöl
- 100 g Parmesan, gehobelt
- für das Dressing
- 30 ml Rapskernöl
- 15 ml Pflanzenöl
- 15 ml Apfelessig
- 1 Zitrone, halbiert
- Blätter von einem kleinen Bund Estragon, klein gehackt

WARMER SALAT VON TOPINAMBUR, BLUMENKOHL UND HARISSA

Ein warmer Wintersalat mit geröstetem Gemüse und orientalischem Dressing. Haselnüsse sorgen für extra Biss. Rosa Harissa ist etwas milder als das übliche rote Harissa.

Olivenöl in eine Bratpfanne geben, bis der Boden bedeckt ist und Topinambur, Knoblauch und Thymian darin 7–8 Minuten bei mittlerer Temperatur braten. Regelmäßig wenden, bis der Topinambur von allen Seiten kross und braun ist. Die Butter zugeben und alles vom Pfannenboden kratzen. Den Topinambur auf ein Backblech geben und im auf 200 °C (Gas Stufe 6) vorgeheizten Backofen 15 Minuten rösten. Zwischendurch einmal das Backblech schütteln.

Blumenkohl mit Salz, Pfeffer und ausreichend Öl, um ihn damit zu überziehen, auf ein zweites Backblech geben und ebenfalls 15 Minuten im Backofen rösten, bis er stellenweise leicht verkohlt ist.

Die Mangoldstiele in 2 cm lange Stücke schneiden, die Mangoldblätter aufeinanderlegen, zusammenrollen und in 2 cm breite Streifen schneiden.

Die Stiele in kochendes Salzwasser geben und eine Minute später die Blätter hinzufügen und zusammen noch weitere 30 Sekunden blanchieren. Den Mangold in einem Sieb abtropfen lassen und unter fließend kaltem Wasser abschrecken.

Die Zutaten für das Dressing miteinander verrühren und mit Salz und Pfeffer abschmecken.

Den Mangold in einer Schüssel mit 2–3 EL Olivenöl und etwas Salz und Pfeffer anmachen. Blumenkohl und Topinambur unterheben (der Mangold sollte durch das andere Gemüse wieder warm genug werden), den Salat auf einer Servierplatte anrichten und mit dem Harissa-Dressing beträufeln. Zum Schluss die klein gehackten Haselnusskerne darüberstreuen und servieren.

& dazu passt:
1 Glas Verdicchio Weißwein

FÜR 4 PERSONEN
- extra natives Olivenöl
- 300 g Topinambur, geputzt und in 2 cm große Stücke geschnitten
- 2 Knoblauchzehen (ganz mit Schale)
- 5 Zweige Thymian
- 50 g Butter
- ½ Blumenkohl, in Röschen geschnitten
- 150 g buntstieliger Blattmangold, Blätter und Stiele gewaschen und getrennt
- 50 g Haselnusskerne, grob gehackt

FÜR DAS DRESSING
- 1 EL rosa Harissa
- 100 g griechischer Joghurt
- 1 Knoblauchzehe, klein gehackt
- Saft von ½ Zitrone

SALAT VON GERÖSTETEN SÜSSKARTOFFELN, ROTEN ZWIEBELN UND BIRNEN

Eine gelungene Mischung von süßen, säuerlichen und scharfen Aromen. Die Birnenscheiben sorgen für einen angenehmen Biss.

Die Süßkartoffeln mit reichlich Olivenöl und Salz und Pfeffer auf einem Backblech vermengen, bis sie vom Öl überzogen sind. Auf einem weiteren Backblech die Zwiebeln in etwas Öl und Honig wälzen. beide Backbleche in den auf 200 °C (Gas Stufe 6) vorgeheizten Backofen schieben und das Gemüse etwa 20 Minuten rösten, bis es an den Rändern dunkelbraun wird.

In der Zwischenzeit die Salatherzen waschen, in einzelne Blätter teilen und diese gut trocknen.

Sämtliche Zutaten für das Dressing verrühren und mit Salz und Pfeffer abschmecken.

Die Süßkartoffeln, Zwiebeln, Salatblätter und Birnenscheiben auf eine Servierplatte schichten und mit dem Dressing beträufeln.

FÜR 4 PERSONEN

- 4 Süßkartoffeln, abgebürstet und gewürfelt
- Olivenöl zum Beträufeln
- 2 rote Zwiebeln, jeweils in Achtel geteilt
- 2 TL flüssiger Honig
- 2 Salatherzen
- 2 Birnen, in dünne Scheiben geschnitten

FÜR DAS DRESSING

- 4 EL Olivenöl
- 1 EL Sherryessig
- 1 TL Dijon-Senf
- 1 TL Honig
- Blätter von einem kleinen Bund Koriander, klein gehackt

BURNS' NIGHT HÜHNER-LAUCH-SUPPE

Alljährlich feiert man in Schottland und England am 25. Januar den Geburtstag des schottischen Dichters Robert Burns mit einem traditionellen Essen, wobei das Menü des »Burns' Supper« immer das gleiche ist: Suppe, Haggis mit Kohlrüben und Kartoffeln (*neeps and tatties*) und zum Nachtisch ein Trifle.

Eine Hühnersuppe mit Pflaumen mag etwas ungewöhnlich anmuten, doch ihr subtil süßes Aroma verleiht der Suppe einen großartigen Geschmack. Da die Pflaumen getrennt von der Suppe gereicht werden, kann sich jeder so viele nehmen, wie er mag.

FÜR 4–6 PERSONEN

- 2 l hochwertige helle Hühnerbrühe
- 2 ganze weiße Pfefferkörner
- 2 Lorbeerblätter
- 1 Zweig Thymian
- 1 ganzes Huhn
- 2 Lauchstangen, in Scheiben geschnitten
- 1 TL klein gehackte Petersilie
- 12–16 entsteinte Dörrpflaumen (oder Fortnum's Pruneaux d'Agen)

Die Hühnerbrühe mit den Pfefferkörnern und Lorbeerblättern in einem großen Topf aufkochen und nach Geschmack mit Salz und Pfeffer würzen.

Das ganze Huhn etwa eine Stunde in der Brühe pochieren, bis es gar ist. Das Huhn herausheben und etwas abkühlen lassen, Pfefferkörner und Lorbeerblätter aus der Brühe entfernen. Sobald das Huhn ausreichend abgekühlt ist, das Fleisch von den Knochen lösen und in mundgerechte Stücke teilen.

Die Brühe erneut aufkochen, den Lauch darin ein paar Minuten blanchieren, danach mit einem Schaumlöffel herausheben und und in eiskaltem Wasser abschrecken.

Zum Servieren jeweils etwas Lauch, Hühnerfleisch und Petersilie in Suppenteller geben und die heiße Brühe darübergießen. Die Pflaumen dazu reichen.

BURNS' NIGHT HAGGIS MIT NEEPS & TATTIES UND WHISKY-JUS

Beim Burns' Supper, dem jährlichen Gedenkfest am 25. Januar zu Ehren des schottischen Dichters Robert Burns, spielt vor dem Servieren des Haggis zunächst ein Dudelsack auf, bevor der Hausherr oder Gastwirt Burns' Gedicht »Address to a Haggis« vorträgt.

Die schottische Spezialität Haggis besteht aus einem Schafsmagen, der mit Innereien und Nierenfett vom Schaf sowie Zwiebeln und Hafermehl gefüllt und traditionell mit Kohlrüben und Kartoffeln (*neeps und tatties*) serviert wird.

Seit 8 Jahren zelebriert auch Fortnum & Mason ein spezielles Burns' Night Dinner, dessen begrenzte Plätze immer innerhalb von Sekunden ausgebucht sind. Vielleicht aufgrund des vortrefflichen MacSween's Haggis, der meiner Meinung nach nirgendwo besser schmeckt.

FÜR 2–3 PERSONEN

- 1 × 454 g MacSween traditioneller oder vegetarischer Haggis
- 1 Möhre, gewürfelt
- 1 kleine Kohlrübe (etwa 300–400 g), gewürfelt
- 1 Lorbeerblatt
- 1 Zweig Thymian
- 250 g Butter
- 400 g Kartoffeln (vorzugsweise Maris Piper, etwa 2 Kartoffeln pro Person), gewürfelt
- 1 kleiner Wirsing, geviertelt und in dünne Scheiben geschnitten
- 100 ml Rotwein-Jus
- 50 ml Whisky

Den Haggis in einen Schmortopf legen, mit Wasser aufgießen, bis er komplett bedeckt ist und dann 45–60 Minuten sanft köcheln.

In der Zwischenzeit das Gemüse vorbereiten und dafür Möhren und Kohlrüben mit dem Lorbeerblatt und dem Thymian in einen Topf mit kaltem Salzwasser geben. Das Wasser aufkochen und das Gemüse darin 10–15 Minuten köcheln, bis es gar ist. Anschließend das Gemüse in einem Durchschlag abtropfen lassen, die Kräuter entfernen und das Gemüse mit 100 g Butter pürieren. Zum Schluss das Gemüsepüree mit Salz und Pfeffer abschmecken.

Parallel die Kartoffeln in kaltem Salzwasser aufsetzen, aufkochen und 10–15 Minuten gar kochen. Anschließend die Kartoffeln in einem Durchschlag abtropfen lassen und mit 100 g Butter pürieren.

Die restlichen 50 g Butter in einem Topf bei niedriger Temperatur zerlassen, einen großzügigen Schluck Wasser zugeben, den Kohl darin weich garen und zum Schluss mit Salz und Pfeffer würzen.

In einem kleinen Stieltopf die Rotwein-Jus erhitzen, den Whisky zugeben und den Alkohol flambieren (den Whisky entzünden, sobald die Sauce heiß ist, damit der Alkohol verdampft). Den Topf vom Herd nehmen, abschmecken und nach Geschmack noch etwas Whisky zugeben.

Den Haggis abtropfen lassen, auf einer flachen Servierplatte anrichten und aufschneiden. Wirsing, »neeps and tatties« (Kohlrüben- und Kartoffelpüree) und Rotwein-Jus dazu reichen.

CLEMENTINEN-JELLY

Ein goldenes Fruchtgelee mit edlem Glanz dank essbarer Goldfolie. Agar-Agar ist ein veganes Geliermittel auf Algenbasis.

In einer Schüssel Agar-Agar oder Gelatine mit dem Zucker mischen, das Wasser zugießen und 10 Minuten ruhen lassen, damit sich Zucker und Agar-Agar oder Gelatine auflösen.

Den Orangensaft in einen großen Topf gießen und bei mittlerer Temperatur die Zucker-Gelatine-Mischung mit dem Schneebesen unterrühren. Die Mischung bis zum Siedepunkt erhitzen, danach sofort vom Herd nehmen und die Goldfolie behutsam unterrühren. Die filetierten Clementinen in eine 2 Liter fassende Puddingform oder individuelle Puddingförmchen geben, den angedickten Orangensaft darübergießen und abkühlen lassen.

Sobald das Gelee vollständig abgekühlt ist, für mindestens 3 Stunden im Kühlschrank fest werden lassen.

Schalenabrieb und Saft der Limette mit der Crème fraîche vermischen und den Puderzucker nach Geschmack zugeben. Das Clementinengelee mit der Limetten-Crème-fraîche und Haferkeksen servieren.

FÜR 8 PERSONEN

· 125 g Agar-Agar oder 12 g Beutel vegetarische Gelatine
· 100 g Zucker
· 100 ml kaltes Wasser
· 1,5 l frisch gepresster Orangensaft
· 2 Blätter essbare Goldfolie
· 2 Clementinen, entkernt und filetiert
· Schalenabrieb und Saft von 1 Limette
· 100 ml Crème fraîche
· Puderzucker nach Geschmack
· Haferkekse zum Servieren

FRISCHER APFELSAFT MIT INGWER, ANANAS UND KURKUMA

Ein perfekter Saft, um die Lebensgeister wieder zu wecken. Frische Kurkuma ist nicht nur aromatisch, sondern vor allem gesundheitsfördernd. Allerdings sollte man die Wurzel nur mit Handschuhen verarbeiten, denn ihre leuchtend gelbe Farbe haftet sonst noch tagelang an den Fingern.

ERGIBT 4 GLÄSER

- 1 säuerlicher grüner Apfel (z.B. Bramley), Kerngehäuse entfernt
- ¼ Ananas (etwa 400 g), grob zerteilt
- ½ daumengroßes Stück Ingwer, grob zerhackt
- ¼ daumengroßes Stück frische Kurkuma, grob zerhackt

Die Zutaten in der oben genannten Reihenfolge in den Standmixer geben und zunächst auf kleiner Stufe pürieren. Bei laufendem Motor bis zu 300 ml Wasser dazugießen, bis die gewünschte Konsistenz erreicht ist. So lange mixen, bis keine Stückchen mehr vorhanden sind, und danach in 4 Gläser abfüllen.

GRÜNER SMOOTHIE

Ein gesunder, leuchtend grüner Saft, der überraschend köstlich schmeckt.

ERGIBT 4–6 GLÄSER

- 1 großes Bund Minze
- 150 ml kochend heißes Wasser
- 250 g junge Spinatblätter
- 20 g Petersilienblätter
- 300 ml naturtrüber Apfelsaft

25 große Minzeblätter beiseitelegen. Die restlichen Minzeblätter in einen Messbecher geben, das kochend heiße Wasser darübergießen und 5 Minuten ziehen lassen. Das Wasser durch ein Sieb abgießen, abkühlen lassen und die Minzeblätter entfernen.

Die 25 Minzeblätter mit den Spinatblättern und der Petersilie in ein Sieb geben und unter fließend kaltem Wasser waschen. Anschließend so viel Wasser wie möglich mit den Händen sanft herauspressen. Die Blätter mit dem Minzetee im Standmixer glatt pürieren und falls nötig, etwas Apfelsaft dazugeben. Den restlichen Apfelsaft unterrühren und sofort servieren.

ABC DRINK

So einfach wie ... genau, Sie haben es sofort verstanden. Ingwer liefert angenehme Wärme, Äpfel fungieren als säuerliche Muntermacher, und das Gemüse steuert sein erdiges Aroma bei.

Rote Bete, Möhren und Ingwer schälen und in Stücke schneiden. Die Kerngehäuse der Äpfel entfernen und das Fruchtfleisch ebenfalls in Stücke schneiden. Alle Zutaten im Entsafter auspressen, den Saft in drei Gläser füllen und sofort genießen.

ERGIBT 3 GLÄSER
- 1 Rote Bete
- 2 Möhren
- 40 g frischer Ingwer
- 2 große Äpfel (vorzugsweise Braeburn)

Bildnachweis

Eine Vielzahl der Illustrationen in diesem Buch stammt aus dem Archiv von Fortnum & Mason. Die Abdruckgenehmigung für alle Werke von Edward Bawden erteilte freundlicherweise das Estate and Peyton Skipwith. *Marmalade As You Like It (Only Fortnum's), Cause a Stir (Only Fortnum's) und Christmas Catalogue 2016 artworks © Brett Ryder / www.heartagency.com. Lots of Merry Go Round (Only Fortnum's) artwork © Ben Kirchner / www. heartagency.com. Concierge 2017 und Christmas Catalogue 2017 artworks © Chervelle Fryer/ jellylondon.com. Elvas and Parcels of Joy (Only Fortnum's) mit freundlicher Genehmigung von Dry British. Feliks Topolski artworks © The Estate of Feliks Topolski.*

S. 4–5: Zirkusszene, Edward Bawden, *Christmas Catalogue* (1959).
S. 7: Blauer Rahmen, Illustrator unbekannt, *Christmas Catalogue* (1849).
S. 8: Mann mit Kerze auf dem Kopf, Bawden, *Christmas Catalogue* (1957).
S. 10: Katze mit Blume, Bawden, *Christmas Catalogue* (1958).
S. 11: Fotografie Edward Bawden, mit freundlicher Genehmigung von Hulton Archive/Getty Images.
S. 12–13: Vorhang, Bawden, *Christmas Catalogue* (1959).
S. 13: »Baby, It's Cold Outside«, Frank Loesser (1944).
S. 13: Katzen, die sich verbeugen, Bawden, *Christmas Catalogue* (1959).
S. 14: »Where Dreams Come True«, Künstler unbekannt, *Christmas Catalogue* (1938).
S. 16: Brennende Kerze, Bawden, *Christmas Catalogue* (1957).
S. 17: Kerze am Telefon, Bawden, *Christmas Catalogue* (1957).
S. 18–19: Vorhang, Bawden, *Christmas Catalogue* (1959).
S. 19: Katze und Hund, Bawden, *Christmas Catalogue* (1957).
S. 21: Eule, Bawden, *Christmas Catalogue* (1957).
S. 23: Pierrots, Bawden, *Christmas Catalogue Order Form* (1959).
S. 25: Kerze, Bawden, *Christmas Catalogue* (1957).
S. 27: Handschuhe, Bawden, *Christmas Catalogue* (1957).
S. 29: Teeservierer mit Hund, Bawden, *Christmas Catalogue* (1955).
S. 31: Böller, Chervelle Fryer, *Concierge (2017).*
S. 32: Hirsch mit Violine, *Ben Kirchner, Only Fortnum's.*
S. 34–35: Vorhang, *Bawden, Christmas Catalogue* (1959).
S. 34: Deckelkörbe und Maus im Ballon, Fryer, *Christmas Catalogue* (2017).
S. 36: Maskierter Mann, Bawden, *Christmas Catalogue* (1955).
S. 39: Ente und Pferd, Bawden, *Christmas Catalogue* (1955).
S. 41: Mann mit Pfeil, Bawden, *Christmas Catalogue* (1955).
S. 42: Ente mit »Fisch-Dame«, Bawden, *Christmas Catalogue* (1955).
S. 43: Mann mit Pfeil, Bawden, *Christmas Catalogue* (1955).
S. 44–45: Weihnachtsmann mit Meerjungfrau auf Segelboot, Bawden, *Overseas Christmas Catalogue* (1955).
S. 46: Santa blickt nach oben, Bawden, *Christmas Catalogue* (1956).
S. 49: Weihnachtsmann, Bawden, *Christmas Catalogue* (1955).
S. 50: Santa im Deckelkorb, Bawden, *Christmas Catalogue* (1956).
S. 53: Vogel, Schildkröte, Kracher, Fryer, *Christmas Catalogue* (2017).
S. 55: Sänger, William Hendy, *Christmas Catalogue* (1927).
S. 57: Ritterturnier, Hendy, *Christmas Cracker Flyer* (1924).
S. 59: Stier, Ryder, *Christmas Catalogue* (2016).
S. 60–61: Vorhang, Bawden, *Christmas Catalogue* (1959).
S. 60: Hampers, Bawden, *Christmas Catalogue* (1957).
S. 62: Hampers, Bawden, *Christmas Catalogue* (1955).
S. 65: Detail einer Schmuckillustration, Hendy, *Christmas Catalogue* (1927).
S. 66–67: Tanzende Gruppe, Richard Taylor, *Christmas Catalogue* (1937).
S. 69: Vogel Strauß und Truthahn, Fryer, *Christmas Catalogue* (2017).
S. 73: Fasan, Bawden, *Suggestions for Cocktail Parties* (1958).
S. 75: Rotkehlchen, Ryder, *Christmas Catalogue* (2016).
S. 76–77: Schlittschuhe, Bawden, *Christmas Catalogue* (1957).
S. 78–79: Vorhang, Bawden, *Christmas Catalogue* (1959).
S. 79: Schneemann, Ryder, *Christmas Catalogue* (2016).
S. 81: Koch, Hendy, *Christmas Catalogue* (1927).
S. 85: Hunde, Bawden, *Christmas Catalogue* (1955).
S. 87: Skifahrer, Künstler unbekannt, *Fortnum & Mason Catalogue (November 1936).*
S. 87: »Nobody Does It Better«, Musik von Marvin Hamlisch, Text von Carole Bayer Sager (1977).
S. 89: Mäuse, Bawden, *Christmas Catalogue* (1955).
S. 91: Gewichtheber, Bawden, *Christmas Catalogue* (1957).
S. 95: Katzen naschen Süßes, Bawden, *Christmas Catalogue* (1958).
S. 96–97: Christmas Pudding, Ryder, *Only Fortnum's.*
S. 99: Lampions, *Hendy, Christmas Catalogue* (1930).
S. 101: Der Weihnachtsmann läutet die Glocke, Hendy, *Christmas Catalogue* (1929).
S. 103: »Christmas presents for friends abroad«, Bawden, *Christmas Presents for Friends Abroad* (1956).
S. 105: Scottish Terrier, Hendy, *Christmas Cracker Flyer* (1937).
S. 106–107: Rentier, Bawden, *Overseas Christmas Catalogue* (1959).
S. 109: Pelikan bringt Luftfracht, Fryer, *Christmas Catalogue* (2017).
S. 111: Beefeater, Bawden, *Christmas Catalogue* (1959).
S. 112: Weihnachtsmann, Bawden, *Christmas Catalogue Envelope* (1956).
S. 114–115: Mann an der Bar, Feliks Topolski, *Draft for Entertaining Catalogue* (c.1937).
S. 117: Barkeeper, Hendy, *Christmas Catalogue* (1935).
S. 121: Pierrot und Ballerina, Bawden, *Christmas Catalogue* (1959).
S. 123: Katze mit Champagner, Fryer, *Christmas Catalogue* (2017).
S. 125: Weihnachtsmann mit Geschenken, Bawden, *Christmas Catalogue* (1956).
S. 126–127: Weihnachtsmann auf seinem Schlitten, Bawden, *Christmas Catalogue* (1955).
S. 129: Weihnachtsmann im Topf, Bawden, *Christmas Catalogue* (1958).
S. 131: Hummer und Koch, Ryder, *Christmas Catalogue (2016).*
S. 133: Hunde, *Bawden, Overseas Christmas Catalogue* (1958).
S. 135: Weihnachtsbaum, Bawden, *Christmas Catalogue Envelope* (1955).

S. 136–137: Gemusterte Tapete, Bawden, *Christmas Catalogue* (1955).
S. 138–139: Vorhang, Bawden, *Christmas Catalogue* (1959).
S. 139: Truthahn mit Weinflasche, Ryder, *Christmas Catalogue* (2016).
S. 140: Mann bringt Geschenke, *Bawden, Christmas Catalogue* (1957).
S. 143: Engel, Dry British, *Only Fortnum's.*
S. 145: Katzen, *Bawden, Christmas Catalogue* (1956).
S. 146: »Take pleasure in presenting the good things of life for Christmas«, Bawden, *Christmas Catalogue* (1954).
S. 149: Rentiergespann in der Flasche, Bawden, *Christmas Catalogue* (1956).
S. 151: Fische, Fryer, *Christmas Catalogue (2017).*
S. 152–153: Vorhang, *Bawden, Christmas Catalogue* (1959).
S. 153: Holzfäller am Weihnachtsbaum, Ryder, *Christmas Catalogue (2016).*
S. 154: Kerzendame, *Bawden, Christmas Catalogue* (1957).
S. 157: Stechpalmenleiste, Hendy, *Christmas Catalogue* (1927).
S. 159: Weihnachtskatze im Topf, Bawden, *Christmas Catalogue* (1958).
S. 160: Katze mit Schlitten, Bawden, *Christmas Catalogue* (1958).
S. 163: Zwei Katzen, Bawden, *Christmas Catalogue* (1958).
S. 165: Weihnachtsmann im Lieferwagen, Künstler unbekannt, *Christmas Catalogue* (1956).
S. 167: Kracher, Hendy, *Christmas Cracker Flyer* (1930).
S. 168: Hubschrauber, Bawden, *Overseas Christmas Catalogue* (1957).
S. 170–171: Vorhang, Bawden, *Christmas Catalogue* (1959).
S. 170: Strumpf, Bawden, *Christmas Catalogue* (1956).
S. 170–173: Quelle: *1847: A Chronicle of Genius, Generosity & Savagery* by Turtle Bunbury, Gill Books, 2016.
S. 172: Rentier, Bawden, *Overseas Christmas Catalogue* (1957).
S. 173: Weihnachtsmann, Bawden, *Overseas Christmas Catalogue* (1957).
S. 175: Orangenmann verbeugt sich, Ryder, *Only Fortnum's.*
S. 177: »The Well-Fed Cat«, *Bawden, Christmas Catalogue* (1958).
S. 183: Weihnachtsmann, Bawden, *Christmas Catalogue* (1955).
S. 184: Zwei Flaschen, Bawden, *Restaurant Price List* (1955).
S. 186–187: Vorhang, Bawden, *Christmas Catalogue* (1959).
S. 186: Katze, Bawden, *Christmas Catalogue* (1959).
S. 186–187: Quelle: *The Inimitable Jeeves,* P. G. Wodehouse, Arrow Books, 2008.
S. 189: Hund, Bawden, *Christmas Catalogue* (1959).
S. 191: »Entertaining à la Carte«, Bawden, *Entertaining à la Carte* (1959).
S. 193: Schinken, Ryder, *Christmas Catalogue (2016).*
S. 195: Detail einer Schmuckillustration, Hendy, *Christmas Catalogue* (1927).
S. 197: Tuba, Künstler unbekannt, *Christmas Catalogue* (1953).
S. 200: Aufwärter, Bawden, *The Delectable History of Fortnum & Mason* (1957).
S. 203: Maus und Käse, Fryer, *Christmas Catalogue (2017).*
S. 207: Blaue Katzen, Bawden, *Christmas Catalogue* (1955).
S. 209: Gute Fee, Bawden, *Christmas Catalogue* (1959).
S. 211: »Confectionery«, Bawden, *Christmas Catalogue* (1957).
S. 213: Gestiefelter Kater, Bawden, *Christmas Catalogue* (1959).
S. 215: Mann isst Himbeeren, Bawden, *Christmas Catalogue* (1959).
S. 217: Rotkehlchen, Fryer, *Christmas Catalogue (2017).*
S. 219: Schlangestehen, *Dry British, Only Fortnum's.*
S. 220: Festtafel, Fryer, *Concierge (2017).*
S. 222–223: Vorhang, *Bawden, Christmas Catalogue* (1959).
S. 223: Pierrot, Bawden, *Christmas Catalogue (1959).*
S. 225: »A Parcel of Health«, Hendy, *Special Dainties for Delicate People* (c. 1934).
S. 227: Gebratenes Huhn, Bawden, Card Announcing New Fourth Floor Restaurant (1956).
S. 229: Vogel Strauß, Fryer, *Christmas Catalogue (2017).*
S. 231: Krebs und Hummer, Bawden, *Christmas Catalogue* (1957).
S. 233: Knallbonbon und Blumen, Bawden, *Christmas Catalogue* (1959).
S. 235: Clowns und Schweinchen, Bawden, *Christmas Catalogue* (1955).
S. 237: Hubschrauber, Fryer, *Christmas Catalogue (2017).*
S. 239: Hund und Katze mit Huhn, *Bawden, Christmas Catalogue* (1958).
S. 241: Gemüse, Hendy, *Christmas Catalogue* (1935).
S. 243: Eisbär, Ryder, *Christmas Catalogue (2016).*
S. 244: Dudelsackspieler, Bawden, *Christmas Catalogue* (1957).
S. 249: Blaue Katzendame, Bawden, *Christmas Catalogue* (1956).
S. 251: Brauner Hund, Bawden, *Christmas Catalogue* (1956).
S. 251: Blauer Katzenherr, Bawden, *Christmas Catalogue* (1956).
S. 253: Detail, Hendy, *Dainties that Make People Mew with Desire (Mitte der 1930er-Jahre).*
S. 254: Gentlemen, Topolski, Entwurf des *Christmas Catalogue* (1937).
S. 256–257: Vorhang, Bawden, *Christmas Catalogue* (1959).
S. 257: Leitermänner, Bawden, *Christmas Catalogue* (1959).
S. 259: Hummer, Fryer, *Christmas Catalogue (2017).*
S. 261: Segelschiff, Hendy, *Christmas Cracker Flyer* (1929).
S. 265: Königin auf Fisch, Bawden, *Christmas Catalogue* (1959).
S. 267: Fisch auf Teller, Bawden, Card Announcing New Fourth Floor Restaurant (1956).
S. 271: Violinenspielende Katze, Bawden, *Christmas Catalogue* (1958).
S. 273: Vogel, Junge, Bohnenranke, Bawden, *Christmas Catalogue* (1959).
S. 275: Fäustlinge, Ryder, *Christmas Catalogue (2016).*
S. 277: Beefeater, Bawden, *Christmas Catalogue* (1959).
S. 279: Katzen auf Dach, Bawden, *Christmas Catalogue* (1958).
S. 281: Königin und Zofe, Bawden, *Christmas Catalogue* (1959).
S. 283: Malende Katze, Bawden, *Christmas Catalogue* (1958).
S. 284–285: Dudelsackspieler, Topolski, *Stores for Scotland* (mid-1930s).
S. 286: Dudelsack, Bawden, *Overseas Christmas Catalogue* (1958).
S. 291: Rote Katzendame, Bawden, *Christmas Catalogue* (1956).
S. 293: Tänzer, Bawden, *Christmas Catalogue* (1959).
S. 295: Böller, Bawden, *Overseas Christmas Catalogue* (1959).
S. 304: Rentier, Bawden, *Overseas Christmas Catalogue* (1959).

Register

REGISTER

H

I

J

K

L

M